금융인의 반란

금융인의 반란

초판 1쇄 발행 2019년 4월 19일

지 은 이　이기철
발 행 인　권선복
편　　집　전재진
디 자 인　오지영
전 자 책　서보미
발 행 처　도서출판 행복에너지
출판등록　제315-2011-000035호
주　　소　(07679) 서울특별시 강서구 화곡로 232
전　　화　0505-613-6133
팩　　스　0303-0799-1560
홈페이지　www.happybook.or.kr
이 메 일　ksbdata@daum.net

값 20,000원
ISBN　979-11-5602-713-3　(03320)

Copyright ⓒ 이기철 2019

도서출판 행복에너지는 독자 여러분의 아이디어와 원고 투고를 기다립니다. 책으로 만들기를 원하는 콘텐츠가 있으신 분은 이메일이나 홈페이지를 통해 간단한 기획서와 기획의도, 연락처 등을 보내주십시오. 행복에너지의 문은 언제나 활짝 열려 있습니다.

* 이 책은 저작권법에 따라 보호받는 저작물이므로 무단전재와 무단복제를 금지하며, 이 책의 내용을 전부 또는 일부를 이용하시려면 반드시 저작권자와 〈도서출판 행복에너지〉의 서면 동의를 받아야 합니다.

금융인의 반란

IMF환란적폐 324만 명의
채무불이행자 청산과 함께
미국식 회생경영사 양성으로
2백만 위기중소기업의 재기를!

이기철 지음

도서
출판 행복에너지

목차

Part 1
정년퇴직한 금융인의 명(明)과 암(暗)

Part 2
성공한 금융인이 왜 금융소비자 편에 섰나?

Prologue

나는 해방 직후 일본 오사카에서 태어나 부모님의 귀국으로 시골 농촌에서 자랐다. 큰 대문이 달린 초가집에서 대가족이 소작농으로 살았다. 전기는 그 실체도 모른 채 등잔불로 살았으며, 수돗물은커녕 한참 걸어가야 만나는 우물물을 길어다 마셨다. 이런 환경 속에서 진학은 어림도 없었다. 솜씨 좋으셨던 어머니께서 한산모시 길쌈을 팔아 보태셔도 턱없이 부족했다. 그럼에도 부모님의 남다른 교육열 덕에 근근이 중학교는 입학했으나, 등록금 독촉에 한 학기도 못 버티고 말았다.

이후 아버지를 따라 상경하여 북아현동 노고산 밑에 담배 가게를 열었으나, 집주인이 알량한 보증금 반환도 없이 집을 팔고 이사 가는 바람에 그 돈마저 떼였다. 할 수 없이 다시 낙향하여 입학 철 지나 면 소재지 동강중학교에 재입학했다. 이른 새벽 눈 비비고 일어나 낡아 빠진 원동기로 돌리던 방앗간과 논밭 일을 거드느라 등하굣길에 영어 단어 몇 개 외우는 게 고작 하는 공부였다. 형편이 나아질 기미가 없어 국비 고등학교를 염두에 두었으나 영어선생님은 내 실력이 못 미친다며 대신 강경상업고등학교를 권했다. 함께 시험 치러 간 친구 고모 집에 신세 지며 응시했는데, 혼자 합격하는 바람에 부모님이 차마 외면을 못 하시고 입학시켜 주셨다. 하지만 자취방을 얻어주시고 몇 푼 되지 않는 차비가 없었던 아버지는 40여㎞ 귀갓길을 걸어가셨단다.

고등학교 시절, 중학교 다닐 때 부족했던 학력을 염두에 두고 열심히 공부에 매진한 덕에 조흥은행에 당당히 합격할 수 있었다. 그러나 늦깎이로 입행하는 바람에 바로 군에 다녀와야 했고, 입행했던 동대문 지점에 복직 후 인사과로 영전되는 행운도 따랐다. 그 덕에 일찍 직장에 대해 눈뜰 수 있었고, 광화문지점으로 전근되었을 때는 큰 사건이 일어났다.

갑자기 중견 행원들의 입행 前전 군 경력을 소급해 인정하는 바람에 수혜를 받은 대졸 행원들의 출근부가 나보다 앞장으로 넘어갔다. 당시 출근부는 서열 순이었기 때문이다. 입행 동기들과 조직적으로 반대 투쟁에 나서 인사부 압력을 견뎌내며 수천 명의 서명을 받아냈다. 결국 군경력을 인사에서는 배제하고 급여만 반영하는 선에서 일단락되었고 출근부도 원위치로 되돌려졌다.

이 사건을 계기로 노조의 요청에 따라 집행부에 참여하게 되었고, 교선부장과 총무부장을 거쳐 조합원들의 절대적 지지 속에 부위원장에 당선되었다. 당시 해외연수가 힘든 시절이었지만 이스라엘 연수 기회도 잡았다. 국비 초청이었고 텔아비브 소재 아프리카 아시아 연구소Afro-Asian Institute에서 '개발 도상국가의 노동조합과 협동조합 역할'이란 주제로 20여 개국의 60명 지도자와 함께 공부했으며, 주말마다 성지순례도 빠짐없이 다녔다. 연수를 다녀온 덕택에 노조위원장에도 무난히 당선될 수 있었으며, 힘없고 소외된 조합원 편에 서겠다던 정견 발표 때 공약들까지 꼼꼼히 챙기면서 7년간의 노동운동을 대과大過 없이 마쳤다.

이후 인사부의 강력한 반대를 무릅쓰고 핵심부서인 국제부 외화자금과 대리로 복귀하였으며, 샌프란시스코 주재원을 거쳐 과장 승진에 이어 동기 중 단독으로 차장에 승격하였다. 그러나 조흥은행 최초 고졸 노조위원장, 해외 연수, 국제부 대리 및 샌프란시스코 주재원, 경영학 석사학위까지 상고 출신들이 얼씬도 못하게 했던 분야마다 정면 돌파하여 작은 고졸 신화를 이룩해 냈지만 인사카드에는 여전히 그냥 '고졸'이었다. 작심하고 신설된 동화은행으로 전직하자 인사카드의 학력도 실제대로 대학원 졸업으로 바뀌었다.

이제부터는 학력 차별 없는 세상에서 공정한 경쟁을 기대했으나, 이번에는 출신은행 간 파벌 싸움이 기다리고 있었다. 영업부 창업을 마치고 첫 발령을 받은 서교동 지점 개점식 때였다. 노조위원장 출신의 콧대를 꺾어야 한다며 개점식에 참석하신 은행장이 방명록에 '축 폐점閉店'으로 써놓으시고, 축사도, 테이프 커팅도, 금고 개비식도, 심지어 내빈 축하연까지 몽땅 망쳐놓는 망신을 주고 가셨다. 그러나 은행장의 횡포에 대항하지 않고 묵묵히 인내한 보은으로 단번에 서울 한복판 태평로 지점장으로 영전되었었다. 그 후부터는 주요 부서장을 거치면서 순조롭게 경험을 쌓아가고 있었다.

그러나 끝내 IMF 환란의 고비를 넘지 못하고 멀쩡했던 동화은행은 타살되는 불운을 맞고 말았다. 33년간의 성실하고 화려했던 금융인 경력이 송두리째 무용지물이 된 가운데, 졸지에 백수가 된 것이다. 어쩌면 은행장 한 분의 일방적 지시에 좌우되는 패도경영覇道經營과 파벌이 만연된 은행의 최후 모습이란 생각도 들었다. 졸지에 직장을 잃었지만, 잠시 자산관리공사 관리인을 거쳐 공채로 저축은행 대표이사에 선임되었다. 그러나 대대적인 경영혁신을 통하여 정상화되어 갈 때, 모기업 회장의 부당한 지시에 직면했다. 그간의 관행이라는 이유로 받아들여야 한다는 임직원들의 주장에도 아랑곳하지 않고 회장의 부당한 지시를 단호하게 거절한 후 사임하는 길을 택했다. 다행스럽게도 또다시 재취업한 예금보험공사 파산관재인을 끝으로 파란만장했던 37년간 금융인 삶을 무사히 마감하고 행운의 정년퇴직을 맞았다.

퇴직 후에는 친구들과 우편정보 아웃소싱 회사를 창업하여 대표이사를 맡았다가 자진해서 그만두고, 적성에 맞고 보람된 일로 생각되던 '선진 재기 시스템' 구축 사업에 뛰어들었다. 서울법대 연구과정에서 배운 선진제도를 실천하기 위해서 부실기업 구조조정과 실패 기업인들의 재기 컨설팅, 그리고 미국식 회생전문가 교육 사업에 착수한 것이다. 세상에 보탬이 될 수 있는 일을 하고 싶었고, 후배

금융인의 반란

금융인들에게 적합한 일자리도 만들어주고 싶었다. 나 자신도 졸지에 은행 퇴출로 길거리에 나앉는 고통을 겪었고, 파산재단의 탈·불법 대출로 인하여 수많은 부도기업과 채무불이행자를 양산하는 금융소비자 피해 현장을 직접 목격했던 것들이 결정적 계기가 되었다. 나는 온-오프라인에서 수천 명의 부실중소기업과 채무불이행자들의 무료 상담을 맡으면서 약 700명의 회생경영사CTP를 양성했다. 그리고 사단법인 한국기업회생경영협회 허가를 받아 냈으며, 국제회생경영협회TMA 한국지부 가입까지 추진했었다.

그러던 어느 날, 갑자기 안산지청의 기획수사에 걸려들어 변호사법 위반죄로 구속되는 날벼락을 맞고 말았다. 고소인이나 피해자는 물론 부도덕한 일마저 한 적이 없었고, 서울대 법대 연구과정에서 배운 대로 최대한 합법적인 방법으로 '선진재기제도' 구축에 10여 년간 사재를 축내가면서 봉사했다. 그럼에도 우리 상담사들이 이직 후 타 로펌에서 취급했던 개인회생 및 파산 사건으로 인해 변호사법 위반죄로 구속되었다. 그리고 이들이 과거 우리 연구소에서 취급했던 사건까지 소급되면서 당시 대표이사였던 책임을 추궁당한 것이다. 완전 불모지에서 이루어놓은 공든 탑인 선진재기제도가 공권력에 의하여 하루아침에 여지없이 산산조각 나버렸다. 아무리 몸부림쳐 봐도 현실을 벗어날 방도가 없었다. 합의해 줄 피해자조차 없이 구속되면 더욱 나갈 수가 없단다. 결국 더 이상 선진재기제도를 추진할 수 있는 열정도 수단도 남아있지 않았을 뿐만 아니라 모든 것을 잃었다.

참을 수 없는 분노를 삭이고 달래가며 옥중에서 유일하게 할 수 있는 저술을 결심했다. 지난 13년간의 활동 내용을 중심으로 수백만 부실기업과 실패 기업인들의 필독서를 기록으로라도 남기고 싶었던 것이다. 그리고 억울한 옥살이를 하루하루 채워갈 수 있는 가장 효과적인 방법이기도 했다.

　초급 행원으로 입행해서 학력 차별을 극복해 가며 성공적인 금융인으로 마칠 수 있었던 37년간의 소중한 경험, 전직을 통하여 자율경영이 가능했음에도 퇴출이라는 비운을 맞아 결과적으로 부실기업과 채무불이행자 양산의 빌미를 제공했다는 한 금융인의 참회를 글로 남겼다. 그리고 이를 조금이라도 만회하고자 지난 13년간 뛰어들었던 금융피해자 구제 차원의 선진재기제도 구축 활동과 지난 환란 이후 누적되어 온 금융적폐 청산의 필요성을 기록했다. 아울러 서민금융 시스템을 재건하기 위한 정책 제안, 불공정하게 구제된 채무불이행자 324만 명의 금융적폐 청산과 선진재기제도 도입법 개정 국민청원 요청, 50년 금융인의 종착역이 되어버린 기막힌 옥중 단상 등을 진솔하게 엮은 것이다.

　마지막으로 이 책의 출간을 흔쾌히 결심해 주신 권선복 대표와 수고하신 전재진 편집장을 비롯한 출판부 직원들에게 뜨거운 감사를 드린다. 아울러 원고를 완성하기까지 많은 자문을 해주신 이종춘 회장님을 비롯한 장영희 단장과 신종섭 친우, 그리고 아낌없는 격려와 지지를 보내준 친지들에게 고마움을 전하고 싶다. 쉼없이 달려온 인생길에서 기쁠 때나 힘들 때나 항상 내 편이 되어준 아내와, 뉴욕 다국적 기업에서 편집장으로 바쁘게 일하면서도 초고부터 끝까지 바른 길잡이 역할을 해준 외동딸에게 사랑의 마음을 전한다.

2019년 3월 이기철

조성목_(서민금융연구원 원장)

부회장

우리 사회에는 신용불량자를 두고 마치 범죄자를 바라보는 듯한 시선이 아직도 많습니다. 평범한 서민이 한순간에 몰락해 범죄자 취급을 받고 주저앉는 것이 과연 한 개인만의 잘못일까요?

'서민'의 사전적 의미는 '아무 벼슬을 못한 사람, 또는 귀족이 아닌 범민, 넉넉하지 못한 중류 이하의 백성'입니다. 사회적으로 보자면 신용도가 낮거나 소득이 적어서 은행 거래를 하기 어려운 계층을 의미합니다.

그런데 바로 이런 의미의 서민들이 1997년 외환위기 당시 상당수 신용불량의 절벽으로 내몰렸고, 국가와 제도권 금융사가 외면한 서민들을 상대로 사채가 극성을 부렸습니다. 이자제한법이 폐지된 1998년부터는 외국 사채업자들까지 들어오기 시작했고, 국가의 외환관리 부실로 찾아든 위기로 인해 금융권으로부터 소외당한 사람들은 그들을 찾을 수밖에 없었습니다.

당시 대한민국에서 최초로 사채 피해 상담을 하면서 고리사채로 신음하시는 분들을 보며 저도 가슴이 아팠고, 이분들을 위해 뭔가를 해야 한다는 생각에 서민금융연구원을 설립, 운영하고 있습니다만,

이런 서민금융에 대한 애착과 금융인으로서의 양심을 갖은 분이 또 계셨네요.

이 책『금융인의 반란』에는 흙수저에서 출발해 직업 금융인으로서 오를 수 있는 최상층부까지 두루 경험하며 대한민국 금융의 민낯을 속속들이 꿰뚫고 있는 이기철 저자의 인생 역정과, 선진재기제도 정착을 통해 대한민국의 몰락한 서민금융이 다시 본궤도를 찾을 수 있는 방안이 고스란히 담겨 있습니다.

『論語(논어)』「子罕篇(자한편)」에는 "過則勿憚改(과즉물탄개): 잘못하고도 고치지 않는, 이것을 잘못이라고 한다."라는 말이 있습니다. 대한민국의 고장 난 금융시스템이 양산한 신용불량자들의 회복 문제에 대한 대안으로『금융인의 반란』에서는 선진재기제도를 제시하고 있습니다. 이미 수많은 회생경영사들이 이기철 저자의 노력으로 탄생했고, 이제 그들의 활동 시스템만 구축된다면 개인이 신용 회복을 통해 건전한 경제인으로 사회에 복귀하는 데에 우리 금융이 크게 일조할 것입니다.

이 책을 읽으시는 독자 여러분께서도 공감하는 부분이 많으시리라 생각하며, 저자처럼 서민에 대해 더욱 고민하고, 대안을 제시하는 분들이 많아져 함께 잘사는 나라가 되기를 기원합니다.

김재헌(법무법인 천고 대표변호사)

내게 있어 저자와의 만남은 특별하다. 2015년 9월경 저자가 내 사무실을 방문하여 미국 Turnaround Management Association 과의 협약을 추진하기 위한 자문업무를 요청하였을 때, 나는 저자의 열정을 느꼈다. 이분은 특별한 분인 것 같다고 생각했다. 그때부터 지금까지 나는 저자와의 만남을 이어가면서 저자의 삶의 궤적을 관찰하는 기쁨을 누리고 있다.

저자는 자신을 위해서 살기도 버거운 마당에 힘없고 가난한 이들을 구제해 보겠다는 일념으로 무려 10여 년간 서울법대 연구과정에서 배운 선진재기제도를 몸소 실천하기 위하여 끊임없이 노력해 왔다. 이 과정에서 저자는 막대한 사재를 투입했고, 남의 눈에 띄거나 관계당국의 지원을 받으려는 노력을 하지 않았다. 가치 있다고 판단되는 일에 끝까지 물러서지 않고, 관계당국을 비롯한 많은 유관기관에 정책을 제안하며, 각종 대책회의나 세미나에 참석하여 채무자 중심의 선진제도 필요성을 주장해 온 저자의 열정에 나는 감탄을 하였다. 저자의 열정은 내가 따라하고 싶으나 쉽게 범접할 수 없는 영역이라고 느끼면서, 늘 존경하는 마음을 가지게 되었다.

저자가 이 책에서 강조하는 선진재기제도는 회생전문가와 채무자 중심의 민간단체 육성, 그리고 채무자 중심의 채무조정·중재를 가능하게 만들어주는 법적 기반인 전치주의前置主義를 제도화하여 시장자율 채무조정·중재제도를 도입하는 것을 포함하는 개념이다. 내가 만난 회생전문가들은 대체적으로 저자가 주장하는 선진재기제도의 필요성에 공감을 하고 있다. 나는 저자가 이루어놓은 선진재기제도에 대한 노하우가 한국의 회생 및 재기시스템을 좀 더 높은 차원으로 이끌 수 있을 것이라고 믿는다.

이 책은 저자의 자전적 에세이를 넘어서는, 우리나라 최초의 회생경영학 교과서라 할 수 있다. 이 책은 고객과 직원 존중, 지배구조의 중요성, 부실기업의 선제적 대응전략과 회생경영, 그리고 실패기업인들과 채무불이행자들의 재기 성공담 등 매우 실용적인 회생지식을 저자가 실제 상담을 통해 얻은 경험을 바탕으로 생생하게 전달하고 있다. 또한 여타 회생관련 책에서 가르쳐주지 않는 생생한 현장 지혜를 담고 있어서 어려움을 겪고 있는 부실 징후 중소기업과 소상공인, 그리고 실패기업인들 및 저신용자들에게 유익한 지혜서가 될 것이다.

저자의 삶을 가까이에서 지켜보면서, 나는 세상에 도움이 되는 일을 하기 위해서 열심히 노력하는 것은 참으로 가치가 있는 일임을 다시 한번 깨닫게 되었다. 이 책에는 저자의 열정과 노력이 녹아있다. 독자가 이 책을 펼치면 저자의 땀과 노력, 그리고 열정을 눈에 보듯이 생생하게 느끼게 될 것이다. 개인 및 기업의 재기에 관심이 있는 이들에게 일독을 자신 있게 권하고 싶다.

이용복(前 예보 조사부장)

동화은행에서 저자를 처음 만났으나 지난 환란 시 은행이 퇴출되는 바람에 서로 다른 길을 가다 예금보험공사에서 재회하였다. 당시에도 저자가 근무했던 저축은행의 무과실에 기인한 대표이사 책임 문제로 어려움을 겪고 있었다. 모기업의 부당한 지시를 마다하고 자진 사퇴하면서까지 경영부실을 막아낸 불가피한 사건이었지만, 상호신용금고법상 무과실 책임 조항이 살아있을 때여서 동 조항에 의한 불이익을 당한 것이다. 결국 예금보험공사 법무팀의 의협심 강했던 이 대리의 수고로 헌법소원까지 간 끝에 승소하여 면책 구제를 받았었다.

그 후 저자가 설립한 협회에서 다시 만나 부실중소기업 구조조정과 실패 기업인들의 재기를 위한 선진제도 도입을 위하여 함께 뛰었다. 예금보험공사에서 공적자금을 투입한 부실금융기관의 채권을 회수·관리하는 파산재단 업무의 연장선인 셈이다. 수백만 부실중소기업의 구조조정과 실패 기업인들의 구제를 위한 회생전문가 양성, 그리고 재기 또는 파산 정리를 돕는 일이었기 때문이다.

어느 인생이 굴곡이 없으랴마는 도전정신과 포기할 줄 모르는 저자의 삶은 특별히 드라마틱한 점이 많고 금융피해자들을 돕기 위한 가슴 따뜻한 인간 승리를 보는 듯한 느낌이 드는 책이다. 선구자적 불굴의 용기는 어려운 이웃들에게 희망의 불꽃이었다. 그리고 그는 탁상공론하기보다는 바로 실천하는 행동가였다. 거친 파도가 강한 뱃사람을 만들어내듯, 선진제도 도입을 위하여 숱한 시련과 고난이 저자를 더욱 단단하게 만든 것이다. 실사구시實事求是 정신으로 끊임없이 연구하며 정책 개발에 충실했다. 저자는 자기가 맞닥뜨린 수많은 난관을 포기하지 않고 강하게 돌파함으로써 우리나라 최초로 수요자 중심의 미국식 회생경영사CTP 양성과 협회 설립, 그리고 20여 선진국들이 가입하고 있는 국제회생경영협회TMA까지 가입하는 선진재기제도의 초석을 확실하게 이루었으며, 그 고난의 여정을 이 책에서 소상히 담아냈다. 성공하는 사람들의 공통점인 열정, 재도전, 헌신, 신뢰의 미덕은 사람을 가리지 않는 것 같다.

누구든 작심하고 공통점을 실천하면 자기 삶에 승리할 수 있다는 것을 저자는 이 책에서 증명하고 있다. 특히 예기치 않았던 황당한 옥살이 중에도 일체유심조一切唯心造 즉, 모든 것은 오로지 마음먹기에 달렸다는 이 말의 진정한 위력이 얼마나 중요한지도 보여준 책으로, 소외된 이들과 후배 금융인들에게 일독을 권하고 싶다.

김병준(㈜한국기업회생경영협회 회장)

시장경제라는 정글의 법칙만이 냉정히 작동하는 자본주의 체제 속에서 살아가는데 실패한 이들에게 재기는 하늘의 별 따기만큼이나 어렵다. 반면 이에 대한 사회적, 경제적 배려는 인색하기 짝이 없는 것이 현실이다. 그런데도 이러한 문제를 혁신해 보겠다고 여생을 바쳐온 열렬한 투사이자 행동가며 실천가인 한 금융인이 있다.

늦은 나이에 어렵게 상고를 졸업하고, 은행에 들어가 끊임없는 수학과 자기계발을 통해 승승장구하면서 요직을 두루 섭렵했으면서도 IMF 환란에 따른 은행 퇴출로 졸지에 실업자가 되었다. 그러나 틈틈이 자기계발을 게을리하지 않은 탓에 어렵지 않게 저축은행 사장을 거쳐 예보의 파산관재인에 선임되었었다.

저자는 부임한 재단에서 저축은행 고의 사고로 인한 수만 명 금융 피해자들의 억울한 사연을 직접 목격한 후에야 금융인으로 살아온 본인도 가해자의 한 사람이었다는 사실을 새삼 깨닫고 여생을 금융 피해자 편에서 낡은 제도를 혁신하는 일에 헌신했다. 파산과 회생이란 것은 본질적으로 채권기관들이 의도적으로 자기 이익에 유리하게 만들어 놓은 금융 시스템 속에서 발생한 고장 난 금융의 결과라는 사실을 깨닫게 된 것이다. 따라서 이러한 문제를 해결하기 위해서는 수요자 중심의 선진재기제도 확립이 절실했다.

이를 위해 무려 13년간 각고의 노력을 기울였지만 결실을 이루지 못하고 끝내 감옥이 종착역이 되어버린 억울하고 기막힌 사연도 부록에 담았다.

금융자본주의는 사람을 이롭게 하기 위하여 선택한 시스템일 테지만, 이러한 제도에서 낙오된 실패인들을 재기시키려는 노력은 어쩌면 채권기관을 위해서도 필요한 것이다. 그럼에도 불구하고 기존 제도가 최선이라는 고정관념이 골리앗처럼 버티고 있다.

저자는 이에 맞섰다가 땀 흘려 10여 년간 추진했던 연구소의 문을 닫아야 했고, 그동안 양성한 약 700명의 회생경영사 회원들과 수많은 부실기업·실패기업인을 위한 협회의 내일이 풍전등화에 놓이게 되었다.

이와 같은 엄청난 결과를 어떻게, 누가, 책임지고 해결해 내야 할지 공권력은 생각이나 해 보았을지? 또한 성실히 평생 금융인으로 살아온 인생이 감옥에서 멈춰버린 처절한 결과에 대한 보상은 누구한테서 어떻게 받아야 하는 건지도…. 아마도 그 답은 수백만 부실 중소기업과 소상공인, 그리고 실패 기업인들이 수월하게 재기할 수 있는 선진재기제도가 구축되어 결국 금융회사의 건전성 확보도 건강한 금융소비자 없이는 불가능하다는 평범한 진리를 일깨우는 데 기여한 금융인으로 기억되는 것이 저자가 바라는 유일한 보상일 것이다.

친애하는 회생경영사 여러분! 우리 다 함께 심기일전하여 겹겹이 쌓인 금융 적폐 청산과 선진재기제도 완성을 위한 기업회생경영사 CTP 제도의 법적 기반을 갖추기 위한 관련 법 개정을 위하여 분연히 일어나 국민청원에 동참하여 기필코 이루어 냅시다

Part 1
정년퇴직한
금융인의
명(明)과 암(暗)

01

아직도 끝나지 않은
IMF 환란

1998년 6월 27일, 토요일 오후 3시경.

갑자기 자금 담당 대리가 내 방으로 뛰어들어 왔다.

"부장님, 큰일 났습니다."

"뭐가?"

"우리 동화은행도 퇴출되나 봐요."

6월 29일 발표될 퇴출은행 명단에 D 은행이 포함될 것이라는「연합통신」기사였다. 오전부터 동화은행도 포함된다는 흉흉한 소문이 돌고 있었다. 담당 상무와 이 부장과 함께 점심을 먹으면서 동화은행 포함설에 대해 걱정했을 때도 상무는 오히려 부장들이 소신 없는 소리를 한다며 핀잔을 주었었다.

오후 1시 30분. 인사담당 상무 주재 긴급 부장 간담회가 열렸다. 우리 은행은 퇴출되지 않음을 여러 경로를 통해 확인했으니, 전 직원들은 동요 말고 퇴근하게 하고, 자금부장만 남아 긴급자금대책을 세우라는 지시였다. 국제결제은행BIS의 기준에 따른 각 은행의 자기

자본비율이 가장 낮은 12개 은행이 1차 퇴출 심사 대상이었고, 동화은행은 그중 8위여서 4~5개 은행이 퇴출된다 하더라도 당연히 포함되지 않을 상황이었지만, 은행 간 단기자금 거래까지도 중지된 상태였기 때문에 이에 대비하기 위해서였다. 따라서 자금부장이었던 나는 퇴출은행이 확정될 때까지의 지급준비금 확보를 위하여 야근을 해야 했다. 은행도 결제자금이 부족하면 부도가 날 수 있기 때문이다.

오후 4시…5시…6시. 피 말리는 시간이 흘렀고, 갈수록 퇴출은행 윤곽이 뚜렷해지더니 저녁 7시 뉴스에 결국 동화은행도 포함된다는 사실이 보도되고 말았다. 정부의 공식 발표는 아니었다 하더라도 허탈감에 자금 준비를 하던 직원들은 다 퇴근하고 부장실에 혼자 남았다. 적선동에 자리했던 은행 본점은 고요했다. 이대로 퇴근할 수는 없는 것 아닌가? 뉴스를 접했을 경영진과 노조는 어떤 반응도 없었다.

한 시간여쯤 오만가지 상념에 멍하니 앉아있던 사이 동료 부장들에게 비상연락이 시작되었고, 자연스럽게 모두 내 방에 모여들었다. 누구도 쉽게 입을 떼지 못했다. 허탈감 속에 조심스럽게 각자의 의견을 조율하며 대책을 논의하기 시작했다. 은행의 운명을 정확히 알 수 없는 상황에서 자연스럽게 직원 동요를 막을 수 있는 처우 문제에 관심이 갔다. 이는 부장 본인들의 관심사항이기도 했다. 퇴출이 예견되었던 은행들은 나름 퇴출 후 직원들의 생계문제에 대처해 왔다지만, 동화은행은 이미 1차 증자를 마친 상황이어서 자기자본 비율이 상대적으로 양호했기 때문에 퇴출될 것으로 보지 않았다. 특히 130만 이북5도민들이 출자한 은행이란 특별한 설립 배경까지 가지고 있어서 퇴출을 가정한 직원들의 생계 대책은 일체 갖고 있지 않았다.

명색이 내가 전직 노조위원장 출신이 아닌가? 내가 먼저 입을 열었다. 경력 직원의 경우 전직 포함 총 근속연수에 해당하는 통산 퇴직금에서 전직 올 때 받았던 퇴직금을 공제한 후의 금액을 지급할 수 있도록 퇴직금 지급기준 변경안을 제시하고 노사가 긴급 합의하에 집행하도록 하자는 제안이었다. 그렇게 되면 동화은행으로 전직 온 모든 경력 직원들은 승진과 높은 급여에 기준하여 산출되는 새로운 통산 퇴직금을 받을 수 있으므로 졸지에 실업자가 되더라도 새 직장을 얻을 때까지 생계 문제에 도움이 될 수 있었다. 또한 동화은행 창업 후 입행한 공채 직원들은 대리 승격 직전이었기 때문에 전원 인수은행에 고용 승계가 될 것이므로 형평성 문제도 없었다.

그러나 이틀 뒤 퇴출 결정일 전에 노사 합의를 거쳐 집행을 완료해야 하는 촉박한 시간이 문제였다. 우선 전 임원들이 출근하시도록 연락하기로 하고, 비교적 넉살이 좋은 양 부장을 통해 실행에 옮겼다. 긴급 통지를 마친 후 밤은 깊어가고 하나둘 피로가 더해가면서 걱정도 늘어갔다. 과연 노사가 그 엄청난 결심을 할 수 있는 역량이 되겠는가? 공식 퇴출 통지를 받기 전이기도 하고, 사후 모럴해저드 문제도 따를 수 있으며, 특히 은행장께서 결심할 수 있을 것 같지 않았다. 이왕 이리된 마당에 전 지점장들도 비상소집하기로 추가 제안하여 관철시켰다. 부장들의 반란 행위에 동조해 줄 일종의 호위부대가 필요해서였다. 불현듯 군사혁명 전야 같은 느낌이 스쳐 갔다.

6월 28일 일요일, 이른 새벽 모든 임원과 지점장들이 모인 가운데 인사담당 상무는 공식 퇴출 통지가 없을 뿐만 아니라 비공식 채널로도 확인되지 않고 있는 마당에 누구의 주도로 위계질서를 문란시키느냐는 반응이었다. 특히 밤새 함께했던 인사부장부터 퇴직금 지급기준 변경안에 대한 건의는 고사하고 이탈하는 조짐까지 느껴졌다. '그래! 저들의 평소 근무 행태를 보건대 그 엄청난 결단을 기대할 수 있겠는가?' 더욱이 이때까지도 공식적인 퇴출 확인이 안 된다는 경영진의 태도에 망연자실할 수밖에 없었다. 할 수 없이 의기투합했던 이 부장과 나는 이심전심으로 더 이상 주장하지 않았다.

바로 다음 날, 퇴출은행이 확정 발표되는 6월 29일 월요일 오전 9시 정각, 단편적으로 보도되었던 모든 내용들은 다 사실로 드러났다. 공권력을 앞세운 인수은행 요원들이 들이닥쳐 맨 처음 은행 간판부터 천막으로 가렸다. 사람이 죽었을 때 흰 천으로 덮듯 동화은행 간판도 그렇게 가려져 사망한 것이다. 이 기막힌 현실 앞에 전 직원들은 공권력과 인수요원들의 은행 진입을 막아놓고 제일 중요한 은행 전산자료를 지키기 위하여 별동대를 조직하면서까지 전산부장을 통제하며 버텨보았다. 하지만 솔직히 속수무책이었다. 더 이상 뾰족한 묘안도 없거니와 장래 걱정도 하지 않을 수 없었다. 우리나라 금융사 100년 만에 처음 겪어보는 처절한 은행 퇴출 현장을 직접 목격하고 출근 3일 만에 귀가하여 백수 상태에서 가족을 만나게 되는 순간이었다.

힘든 저녁을 끝내고 샤워장에 들어가 참았던 눈물을 한없이 쏟았다. 눈물 반 물 반이었다. 이미 은행 내 지휘계통과 위계질서는 모두 무너져 할 일이 없었다. 몇몇 부장들과 함께 인수은행 전무를 면담하고, 가능한 많은 부하직원들이 고용 승계될 수 있도록 협조를 구하는 것을 끝으로 더 이상의 부장 역할은 없었다.

이제 모든 것은 끝났다. 어린 시절 맨주먹으로 상경하여 고생했을 때처럼, 또다시 알몸뚱이로 삭막한 삶의 현장에 내던져져 냉엄한 현실과 맞서야 했다. 'IMF 환란에 따른 모든 경제 질서를 재편해야 하는 큰 변화 속에서 과연 내가 할 수 있는 일은 무엇일까?'를 고민하면서, 힘들었던 어린 시절과 파란만장했던 은행원 시절의 명암明暗을 회고하게 되었다.

02
빈농을 탈출한
조흥은행 입행

유년시절, 시골 농촌을 벗어나기가 여간 힘들지 않았다. 여유가 있어서 도회지 학교라도 가면 모를까, 아니면 꼼짝없이 고단하고 희망 없는 농사꾼이 될 수밖에 없었다. 1965년, 이때까지는 중소기업도 인력난이 아니라 아예 일자리 자체가 한정적이었고, 실업률은 제대로 된 통계조차 없을 때였다. 그 시절 최고最古의 역사와 전통, 그리고 서울 한복판 광교에 우뚝 솟은 최고층 본점 빌딩을 뽐내고 있던 순수 민족은행인 조흥은행에 당당히 합격한 것이다.

신입행원 연수를 마치고 처음 배치를 받은 동대문지점은 한창 번성하던 동대문 시장을 역세권으로 두고 있어서 기초 생필품의 전국 도매상들이 성시를 이루던 곳이다. 매일 밀려드는 현금을 수납하는 일과, 넘치는 현금을 사용권과 손상권으로 나누어 정리하여 한국은행으로 현송하는 출납업무가 일과였다.

나이가 많아 입행한 지 6개월 만에 입대하였고 부산 군수기지사령부에 근무하던 중, 1968년 1월 21일, 북괴 무장공비들의 청와대

습격 사태로 인하여 복무 기간이 연장되는 바람에 꼬박 3년을 채운 후 만기제대하고 다시 동대문지점에 복직되었다. 그리고 얼마 후 뜻밖에 인사부로 영전되었다. 이때 행원 채용 담당을 시작으로 배치, 이동, 교육, 평가, 승진 등 전반적인 인사 관련 업무를 익히면서 은행 내 학력 및 성차별을 알게 되었다. 더불어 상고 출신인 나의 미래 모습도 짐작할 수 있었다. 이런 불이익을 극복하기 위해서는 실력을 갖추는 것이 중요하겠다는 점도 깨달았다.

03
인생의 전환점이 된
노동운동

○ 중견행원들의 입행 전前 군 경력 소급 인정과 학력 차별

1971년 인사과에서 광화문지점으로 전근되었을 때였다. 어느 날 출근해서 출근도장을 한참 뒤적인 끝에 찍었다. 나의 출근부가 제자리에 있지 않고 한참 뒤로 밀린 것이다. 당시 출근부는 서열순이었는데, 노사 간에 입행 전 군경력의 90%를 소급해서 인정해 주기로 합의하는 바람에 그 공문대로 새로운 서열에 따라 출근부가 재정리된 것이다.

대부분 수혜자는 대졸 출신들이었다. 이는 엄연한 학력차별이었고 병역법상 보장되어 있는 군 경력 인정의 형평성에도 문제가 있었다. 마침 제일은행에 다니던 동창한테서 함께 반대하자는 전화도 받은 바 있었고, 우선 입행 동기 모임을 주선하여 중지를 모았다. 차제에 동기 모임을 결성하여 전국적인 반대 투쟁에 나서기로 의기투합했다. 모임 주선과 특히 인사과 출신이라는 이유로 내가 대표를 맡았다. 전국적인 호응이 대단하였다. 상고 출신들은 물론이고 대졸 중견행원 중에서도 군 경력이 짧은 학군단 출신과 병역 면제자들이 적극 동조해 주었다.

노동조합과의 갈등이 시작되었고 인사과의 노골적인 압력이 극심했다. 인사과 출신이 모범을 보이지 않고 오히려 앞장서서 은행 질서를 문란케 한다는 지적을 받은 것이다. 퇴직을 각오하고 사직서를 미리 작성하여 가슴에 품고 다니며 뛰었다. 단숨에 수천 명의 반대 연명부가 완성되었고 인사부와 노동조합에 제출하였다. 그러나 요지부동이었다. 노사가 합의한 사안에 대하여 번복한 전례가 없을뿐더러 정부의 권장 사항이고, 더구나 불법 부당한 방법에 의한 항명이란다. 자발적이고 평화적이었으며 민주적인 방법으로 연명한 의사표시인데도 받아들여지지 않았다. 다른 금융기관도 마찬가지여서 5대 시중은행 공동투쟁으로 번졌고, 대화 창구도 상위단체인 금융노동조합으로 격상되었다. 단시간에 노도와 같이 일어난 반대투쟁은 성공적으로 끝났다. 원안대로 경력 인정은 하되 인사상의 대우는 배제하고 3년에 걸쳐 단계적으로 급여에만 반영하기로 후퇴시킨 것이다. 따라서 6개월 만에 출근부가 원위치로 되돌려졌다.

이 사건을 계기로 노조 집행부로부터 노조에 참여하라는 요청이 들어왔다. 우리 협조 없이는 조직관리가 어렵다는 이유였다. 나는 계속 사양했다. 노조 참여 목적으로 군 경력 반대 투쟁을 한 것도 아니었고, 스스로 노조 간부 자질이 있다고 생각하지도 않았었으며, 그때까지 일류 대학 출신들이 장악해 온 집행부에 나 혼자 들어가 본들 노조활동을 제대로 할 수 있겠냐는 판단에서였다. 상당한 시일이 흘러 정기 대의원 대회를 앞두고 또다시 참여 요청을 받았다. 그래서 할 수 없이 다른 입행 동기 한 명과 함께 집행부에 들어가 교육선전부장을 맡아 노조활동을 시작하였다.

○ 유신독재 치하에서의 절름발이 노동운동

근로자의 단결권, 단체 행동권, 단체 교섭권은 헌법이 보장한 기본적인 노동3권임에도 노조를 결성할 수 있는 단결권만 보장되었을 뿐, 교섭권이나 행동권은 금지되던 유신 시절이어서 노조의 손발이 꽁꽁 묶인 채 노조신문마저 중앙정보부의 사전 검열을 거쳐 발간해야 했었다. 따라서 임금 및 복지후생에 관한 단체협약은 노사협의회를 통해서 체결해야 했으므로, 정치적 투쟁은 언감생심이었고, 제한적인 경제적 기능과 공제적共濟的 기능 즉, 경조금 확대, 하계 연성장 운영, 자녀 학자금 보조, 고충처리, 신용협동조합과 소비조합 운영, 심지어 무주택 직원들을 위한 주택 사업 등에 만족할 수밖에 없었다. 따라서 당시의 노동운동은 조합원들의 권익 향상 활동에만 그치지 않고 은행 발전의 동반자 역할도 요구받았다.

그러면 이렇게 통제된 노동운동을 강요한 유신정권이 근로자들의 임금을 착취하여 빈부 양극화의 원인이 되었었을까? 결론부터 말하면 그것은 아니었다. 왜냐하면 1976년 이스라엘 연수 중에 강사들로부터 한국의 새마을 운동과 경공업 발전상, 그리고 중화학공업 투자 등을 통하여 절대 빈곤 국가를 크게 발전시켜 두터운 중산층을 키워낸, 개발도상국 중에서 모범적인 국가로 소개할 정도였기 때문이다.

1975년 금융기관의 시간 외 근무 수당 파동으로 큰 혼란을 경험한 적이 있다. 매월 일정한 시간 외 근무를 전제로 수당을 지급하고 있었는데, 어느 날 갑자기 시간 외 근무명령을 받은 후 실제 근무시간에 한해 수당을 지급하도록 재무부의 지시가 떨어졌다. 그리고 계도 기간을 거친 후 이행상태를 검사하여 위반될 시는 엄중한 문책을 하겠다는 엄포 속에 시행되었었다. 절름발이 노동운동의 상징적인 사건이다. 금융기관의 고임금에 따른 고급 인력 쏠림 현상을 막고, 각 산업에 골고루 배치하기 위한 정부의 고도로 계산된 전략으로, 임금이 상대적으로 높았던 금융기관의 시간 외 수당 삭감을 활용한 것이다. 이로 인하여 실제 많은 금융인들의 이직이 발생하였으므로 정부로서는 소기의 목적을 달성한 셈이었다.

○ 소비생활 협동조합 운동과 이스라엘 연수

1976년 조합원들의 압도적인 지지로 부위원장에 당선되었을 때였다. 우리나라 최초로 운영되던 공제회 규모가 커지면서 법적 보호를 받을 수 있는 신용협동조합으로 전환을 추진하고 있었고, 소비조합도 노조 선배들이 각고로 노력하여 모범적으로 잘 운영되고 있었다.

두 조합의 건전하고 투명한 경영으로 인하여 각 은행의 평판이 좋았고, 한국노총까지 알려지면서 다른 노동조합의 견학이 잦았다. 이러한 배경이 바탕이 되어 나는 조흥은행 노조와 별개인 한국 소비생활협동조합 추진 활동도 함께했었다.

한국노총에 조합설립 본부를 두고 동 운동을 이끄시던 이한옥 여사를 모시고 경제기획원 물가정책국을 상대로 법적 지위를 얻기 위한 노력과 각종 소비경제학 학회 및 토론회에 참석하면서 소비생활협동조합의 필요성을 호소하고 다녔고, 기초식품을 대상으로 시범사업도 병행하였다.

그러나 정부 당국과 한국노총의 소비협동조합에 대한 몰이해와 소극적인 태도, 그리고 열악한 업무추진비 등으로 많은 어려움을 겪었고, 특히 관련 자료와 지식의 한계로 정부 허가와 지원을 받아내기에는 설득력이 부족하였다. 할 수 없이 외국 선례를 배우기로 하고 협동조합이 발달한 이스라엘 연수길에 오르게 된 것이다.

다행히 소비생활협동조합 운동에 적극적으로 참여한 덕택에 한국 대표로 연수단에 선발되는 데는 어려움이 없었다. 이스라엘 정부 초청이어서 왕복 여비와 체제비, 그리고 용돈까지 이스라엘 국비 지원이었으므로 여행 경비 걱정도 없었다. 20개국 노동조합과 협동조합 지도자 60명이 초청되어 '개발도상국가의 노동조합과 협동조합의 역할'이라는 주제로 1976년 8월 15일부터 4개월간 진행하는 연수과정이었다.

문제는 최종 관문인 주한 이스라엘 대사관의 면접 통과 여부였다. 준비 기간이 짧았지만 예상 질의 문제를 발췌하여 열심히 대비했다. 난생처음 외국인과 마주하여 면접을 보게 된 것이다. 간단한 인사를 나눈 후 질문이 시작되었는데 도무지 무슨 말인지 알아들을 수가 없었다. 어차피 각오하고 간 것이 아니었던가? 질문에 관계없이 나에 대한 소개를 하였다. 근무하고 있는 직장과 담당 업무, 그리고 연수 희망 목적과 다녀온 후의 계획 등 준비 내용을 보며 읽은 것이다.

얼마 후 면접 통과 연락을 받았고, 1976년 8월 초 온 가족의 배웅을 뒤로하고 김포공항을 이륙하였다. 홍콩, 방콕, 테헤란을 경유해야 했으나 난생처음 해외여행인 데다 이스라엘의 철저한 보안검색 관계로 쉽지 않은 여정이었다. 당시 이란은 친미 정권인 팔레비 국왕 시절이었는데, 중동 국가 중 유일하게 이스라엘과 외교관계를 맺고 있을 때여서 테헤란 공항을 거쳐 입국해야 했다.

이스라엘 건국 총리이자 국부로 추앙받는 벤구리온Ben-Gurion의 이름을 딴 텔아비브 국제공항의 철두철미한 보안검색은 극도로 세심하고 철저하였다. 언제 터질지 모르는 일촉즉발의 화약고와 같은 상황이 상존하는 땅이라는 것을 실감할 수 있었다. 앙숙인 두 민족의 불안한 동거가 그 배경인 것이다. 조국을 졸지에 빼앗겼다는 팔레스타인 민족과 2천 년 유랑 끝에 힘겹게 귀향한 유대 민족의 뿌리 깊은 갈등이 해결의 기미를 찾지 못하고 대립하고 있었다. 여기에서 파생된 증오와 긴장으로 인해 전쟁을 불사할 만큼 깊고 심각한 위기감이 감도는 공항 풍경이었다.

텔아비브에 소재한 아프리카-아시아 연구소Afro-Asian Institute에서 마중 나온 안내자를 따라 무사히 도착하여 긴 여장을 풀고 연수가 시작되었다. 많은 자료와 온종일 이어지는 영어 강의, 격주마다 다니는 성지순례, 그리고 연수 기간 중 자기 나라를 소개하는 '2시간 영어 강의' 과제까지 주어졌다. 다행히 한국, 일본, 대만 출신 연수생들은 영어실력이 부족한 것을 고려하여 연수 기간 끝 무렵에 과제를 하도록 배려를 받은 덕택에 준비 기간이 충분하여 걱정되지는 않았다.

○ 이스라엘의 협동농장 키부츠와 모샤브 방문

연수 중에 이스라엘의 대표적인 도시형 키부츠Kibbutz 닭고기 공장과 농촌형 모샤브Moshav인 바나나 농장을 방문하였다. 나라를 잃고 세계 각처에 흩어져 무려 2천 년을 살아온 디아스포라 유대인들이 고국 땅 팔레스티나에 모여들어 외부 위험을 막을 겸 힘을 합치기 위하여 협동조합을 결성한 것이다.

이러한 배경 때문에 집단농장 키부츠 초기에는 능력대로 일하고 공평하게 분배하는 공동소유와 공동생산, 그리고 공동 판매 원칙을 가지고 있었다. 그러나 생산성이 떨어지는 문제와 조합원들 간의 분배에 대한 갈등이 심화되면서 능력대로 일하되 성과를 감안한 사유재산을 인정하고, 공동판매 방식만 채택하는 모샤브 형태의 차등 분배 원칙으로 발전되었다고 한다.

바나나 농장 모샤브를 방문하였을 때는 조합원 농가에서 점심을 대접받았는데, 남편은 군에 입대하였고 어린 딸 하나와 살고 있는 주부로부터 이스라엘 여성들의 사회 참여와 여권신장에 관한 역사를 들을 수 있었다. 유대인들이 조국을 되찾기 위하여 '시오니즘(Zionism: 유대 민족 국가 건설을 위한 유대민족주의 운동)' 속에 해외 각지에서 2천 년 만에 팔레스티나 땅에 하나둘씩 속속 잠입하여 유목민 생활을 하면서 가축농장 등을 운영하였단다.

소외당했던 여성들은 남편들이 곤히 잠든 틈을 이용하여 가축들의 영양 관리를 몰래 도우면서 우유 생산량이 증가하게 되었고, 이를 이상히 여긴 남편들이 그 원인을 추적 조사한 끝에 여성들의 헌신과 숨은 노력을 알게 되면서 여성들의 사회 참여 확대와 획기적인 여권 신장의 기회가 되었다는 이야기였다. 따라서 일찍부터 여성들도 군 입대가 보편화되었고, 심지어 텔아비브 시가지에서 기관단총을 둘러메고 당당히 휴가 나온 여군들도 어렵지 않게 목격할 수 있었다.

○ **이스라엘 특유의 '후츠파 정신'**

'후츠파chutzpah'란 히브리어로 도전과 탈권위를 뜻한다고 한다. 주말에 부원장의 인솔로 사해를 방문했을 때였다. 지구상에서 가장 낮은 열사의 땅, 조그만 연구소 하나가 사막의 작열하는 태양 아래 놓여있었다. 척박한 불모지, 생물이라고는 살 수 없는 소금 바다에서도 그들은 희망과 큰 꿈을 키우고 있었다. 지중해 바닷물을 지구상에서 가장 낮은 사해까지 끌어와서 약 400미터 낙차를 이용한 수력발전소를 건설하여 전기를 얻는다. 그리고 그 에너지로 사해에 무궁무진하게 매장되어 있는 광물을 개발함으로써 작은 이스라엘을 에워싸고 있으며 막대한 석유 자본으로 막강한 군사력을 보유한 이슬람 국가들─북으로는 레바논, 시리아, 이라크, 동으로는 요르단, 사우디아라비아, 이란, 남으로는 이집트 등─을 이겨낼 수 있는 국력을 갖출 거라는 당찬 포부와 도전의식을 엿볼 수 있었다.

이같이 무에서 유를 창출해 낼 수 있는 우수한 두뇌, 그리고 만일에 밀리면 서쪽 지중해에 빠져 죽을 수밖에 없다는 지리적인 절박함이 어우러져 세계 최강 이스라엘 국가를 지탱하고 있는 것 같았다.

유대인에게 사막은 불모지가 아니라 창조의 공간이었다. 모세의 광야가 내려다보이는 네게브 사막을 지나, 홍해의 에일랏드 만(지도상에는 아카바만)을 돌아오는 황량한 광야는 젖과 꿀이 흐르는 땅이 아니었다. 풀 한 포기 날 수 없는 척박한 땅을 이스라엘 건국이념인 시오니즘으로 무장한 유대 지도자들이 솔선수범하여 나무를 심고 물을 주고 정성 들여 키워 사막에 꽃을 피운 것이다. 약속의 땅은 거저 주어진 것이 아니라 거친 땅에 피땀을 흘려가며 일구는 것이라는 비전을 이스라엘 국부 벤구리온 등 시온주의자들이 앞장서서 실천했다. 그리고 그 행동의 묵직한 울림을 후세에 남긴 덕분에 오늘의 이스라엘이 있다. 시온주의자들은 은퇴 후에 권위를 벗어던지고 낙향하여 황량한 광야에 도전하며 젖과 꿀이 흐르는 농업 국가를 이룬 것이고, 이에 기반해 형성된 후츠파 정신은 오늘날 군사대국, 나아가 세계 4차 산업을 이끌 수 있는 기술 강국을 만들고 있는 것이다.

○ 가장 인기 있었던 우리나라 소개 강의

한국 대표로 참가한 4명이 분담하여 2시간 강의를 진행하기로 하고, 나는 한국 노동운동과 노사관계론을 맡았다. 마침 서강대학교 노동문제연구소장 박영기 교수의 영어로 저술된 '한국의 노사관계

론'을 준비해 갔다. 30분 분량의 강의 원고를 작성하여 외우다시피 했다. 룸메이트였던 남아프리카 동쪽 작은 섬나라 모리셔스 출신과 맞은편 방을 사용하던 네팔 친구들 앞에서 독해 연습까지 하면서 말이다.

우리나라 소개 시간이 돌아왔고, 나는 두 번째였다. 아내가 잘 다려준, 어머니가 손수 지어주신 눈부실 만큼 하얀 내 고향 한산 모시 적삼을 빼입고, 연설대 오른쪽에 태극기를 꽂아놓은 채, 연습했던 원고를 청산유수로 연설하듯 발표하였다. 우레와 같은 박수와 함께 브레이크 타임으로 이어졌다.

한국에서 준비해 간 인삼차를 몸에 좋다는 사용 설명과 함께 한 봉지씩 나누어주었다. 정력에 좋다는 설명에 수강생들은 한 봉지 받은 후에도 계속 뒷줄을 이어가는 바람에 여유 있게 준비했던 인삼차가 순식간에 동나고 말았다. 얼마나 인기가 좋았던지 마침 미국 제39대 카터 대통령 당선 직후였는데, 나에게 코리안 카터라는 별명까지 붙여주며 난리 법석이었다. 몸에 이롭다는 인삼차 한 봉지 더 얻기 위한 덕담들이었지만 평소에 영어실력이 짧아 소통에 답답했던 기분을 확 날려버린 것 같아 더없이 홀가분했다.

○ 가장 인상 깊었던 예루살렘 성지순례

연수기간 중 격주로 부원장의 인솔 하에 이스라엘 성지 순례를 빠짐없이 다닐 수 있었다. 예수님이 탄생하신 베들레헴부터 유년기를 보내신 나사렛 시티, 그리고 제자들에게 복음을 전파하고 오병이어

금융인의 반란

의 기적을 행하신 갈릴리 호수 및 사해, 3대 종교 최고의 성지이자 예수님께서 예루살렘에 입성하신 후 이스라엘 왕이라고 주장했다는 누명을 쓰시고 십자가에 못 박혀 돌아가신 후 묻히셨다가 부활하신 옛 예루살렘 시티, 출애굽기에 나오는 홍해와 광야 등 우리나라 경상도 규모의 작은 나라인 이스라엘 전체가 성지였다. 종교가 없었을 때였지만 어머니가 개신교를 절실히 믿으셨기 때문에 기독교에 대한 믿음과 친숙함을 느끼고 있을 때여서 비종교인이었던 나에게도 깊은 감명을 느끼게 해주었다.

특히 예루살렘 성 안 옛 시티는 오랜 역사와 육중한 성당, 이슬람 돔 등의 위용에 종교에 대한 믿음과 신비스러움을 더해 주었다. 세계 유대인이면 누구나 일생에 한 번은 꼭 들러서 평생의 소원을 빌고 간다는 유대인들의 영원한 영혼의 고향 '통곡의 벽'과 동편에 근엄하게 자리 잡은 종교전쟁의 본산인 그 유명한 황금빛 바위 돔 Dome of Rock이 있는 템플 마운트는 세 종교의 최고 성지다. 이슬람에게는 예언자 무함마드가 승천한 장소이고, 유대교는 지혜의 상징 솔로몬 왕이 성전을 지었던 종교의 중심지, 그리고 기독교는 예수님께서 부활하신 성스러운 곳으로 현재는 큰 교회가 자리하고 있는 절대 양보할 수 없는 성소다. 이로 인하여 중동은 단 하루도 평화가 없는 갈등의 땅이 되어버렸고, 3대 종교의 최고 성지를 어느 종교도 양보할 수 없는 구舊 예루살렘은 갈등의 발상지이자 상징으로 굳어져 버렸다. 그리고 외견상으로는 평화스러웠지만 실제는 한 치 앞을 가늠하기 어려운 불안한 나날을 살아가고 있었다.

○ 고국에서 조합원이 보내온 김치의 수난

서울에서 조합원이 보내준 오매불망 먹고 싶었던 김치를 반갑게 받았는데, 보관 장소가 마땅치 않아 연수원 강사에게 부탁하여 냉장고에 넣어두었다. 하루도 지나지 않아 연수원에 난리가 났다. 도대체 연수원 내에 평소 느낄 수 없었던 이상한 냄새가 진동하는데, 그 진원지와 정체를 알 수 없다는 것이다. 할 수 없이 자진신고하고 배척받은 김치를 신문지에 겹겹이 말아 연수원 건물 울타리 밑에 숨겼다. 조금씩 아끼면서 꺼내 먹을 참이었다. 그들은 당연히 버린 줄 알았겠지만 어림없는 이야기 아닌가? 가장 먹고 싶었던 음식인 데다 조합원이 보내준 성의가 얼마나 대단하며 날아온 거리가 얼마나 먼가 말이다. 그런데 일요일 외출 후 돌아와 보니 나를 찾느라 야단법석이었는데, 알고 보니 울타리 밑에 감춰두었던 출처불명의 물체가 무엇인지, 그리고 누구의 소행인지 찾고 있었다. 이스라엘은 전후방이 따로 없는 전쟁터와 같은지라 어디든 낯선 물건은 테러용 폭발물로 오인되어 철저히 관리되고 있다는 사실을 나는 미처 생각하지 못한 것이다. 또다시 갈 곳을 잃은 그 아까운 김치는 아쉽게도 할 수 없이 폐기처분되고 말았다.

○ 조흥은행 노동조합 제9대 위원장에 당선

이스라엘 연수를 마치고 귀국하여 노조신문에 해외 연수기를 연재하면서 군 경력 인정 반대 투쟁 이후 다시 한번 전 조합원들에게 나의 존재감을 각인시키는 계기가 되었다.

정기 대의원 대회 때마다 야권에서 위원장과 부위원장에 도전해 오지만, 이미 대세는 나에게 기울어진 상황이어서 도전세력의 존재감이 미미했다. 선임위원장도 금융노조위원장 출마를 결심한 상태여서 사실상 적수는 없었다. 1977년 6월 조흥은행 노동조합 정기 대의원 대회에서 예상대로 대의원들의 절대 지지 속에 조흥은행 노동조합 제9대 위원장에 당당히 당선된 것이다. 조흥은행 노동조합은 1960년 6월 1일 4.19 혁명 직후 금융권 최초로 노동조합을 결성한 이후 노조 선배들의 투명하고 탁월한 리더십으로 금융노동조합 운동의 중심에 섰을 뿐만 아니라 '조흥은행 백년사'를 견인하는 데도 핵심 역할을 담당한 자랑스러운 조직이었다. 약 6천 명의 조합원을 가진 금융노조 산하 최고선임 위원장이었으며, 은행 내에서는 정규 입행 상고 출신 최초 위원장이었다. 선출직 외의 임명직 간부는 철저하게 자질과 능력을 근거로 학력별 및 지역별, 그리고 성별 등 세심한 고려를 통해 선발함으로써 나를 지지한 것과는 무관하게 전 조합원을 대표할 수 있는 집행부를 구성하였다. 내가 위원장으로 당선되는데 특정 지원세력이 없었기 때문에 가능한 일이었다.

무엇보다 조합원들의 권익향상을 위해서는 투명한 임금 투쟁이 가장 중요하다는 점은 두말할 나위가 없었지만 유신독재 하에 관치 금융이 극에 달할 때여서 정부의 통제를 벗어난다는 것은 사실상 불가능하였다. 따라서 정부의 임금 가이드라인 등을 지키면서 조합원들에게 유리하도록 상박하후上薄下厚가 될 수 있는 직급별 배분에 관심을 둘 수밖에 없었다. 따라서 자연스럽게 조합원들의 권익 보호와

복지후생 제도 확충 및 공제사업 활성화, 그리고 고충처리 등에 중점을 둘 수밖에 없었으며, 무주택 직원들을 위한 270세대의 아파트 신축사업도 추진하였다. 이 밖에도 위원장 정견으로 발표했던 '은행 내 힘없고 소외된 조합원들을 보호하는 데 앞장서겠다'는 공약을 실천하기 위하여 조합원 본인의 대학 진학 시 학자금 지원 제도 신설과 고충처리 위원회 상설 운영, 그리고 서울 등 지역별 독신자 합숙소 및 소비조합 운영 등도 이루어냈다. 직원 자녀 진학에 대해서는 학자금을 지원해 주면서 정작 본인의 대학 진학 시엔 학자금 지원은 고사하고 등교조차 힘든 때였다. 조합원 고충처리의 경우도 상사와의 각종 갈등, 특히 성 스캔들이 발생할 때마다 아랫사람들만 인사조치를 당하기 일쑤여서 이러한 부당한 조치들을 공적으로 해결하기 위해서도, 또는 은행 내 각종 부조리를 고발하기 위해서도 고충처리 위원회의 상설화가 필요했었다.

○ 한국 최초 여행원 결혼 각서 제도 폐지

당시 여행원들은 입행 시에 의무적으로 결혼하게 되면 퇴직하겠다는 각서를 제출했기 때문에 결혼하면 의당 퇴직하는 것으로 관례화되어 있었다. 따라서 이러한 문제는 인사 영역이라는 이유로 노사협의회 안건으로 채택조차 어려운 상황이었다. 이렇게 열악한 환경이었음에도 여성부장의 탁월한 문제의식과 의무실에 근무하고 있던 여행원의 용기, 협조가 발판이 되어 은밀하게 결혼 각서 폐지 운동이 벌어지게 된 것이다. 이때까지는 입행 시 제출했던 결혼 각서대로 결혼하면 사직하는 것이 당연시되었음은 물론, 설령 다니고 싶어도 무능한 남편을 만나서 호구지책으로 다닌다는 비난이 두려웠기 때문에 결혼과 동시에 퇴직했었다. 이런 풍토 속에서 결혼 후 계속 근무를 고집하기에는 큰 결심과 용기가 필요했다. 만일에 각서를 무시하고 계속 근무할 경우 사용자의 징계가 떨어지는 것은 물론, 재무부의 보이지 않는 압력을 견뎌야 하는 쉽지 않은 사건이었다.

노조는 사용자 측의 징계 결정이 내려지는 경우 불복하는 법적 투쟁을 지원할 계획이었다. 그럼에도 사용자 측의 집요한 사퇴 종용과 재무부의 압력이 거세었지만, 여행원의 끈질긴 인내와 여성부장의 부단한 노력으로 성공할 수 있었다. 그리고 이를 계기로 결혼 각서 폐지가 전 금융기관으로 확대되어 직업여성들의 사회진출에 큰 전기가 마련되었음은 물론, 여권 신장의 중요성에도 눈을 뜨기 시작하였다. 안타까운 것은 40여 년이 지난 현재의 괄목할 만한 여권 신장에도 불구하고 여전히 많은 경력 단절 여성이 존재하고 있다는 한심한 현실이다.

세계여성이사협회WCD: Women Corporate Directors에 따르면 글로벌 우량 기업의 여성 임원은 40%가 넘는다는데도 우리나라는 2%에 불과하여 기업의 유리천장이 여전히 높고 두껍다는 지적이 있었다고 한다. 이사회 내 여성 임원 비율이 30% 이상인 기업이 더 높은 경영 성과와 투명성을 보이며, 재무건전성도 더 좋다는 분석도 보고되고 있다. 우리나라도 성별 구분 없는 합리적인 근무 유형과 보상 체계를 갖추어 기업의 경쟁력 제고뿐만 아니라 다양한 기여에 대한 포용적인 수용을 통하여 차별을 개선해야 한다.

특히 고령사회에 출산과 생산인구가 준다고 걱정만 할 것이 아니라 여성의 사회참여 확대를 위해 육아와 일을 병행할 수 있도록 업무 자율성 확대와 유연한 근무시간 허용 등 근무환경 선진화는 물론, 일부 대기업에서 시행하고 있는 '육아휴직제도' 등도 중소기업들까지 적극 수용할 수 있는 결단이 필요하다 하겠다.

금융인의 반란

04
노동운동 중단과
은행 업무 복귀

　노동운동 7년 동안 추진하고 싶었던 크고 작은 일들은 어지간히 이루었다. 특히 위원장 재임 기간도 단숨에 지나간 것 같았지만 조합원들과의 공약을 대부분 쟁취한 셈이어서 홀가분한 상태였다.

　임기 대의원 대회를 앞두고 조직 내외 대부분 사람들은 당연히 연임을 예상하는 것 같았는데 나는 갈등이 있었다. 상위단체 금융노조 위원장 또는 노총이나 정계 진출까지 염두에 두고 노동운동에 투신할 셈이면 당연히 연임해야 하지만, 아니라면 하루라도 빨리 은행에 복귀하여 본연의 은행원으로 돌아가 미래를 대비하는 것이 더 옳다고 생각하고 있었다. 고민 끝에 복귀를 마음먹었고 아내도 내 의견을 존중해 주었다. 아무래도 험난한 노동운동보다는 은행원 생활이 더 안정적일 것 같았고 노동운동을 계속하기에는 경제적 여유도 없었던 것이다. 빚으로 시작된 신혼생활이었는데 아내의 알뜰한 살림 덕에 행복하게 살고는 있었지만 넉넉하지는 않았다.

　이제 문제는 노조활동 기간의 은행 업무 공백 7년을 어떻게 메울 것인가였다. 복귀할 때 간부들의 경우 본인 희망지를 배려해 준다. 보통은 후임 위원장이 해결해 주지만, 나는 연임을 포기한 상태라서 직접 인사부와 매듭지을 수 있었다. 전임자들 대부분은 외국영업부를 선택하였다. 외환업무를 익히는 것이 매우 중요한 시기였고 누구나 한 번쯤 가보고 싶은 부서였기 때문이다.

인사과장이 운을 떼었다.

"외국영업부로 발령 내드리면 되겠지요?"

일류 대학 출신들이나 갈 수 있는 부서 중 하나였으니 당연히 받아들일 것으로 생각하는 것 같았다.

"아닙니다."

"그럼 어디 생각해 두신 부서가 있나요?"

"예!"

한 호흡 쉬었다가

"국제부 외화자금과로 보내주세요."

인사과장은 기절하는 눈치였고, 부장은 농담인 줄 알고 웃고 계셨다.

"정말이세요?"

"네!"

"위원장님! 외화자금과장이 누군지나 알고나 하는 얘긴가요?"

"물론이죠!"

까탈스럽기로 소문난 과장이었다. 서울대학교 경제학과 출신에, 서울대학 초대 총장이자 영문학자로 우리나라 최초 영한사전 저자의 큰 아들, 동생은 하버드대 출신에 서울대학교 대학원장, 매부는

OB맥주 회장 겸 상공회의소 회장. 글자 그대로 명문가에 권력과 실력을 겸비한 데다 성질이 깐깐한 과장이었다. 더구나 그 밑의 직원들은 외환업무 베테랑으로 뽑혀 온 엘리트들이다. 그 속으로 들어가겠다는 게 상고 출신에 무려 7년의 업무 공백을 지닌 외환업무 무경험자 입에서 나올 소리는 아니라고 생각한 것이다. 더구나 지금까지 상고 출신은 외화자금과는 고사하고 국제부 근처도 가본 일이 없었다. 방탄유리보다 더한 유리천장이었다. 나의 강력한 의지에도 한 번 더 만류를 한다.

"차라리 외환업무과로 가시지요. 과장과는 과거에 같이 근무한 인연도 있고 성격도 원만하고 국제부 업무 중 가장 단순한 편이니…."

말이 떨어지기가 무섭게 거절을 했다.

"안 됩니다."

"왜요?"

"어차피 순차적으로 외환업무를 배우기에는 늦었으니, 날 외환업무 정상에 올려다 놓아주면 아무리 무서운 과장이라 하더라도 안 죽고 따라 내려올 테니 발령만 내주십시오."

외화자금과 업무는 국제금융을 취급하는 세계 외국환은행 간 거래여서 고객과의 외환 거래 경험을 거쳐 갈 수 있는 최종 부서였기 때문이다. 노조 정기대의원대회를 끝으로 내 희망대로 인사발령을 받았다.

6천여 명의 조합원과 15명의 휘하 노조 간부, 위원장실과 전용 승용차와 기사, 어느 때건 간에 은행장을 비롯한 임원들을 만날 수 있는 위치에서 일개 은행 대리로 내려앉은 것이다. 노조활동 기간은 단체협약에 인사상 불이익을 받지 않도록 되어 있어서 입행 동기와 동등한 대우를 보장받는 것은 당연했다. 더구나 내가 위원장으로 재직하는 동안에는 나를 비롯한 전 간부들은 단체협약과 관계없이 대리 승격 시험을 솔선수범해서 치르도록 하였었고, 마땅히 나도 대리 시험에 전 과목 합격하였기 때문이다. 노조활동을 잘하기 위해서도 은행 업무를 알아야 할 것은 너무나 명약관화한 일이었고, 대리 승격 수단으로 노조 간부를 노리는 폐습을 차단하기 위한 조치이기도 했다.

은행원들에게는 대리 승격될 때가 가장 기쁘다는데 나는 즐겁기는커녕 눈앞이 캄캄했다. 아무리 각오를 했다 하더라도 망신당할 일만 남은 것이다. 도서관에 가서 후임 위원장을 불렀다.

"자네 인사부에 가서 한 달만 부임 연기해 주게나."

이때부터는 대리 신분인 내가 직접 인사부에 가서 내 신상을 말할 수 있는 입장이 아니었기 때문이다. 그리고는 도서실 담당 여직원에게 내 모습이 노출되지 않도록 지정석을 부탁하여 외환업무 교본을 읽기 시작했다. 그러나 아무리 읽어도 무슨 뜻인지 도통 알아먹을 수가 없어서 연수과에 부탁하여 모든 외환업무 연수 일정을 청강하겠다고 양해를 구했다. 행원들의 외환업무 연수 시간에도 맨 뒷자리에 앉았다. 국제부 대리들이 강사로 들어와 왜 부임하지 않고 이 자리에 앉아있느냐고 반 비아냥댔지만 괘념치 않고 내 스스로 자초한 일이었기에 이를 악물고 견디어냈다.

금세 한 달이 지나 부임 첫날 일찍 출근해 보니 텔렉스실에 한 직원이 영어로 된 텔렉스 내용을 줄줄 읽어 내려가는 게 아닌가? 큰일 났다 싶었다. 이스라엘 연수는 다녀왔다지만 외환업무를 모르는 내가 어느새 저렇게 읽을 수 있을지 생각만 해도 모골이 송연했다. 그러나 별 탈 없이 몇 개월이 지난 어느 날, 과장이 해외지점 순회 출장을 다녀올 테니 대리들은 연구과제 하나씩을 완성 보고하라는 지시를 받았다. 나는 열심히 준비해서 보고하였다. 나의 보고서만 통과되고 나머지는 보완지시가 떨어졌다.

그날 퇴근길에 들른 저녁 술자리에서였다. 바른말 좋아하는 양 대리 왈, 무엇 때문에 이 대리만 통과시켜 주고 나머지는 반려했느냐는 항변이었다.

"야! 이 사람아. 내가 미쳤어?"

노조위원장 출신 건드려서 본전 찾을 수 있겠냐는, 사실 뼈 있는 농담이 돌아왔다. 그래도 나의 예상은 적중했다. 고생은 많았지만 과감히 도전한 덕택으로 외환업무 전반을 엄청난 속도로 빨리 습득할 수 있었다.

○ **가장 행복했던 조흥은행 샌프란시스코 주재원 시절**

1980년 신군부 정권이 정식으로 들어서던 날, 나는 가족과 함께 샌프란시스코행 비행기에 오르는 감격적인 순간을 맞았다. 혼란스러운 국내 정세를 뒤로하고, 미국인들도 한 번쯤 살고 싶어 한다는 세계적인 미항 샌프란시스코에서 근무하며 세 가족이 단란하게 살아보는 것은 샐러리맨들에게 꿈 같은 이야기였다.

　샌프란시스코 지점에 부임 첫날, 다른 직원들의 영어 수준이 제일 궁금했다. 유심히 선임자들의 통화 내용을 들어보니 걱정하지 않아도 될 수준이었다. 더구나 외국인 여비서 외에는 모두 한국인 이민자 가족 행원들이어서 단번에 걱정을 덜고 근무할 수 있었다. 주재하는 3년 동안 시내 투어 가이드는 물론 가파른 암벽과 폭포, 그리고 수천 년 된 나무가 우거진 넓은 세쿼이아 숲이 가득한 요세미티 국립공원을 40번은 다녀와야 했다. 그만큼 국내 귀빈들과 연수생들의 잦은 투어 안내도 주재원으로서 무시 못 할 임무 중 하나였다. 샌프란시스코는 영사관 외에는 조흥은행 지점이 유일한 주재 기관이어서 타 금융기관 인사들의 편의를 제공해 줄 수밖에 없었다. 영화 속 풍경을 그대로 간직한 샌프란시스코, 세상에서 가장 아름다운 다리로 손꼽히는 금문교와 인공으로는 최대 규모를 자랑하는 골든 게이트 파크, 전 세계 유명 건축물들을 축소하여 재현한 테마파크인 피셔맨스 와프Fisherman's Wharf 등 다양한 명소가 즐비하고, 기후 또한 사계절이 한국의 봄가을 날씨 같았다. 특히 금문교는 샌프란시스코의 랜드마크일 뿐만 아니라 현대 토목건축물 7대 불가사의 중 하나로 손꼽힌다. 수족관과 회전목마 등 위락시설이 갖춰진 피어Pier39도 볼만한 곳인데, 관광가이드처럼 현장 설명과 증명사진 촬영을 수없이 했다.

　그러나 가장 기억에 남는 추억은 바닷가 작은 찻집 '문레이커Moon raker'이다. 우리 세 식구가 오붓하게 저녁 식사 후 자주 찾던 곳인데,

태평양 바다에서 밀려오는 파도소리와 함께 서치라이트에 비치는 새하얀 포말은 환상적이었다. 찻집 창가에서 무릎에 외동딸을 앉혀 놓은 채 꾸며낸 동화를 들려주며 웃고 울리던 기억으로 가득한 행복한 시간들이었다. 귀국 발령을 받고 딸이 다니던 초등학교 1학년 교실에 들어가 마지막 수업 장면을 비디오 촬영했다. 촬영 후 선생님의 요청으로 한국 초등학생들의 학교생활을 소개해 줄 때, 아빠의 한국식 영어 발음에 걱정스러운 눈으로 쳐다보던 딸의 모습이 지금도 어제 일처럼 선명하다.

○ **샌프란시스코 주재원 시절의 황당한 경험**

▶ 대출거래처의 황당무계한 항변

어느 날 사무실로 낯선 고객이 찾아왔다. L.A 한인 타운에서 귀국 선물 센터를 운영하던 거래처였다. 경영난으로 부도가 나는 바람에 대출금 상환 독촉을 받던 거래처였다. 은행이 대출업무를 똑바로 해야 되지 않느냐는 항변차 왔다는 것이다. 내가 최초 취급 책임자는 아니라 하더라도, 처음부터 은행이 대출을 잘 했다면 자기 회사가 부도가 날 이유가 없었다는 주장이다. 결국 은행의 과다대출 때문에 재고가 많이 쌓였고, 이로 인한 자금수지가 악화되어 부도가 났다는 논리였다. 또 부도로 인하여 대출이 연체되었으면 법적 조치를 통해 사후관리를 하면 될 일이지 왜 그렇게 거친 표현으로 닦달하느냐는 것이었다.

황당한 항변으로 들렸지만, 나름 수긍이 가는 면도 있었다. 그 당시에도 미국에서는 신용평가제도의 발달로 채무자들의 신용상태를 명확히 평가할 수 있었고, 더불어 신용공여 한도를 합리적으로 산출할 수가 있었다. 그런데도 결과적으로 과다대출이 됨으로써 무리한 명품 수입과 재고 누적, 그리고 관련 금융비용 부담 등으로 경영이 어려워졌다는 주장이었기 때문이다. 또 부도가 났으면 법에 따라 정리 절차를 진행하면 될 일을 강압적인 어투를 사용해서 상환 독촉을 하면 되겠느냐는 고객 불만인 것이다. 납득이 되는 부분도 있었고, 자초지종을 다 들은 후에 원만하게 마무리할 수 있도록 수습되었다. 결과적으로 이러한 고객 불만은 은행과 고객 간 수평적 관계인 미국과 수직적 관계인 우리나라 사이의 문화 차이 때문이라는 점을 느꼈었다.

▶ 외국인 여비서의 당돌한 지적

1980년 초, 미국에서의 소비생활은 거의 카드를 사용하고 있었고 현금 사용 빈도가 매우 낮았다. 오죽하면 매월 일정한 날짜를 정하여 카드대금 결제용 가계수표를 일괄적으로 발행하고 있었겠는가? 마치 작은 비즈니스라도 하는 것처럼 말이다. 한 번은 백화점 청구서 금액이 맞지 않아 확인차 조회 편지를 작성하여 여비서를 불러 검토를 부탁했다.

대뜸 첫 마디가 왜 사적인 서신을 은행 용지에 썼느냐는 지적이다.

'요 녀석 봐라!'

언제 너보고 편지 내용을 검토해 달라 했지 이따위 시시콜콜한 것을 체크하라 했느냐고 한마디 하고 싶은 심정이었다. 하지만 옳은 지적인 데다 영어실력이 짧아 검토를 부탁한 주제에 그럴 수도 없었고 오히려 민망했었다. 미국은 확실히 투명한 선진사회였다. 근무시간 중에는 사적 통화도 자제했어야 했다. 그리고 업무추진비 집행도 일정 금액 이상은 영수증 뒤편에 간단한 사용 목적과 참석자 이름을 적어놓아야했다. 그래야 현지 감독기관 감사에 대비할 수 있었다. 또한 전화 요금 청구서도 늘 통화 정보가 상세히 기록되어 있는 별첨 자료를 함께 보내왔기 때문에 사적 이용이 곤란했다. 그래서 고문 변호사 및 회계사와의 업무 협의도 일목요연하게 간단히 말하지 않으면 초과시간 사용료를 부담해야 했다. 이처럼 공사 구분이 엄격한 시스템 속에 일을 하고 있어서 이러한 요인들이 결국 높은 생산성으로 이어지는 것임을 느낄 수 있었다.

▶ 캐나다 밴쿠버 지점 개점 출장길에 벌어진 해프닝

은행장, 국제부 담당 이사, 비서실장이 조흥은행 밴쿠버 지점 개점식 출장길에 샌프란시스코 지점에 들르셨다. 은행장을 맞이하는 최고의 영접 준비를 해야 했고, 나는 실무 총괄 책임을 맡고 있었다. 은행장이 예약된 호텔에 도착하신 후 샤워까지 마쳤는데도 수행하고 있던 이사 일행은 도착이 지연되고 있었다. 한참 후에야 새파랗게 질린 표정에 일그러진 얼굴로 2진 일행이 호텔로 들어왔다.

황당한 대형 사건이 터진 것이다. 은행장 여권, 개점 축사, 여행 경비 등이 함께 들어있던 은행장의 VIP 백을 잃어버린 것이다. 샌프란시스코 한국 영사관에 긴급 협조를 얻어 임시여권을 발급받았다. 그리고 개점 축사는 서울 본점에 연락해 재수신하였으며, 잃어버린 경비는 직원들이 공동 부담하여 수습했지만 분위기는 싸늘했다.

샌프란시스코 국제공항 입국장에서 비서실장이 들고 있던 VIP 백을 지점 차장이 건네받았고, 이어서 대리에게 계속 전달되었다. 그러면서 그 백의 중요성에 무관심했던 대리가 수하물 찾는 곳에 백을 놓고 기다리다 그만 도난당한 것이다. VIP 백은 지위 고하를 막론하고 본인이 들거나 최소한 수행비서 책임하에 들고 다녀야지 하급 직원들에게 계속 넘겨지는 식의 취급은 절대 안 된다는 교훈을 새삼 얻었다.

밴쿠버 지점 개점식을 마치고 국제부 담당 이사는 다시 샌프란시스코에서 학교에 다니던 아들을 만나기 위하여 오는 비행기 안에서 분실한 가방을 찾아가라는 기내 방송을 듣게 되었다. 그리고 회수 절차를 밟아 잃어버린 가방을 되찾았다. 도난당하던 날 그 범인이 도주 중에 계속 쫓기는 것으로 착각하고 NW 항공사 사무실 앞에다 그 가방을 놓고 도망쳤단다. 결국 그 가방은 NW 항공사 분실물 집합 장소에 보내져 소유자의 행방을 추적 끝에 돌려주게 된 것이었다.

○ 은행감독원의 시중은행 L.A 지점 특별감사팀에 파견

1983년 5월 샌프란시스코 주재원 근무를 마치고 귀국하여 소공동 지점 대리로 배치받은 후, 바로 3급 과장 승진과 함께 검사부 검사역 발령을 받았다. 금융권에 대형사고가 터지면서 검사 인력을 우수 직원으로 보강하라는 은행감독원 지시가 있었다. 이에 따라 은행마다 공통적으로 해외 주재원 출신들이 귀국하는 대로 희망하지도 않는 검사 업무를 담당하게 된 때였다.

미국 서부지역 소재 지점들은 경영 부실이 가장 심각한 곳으로 지적되어 1986년 시중은행 L.A 각 지점이 특감 대상에 올랐고 감사원 출신 검사역을 비롯한 은행감독원 특검팀과 경영분석팀, 그리고 시중은행 해외 주재원 근무 경험자들을 차출하여 특감팀이 꾸려졌었다. L.A 지역에는 조흥은행 지점이 없다는 이유로 내가 선발되었고, 나를 포함 7명의 특감 팀이 L.A 공항에 도착했다. 일체 비밀에 부쳤지만 공항에 각 은행 차장들이 나와 우리 일행을 맞아주었다.

특감 팀장이 일언지하에 그들의 안내를 거절한 후, 택시를 타고 시내로 잠입했다. 숙소 접근 자체를 차단하기 위해서였다.

감사는 은행별로 분담되었고, 나는 감독원 특검 반장과 한 조가 되어 외환은행을 맡았다. 일체의 접대를 거부하고 햄버거로 점심을 때우며, 맹렬히 업무 감사와 부실 원인을 찾아 향후 개선대책을 세우기 위한 경영분석을 하고 있었다. L.A 지역 한인사회에서는 이번 특검에 잘못 걸리면 폐점까지도 불사할 것이라고 현지 신문에 대서특필되는 바람에 교포 사회가 술렁이고 있다는 소식도 들렸다.

하루는 한일은행 L.A 지점장실에서 잠깐 들러달라는 전화가 걸려왔다. 무슨 일인가 하고 가보니 조흥은행 국제부장 발령을 받으시고 귀국 중이던 런던 소장이 함께 계셨다. 한일은행 지점장과 서울 상대 동창이어서 귀국 길에 잠깐 들르셨단다.

"이 형! 검사 좀 살살하시게."

제일 강성 검사역이라고 현지에 소문이 자자하다는 것이다. 이전까지는 검사 나온 사람들에 대한 접대와 편의제공을 거절당한 적이 없었단다. 그뿐만 아니라 이번 감사 결과에 따라 폐점 등 엄청난 문책이 뒤따를 것을 염려해서였다. 사실 나는 당시 고려대학교 경영대학원 석사과정 논문 제목을 '한국 시중은행 해외지점의 경영혁신에 관한 고찰'로 정한 상태여서 개인적인 필요성까지 더해지면서 더욱 열심히 했던 것이다. 그런데 그것이 오해를 불러일으켜 같은 시중은행 입장에서 해외 주재원 출신이 너무 무자비한 검사를 한다는 평판을 얻었던 것이다. 그러나 막상 귀국 후에는 취급 책임자들의 문책보다는 경영혁신안 작성에 중점을 두고 청와대 보고서를 작성했었고, 그 공로로 은행감독원장의 표창도 받으며 오해는 불식되었다.

○ 조흥은행 양반문화와 뉴─서울 컨트리클럽 회원권 모집대행

1987년 영등포지점 차장 때였다. 사실 입행 후 20년 만에 처음으로 지점 업무를 제대로 맡은 것이다. 그동안 대부분을 인사부, 노동조합, 국제부, 샌프란시스코 지점 근무 등 은행 일선 업무와는 무관한 경험을 하였기 때문이다. 앞으로 지점장도 해야 하고 모처럼 경험하는 일선 현장 근무이니 만큼 열심히 해볼 참이었다. 주요 거래처를 인사차 방문해 본 결과 여러 문제점이 드러났다. 마침 신한은행이 창립5주년 기념 캠페인을 전개하면서 한 손에는 대출금 지원을, 또 한 손에는 고객을 접대하는 방식의 영업을 하고 있었다. 그런데 시중은행은 이와는 반대로 자금 부족으로 대출금 회수, 또는 지원중단, 그리고 고객으로부터 접대를 받는 구태를 벗어나지 못하고 있었다.

사실 신한은행은 창업 때부터 명실공히 공익성보다는 상업성을 추구할 수 있는 최초 금융회사로서, 자율 경영이 가능한 은행이었다. 그 당시의 5대 시중은행인 조흥은행, 상업은행, 제일은행, 한일은행, 서울은행은 관치금융의 시녀라는 평가를 받을 만큼 물가 안정 목적의 대출금 한도 규제를 철저히 지키고 있었다. 때문에 자금 지원은 고사하고 나가있는 대출금마저도 회수해야 할 처지였고, 고객 접대는커녕 다소간의 대출 수수료를 받아 부족한 지점 경비에 충당하고 있던 실정이었다.

더군다나 영등포역에서 조흥은행 지점까지 150여 개 지하상가를 형성하고 있었는데도 전체 상가 관리 회사와 3년째 갈등을 빚고 있었다. 때문에 상가와 연결된 은행 지하통로마저 쓰레기장으로 변해 있었다. 상가 관리 회사 사장은 공군 준장 출신으로 성격이 괴팍하고 불같았다. 그러나 일체의 은행거래 재개 여부를 논외로 하고 틈나는 대로 관리 사무실을 방문해 친분을 쌓았다. 더불어 그 사장의 스케줄까지 파악하여 도와줄 일을 찾아 협조해 주었다. 사장의 마음이 열리고 상가의 애로사항이었던 광고판 설치까지 도와줌으로써 3년간의 응어리가 말끔히 해소되었다. 따라서 상가관리회사와의 거래 재개는 물론, 나아가 모든 상가까지도 조흥은행으로 되돌아왔었다.

지점의 실적은 나날이 올라가고 전 직원 분위기도 좋아지던 어느 날, 뉴서울컨트리클럽 회원권 모집 정보를 듣게 되었다. 한국방송광고

공사 출자로 만들어지는 골프장인데, 사장이 감사원 사무총장 출신이었다. 우연히도 나와 한 아파트에 살고 계셨고, 내가 천주교 신자로서 세례성사를 받을 때 대부를 서주셨던 독실한 가톨릭 교우셨다. 자택을 방문하여 회원권 모집 대행 은행으로 선정해 줄 것을 말씀드려 단번에 내락을 받아냈다. 이어진 실무자 접촉을 통하여 대행 업무 협의가 이루어졌다. 그리고 골프장 측에서는 회원들의 품격을 높이기 위한 전략으로 조흥은행 고객 가운데 우수회원권 모집 대상 명단 추천을 요구했다. 당연히 협조할 수 있는 사항이었고, 조흥은행의 창립기념일 행사 때 초청장 발송 대상 1천여 명의 고객이 적당할 것으로 판단되어 바로 그 명단을 요청하는 공문을 작성, 고객부에 직접 들러 지원을 부탁하였다. 고객부 최 부장과 김 차장이 큰일 했다면서 칭찬도 잊지 않았다.

그러나 어찌된 영문인지 그 후 고객명단이 내려오지 않는 것이 아닌가? 전화로 확인하면 곧 내려보내겠다는 말 뿐이었다. 골프장 측과 약속한 날짜가 지났는데도 계속 깜깜무소식이어서 다시 고객부에 쫓아갔다. 담당 김 차장에게 이유를 추궁한 바, 무척 곤란한 표정이 역력했다. 무슨 말 못할 사유가 분명히 있구나 싶었다. 직감하는 바가 있어 계속 다그쳐 물었다.

"이 형! 극비사항이니 한 귀로 듣고 그냥 흘려보내고 정말 입조심해야 합니다."

당부하며 들려주는 소리가 한심하기 짝이 없었다. 담당 상무의 반대로 보내줄 수 없다는 것이고 그 반대 사유가 가관이었다. 상무 본인이 회원권 모집 정보를 일찍 얻어 섭외하였으나 실패했고, 그 내용이 은행장까지 보고되었었단다. 그런데 그렇게 중대한 사안을 일개 차장이 성공해서 은행장에게 보고하면 상무 체면이 어떻게 되겠냐는 거였다. 조흥은행은 명문가 집안에 학벌 좋은 직원들의 천국이었다. 요직은 끼리끼리 밀어주고 당겨주는 구태가 다반사였다. 수염이 석 자라도 먹어야 양반 아닌가? 그런데도 실적을 위해 허리를 굽혀야 하는 고객 유치는 안중에도 없는, 체면을 중시하는 양반문화의 한 단면이었다.

은행장실로 뛰어올라 갔다. 비서실의 만류를 받고 있던 중 연락을 받고 올라온 고객부장이 은행장의 승인을 받아주셨다. 우여곡절 끝에 성공적으로 대행 업무를 마칠 수 있었다.

조흥은행은 끝내 오랜 관치금융과 양반문화를 극복하지 못했다. 그 결과 자금 지원과 고객 접대, 그리고 능력 위주 인사와 파벌금지의 기업문화를 가진 신한은행에게 100년이 넘은 민족은행인 우리의 조흥은행은 하루아침에 먹히고 말았다.

사실 조흥은행은 누가 뭐래도 소중한 우리 민족은행이었다. 1897년 구한말, 개화기에 일본의 3대 은행 지점들이 우리나라에 진출하여 금융시장을 독점하고 있을 때 일본 자본에 맞서 한인 자본 20만 원 元을 출자해 세운 것이 조흥은행이다. 우리나라 근대화와 산업화를 이루는 데 중추적인 역할을 담당했던 은행이요, 금융 100년사에 찬란히 빛날 민족의 혼이 담긴 자랑스러운 은행이었다.

그런데 아무리 인수은행 대주주들이 우리 교포라지만, 엄연히 일본 자본인 것은 부인할 수는 없다. 그런데, 하필 우리 조상들이 손수 피땀 흘려 세운 민족은행을, 공적자금 1조 원도 안 되는 돈을 회수하기 위해서, 인수자금의 합법성 논란까지 있었던 신한은행에 M&A 시킨다는 것은 비난받기에 충분한 정치적인 결정이었다는 생각이 든다. 잘못된 M&A였음이 틀림없었다.

그러나 인수당한 책임은 모든 조흥인들이 질 수밖에 없다. 이러한 부당한 결정을 막아보겠다고 노동조합 주도로 전 임직원이 처절하게 몸부림치며 저항했었으나 이미 때는 늦었다. 기울어진 대세를 역전시키기에는 조직의 역량이 미치지 못하여 우리나라 최고의 조흥은행은 영영 역사 속으로 사라지고 말았다.

○ 경영학석사 학위도 무용지물인 입행 후의 학력

본부 주관 차장 회의를 마치고 노조 선배셨던 김 감사님 방에 인사차 들렀다.

"어서 오게나! 오랜만일세, 별일 없으신가?"

"네! 차장 회의에 왔다가 인사차 들렀습니다."

"아직도 영등포지점에 있지?"

"네!"

"꽤 오래 있네."

"좀 끌어주시지요."

"어디로 옮겨보게?"

"이동될 때가 되어갑니다."

인사를 마치고 지점에 돌아간 며칠 후, 인사부 문 차장에게서 전화가 걸려왔다.

"옮기고 싶다고 했다면서요."

"예! 어느 부서를 희망하시나요?"

"국제부면 좋겠는데요."

대답이 끝나기가 무섭게,

"제2지망은요?"

일언지하에 국제부는 물 건너간 느낌이었고, 따라서 다른 희망부서를 묻는 것이 분명했다. 내 생각에는 차·과장 때 본부 중요 부서를 거쳐야 장래가 탄탄할 것으로 믿고 희망한 것이다. 그래 너희들이 언제 상고 출신을 제대로 대우한 적이 있나 싶어 통명스럽게, "언제부터 인사부에서 본인 희망을 물어 인사이동시켰나요. 인사부 맘대로 하시지요." 하고 끊어버렸다.

뚜껑을 열어보니 2급 차장 승격과 동대문지점 전출이었다. 입행동기 중에서 유일한 단독 승진인 데다, 2급 차장부터는 지점장 발령대상인지라, 이때부터가 본격적으로 상고 출신에 대한 유리천장을 느낄 수 있는 직급이다. 그런데도 이 정도면 인사부에서는 나에 대해 최대한 특별대우를 해주는 것으로 생각했을 것이다. 더구나 승진 시마다 지방 점포를 다녀오는 것이 관례였으나, 나는 평생 한 번도 4대문 밖을 나간 적이 없었다. 그러니 특별대우한다고 생각할 수는 있겠다 싶었다. 유일하게 4대문 밖의 영등포 지점은 5대 지점에 포함되는 특정 점포였다.

‘그래, 내가 명문 가정에 일류대학 출신이 우대받는 양반문화와 언제까지 맞설 것인가? 이제는 엄연히 중견간부고 곧 지점장도 시작하여야 하지 않나? 내 운명은 내 스스로 개척하자.’

　상고 출신 최초로 노조위원장, 해외연수, 국제부 및 해외지점 주재원, 경영학 석사학위 취득 등 무려 고졸 4관왕을 이루면서 후배들이 뒤따라올 수 있도록 개척자적 길을 걸어왔다. 그렇건만 아직도 인사기록카드에는 고졸 그대로고, 모든 인사는 이에 기초하고 있으니 언제까지 이들 관행과 맞서 싸울 수만은 없는 일 아닌가? 마침 동화은행 신설 소식이 들리고, 창업 준비 사무소장으로 서울법대 출신에 조흥은행 이사를 지낸 분이 선임되셨다. 바로 찾아가서 전직을 희망했다. 처음에는 완강하게 만류하셨다. 조흥은행에서 장래가 창창한데 굳이 신설은행에 와서 고생할 필요가 있느냐는 거였다. 더구나 명색이 노조위원장 출신이 떠난다면 일종의 배신행위가 될 것이란 걱정도 함께 말이다. 당시는 시중은행의 인사적체가 극심했다. 더구나 신설은행의 높은 임금 수준과 1계급 승진 가능성, 그리고 상당한 금액의 우리사주 혜택에 따른 주가 상승 이익 등이 기대되어 치열한 경쟁을 뚫어야 했다. 약 300명 경력사원 모집에 1만 명이 몰려왔을 정도였다. 예상보다는 발령이 늦었지만 결국 전직이 성취되어 동화은행 영업부 차장을 맡게 되었었다.

05
동화은행 창업은
금융 100년사의
슬픈 신기록

조흥은행 등 5개 시중은행 차장 출신이 한 명씩 영업부 창업 멤버로 선발되어 차장 발령을 받았다. 서울 시내 기금을 보유한 모든 기관과 대기업 명부를 작성하여 차장이 중심이 된 다섯 개 섭외 팀에서 분담하였다. 기금을 보유한 기관은 예금유치 대상이었고, 대기업은 대출 거래 유치 목적이었다. 팀별 대리 한 명과 함께 창업 2개월 전에 소집된 것이다.

낮에는 종일 섭외하고 저녁에는 경과보고와 내일의 섭외 계획을 세우는 전략회의를 하였고, 회의 후에도 늦은 시간까지 창업 준비로 고단한 일과를 보냈다. 창업당일 예금 목표는 금융사 100년 만에 최초인 무려 1조 원과 안정적인 수신 3천억 원을 목표로 잡고 섭외 팀당 6백억 원을 달성해야 했다. 이 정도 규모는 당시 시중은행 대형 점포 계수에 버금가는 숫자였다.

영업부장을 겸직하신 신 이사의 강력한 지휘 독려하에 각 섭외 팀의 목표달성 전략과 예상고객 명단까지 작성하여 제출하였고, 그대로 매일매일 실행에 옮기면서 일찍 찾아온 초여름 더위와 맞섰다. 아직 영업이 시작된 것도 아니고, 창업하면 거래하자는 사전 약속에 불과했기 때문에 창업하는 날 약속대로 지켜질지도 의문이 드는 섭외활동이었다. 금융사 100년의 장구한 역사를 가진 조흥은행에서의 섭외활동과 맨땅에서 태어나야 하는 창업은행에서의 고객유치는 하늘과 땅 차이였다.

그런 가운데서도 간혹 반겨주는 사람들도 있어서 많은 위로가 되었다. 바로 주주로 참여하게 될 이북5도민 출신 실향민 경제인들이셨다. 혈육과 흩어지고 이북에서 학교 다닌 그분들에게 혈연이나 학연이라는 게 있을 리 없다. 연고주의가 강한 남한 땅에서 오직 맨주먹으로 자수성가하신 분들이다. 이북5도민이 주체가 된 신설은행의 주주가 된다는 자체만으로도 마치 고향을 찾은 기분이라는 실향민도 계셨다.

2개월여 달리고 달린 자동차의 마일리지가 7천키로나 되었다. 아마도 어지간한 자가용의 1년간 운행거리다. 그러나 무에서 유를 창조한다는 도전 정신과 새로운 금융사를 쓴다는 자부심, 그리고 창업 후 바로 지점장 승진과 높은 보상에 대한 기대심리 등으로 힘든 여정도 즐겁게 돌파할 수 있었다. 또 수석차장으로서 전 직원 회의를 주재할 때에도 이스라엘의 사막을 옥토로 일구어낼 수 있는 도전정신인 '후츠파 정신'을 들려주며 독려했었다. 창업하는 날, 모든 업무 처리는 완벽했고 성황리에 목표 1조 원을 무난히 달성했지만 결국 퇴출됨으로써 금융사에 슬픈 신기록으로 남게 되었다.

금융인의 반란

○ 동화은행 패도경영覇道經營과 사산死産된 서교동 개점

영업부 창업 6개월 만에 서교동 지점 개설 준비위원장 발령을 받고 개점 준비에 나섰다. 이미 영업부에서 혹독한 창업 경험을 한 터라 자신 있었다. 개설 준비위원들과 함께 영업부 창업 사례를 들려주며 경영 계획을 수립했다. 유능한 차장들과 책임자, 그리고 단합된 전 직원들의 힘으로 착착 준비되어 갔다. 개점 하루 전날 영업부 담당 신 이사께서 전화를 주셨다.

"이 지점장 역시 대단해!"

"왜요?"

"공공기관 예금 유치 성공이야. 은행장께서 내일 20억 보내주래요."

"반사적으로 100억인데요?"

전화를 끊고 즉시 담당 차장에게 재확인시켰다. 차질 없이 약속대로 100억 예금하겠다는 확인이 되었다. 만반의 준비를 끝낸 개점식 날 은행장이 도착하시고, 방명록에 서명하신 후 직접 지점장실로 모셨다.

잠시 후 성황리에 내빈을 모신 가운데 개점식이 시작되고, 은행장 축사 시간. 은행장의 목소리가 몹시 떨리고 있었다. 혹시 무슨 변고라도 일어나는 게 아닌가 싶을 정도였다. 사회를 보고 있던 고객부 이 부장도 같은 눈치였다. 은근히 걱정되는 가운데 지점장의 답사도 톤을 낮추어 읽어 내려가다 무심결에 앞을 보니 은행장은 나를 외면하고 다른 곳을 쳐다보고 계셨다.

다음 순서는 내빈을 모시고 개점 축하 테이프를 커팅할 차례다.

매뉴얼대로 "은행장님 준비 다 되었습니다."라고 했으나, 말씀드리기가 무섭게 혼자만 싹둑 테이프를 잘라버리고 돌아서셨다. 이어서 금고 개비식이다. 역시 테이프 커팅 후 금고 키를 지점장에게 전달하는 순서인 것이다. 마찬가지로 은행장 혼자 테이프를 잘라버리시고, 금고 키는 여직원이 받쳐 들고 있던 쟁반 위에 던져버리셨다. 2층으로 안내되어 마지막 간단한 다과회 순서다. 케이크 커팅과 샴페인 축배 차례다. 은행장, 내빈 대표, 지점장과 함께 케이크 커팅을 하고 덕담을 나누는 절차임에도 시늉만 내시고 은행장은 훌쩍 떠나 버리셨다. 대형사고가 터졌다는 것을 내빈들과 직원들이 느낄 수밖에 없었고, 남아계셨던 송 전무님의 차분한 대처로 지인이셨던 국회의원, 홍대 총장, 이북5도민 대표 등 내빈들께 정중히 사과 후 수습해 주시고 개점식이 끝났다.

황당해하는 직원들에게 동요 없이 계획대로 고객을 잘 맞이하도록 부탁하고, 혼자 자주 들르던 북 카페로 갔다. 카페 주인이 녹초가 된 나를 보고 구해다 준 피로회복제를 한 주먹 받아먹고 그냥 잠들어 버렸다. 한참 후에 직원이 찾으러 왔다. 영업부 담당 이사가 긴급히 전화해 달란다는 전갈이다. 답신 전화상으로,

"이 지점장 너무 걱정 말고 개점 잘 마무리하소. 은행장이 미치셨나 봐! 당신 기죽이려고 그랬대요."

그게 말이 되는 소린가?

"네, 잘 알겠습니다. 고맙습니다."

본점을 비롯한 사방에서 전화가 빗발쳤다. 도대체 무슨 잘못을 저

질렀기에 그랬냐는 거다. 난들 알 수 없었고 짐작 가는 일도 없었다.

갑자기 차장이 날 찾았다.

"또 무슨 일이야?"

개점식 방명록을 내밀며 읽어보란다. 맨 앞장 은행장이 서명한 방명록에 축 폐점祝 閉店이라고 써놓으셨다. 혹시 개점開店 한자를 잘못 쓰신 게 아닌지 한참을 들여다봐도 의도적인 글씨가 분명해 보였다. 세상에 이런 일이···. 서교동 지점을 개점도 하기 전에 사산死産 시켜버린 거였다. 오후 4시경 다시 영업부 신 이사께서 전화를 주셨다. 마음 잘 추스르고 지금 빨리 임시 마감해서 은행장 퇴근 전에 개점 계수를 보고하는 것이 좋겠다는 의견이셨다. 싫었지만 일단 그렇게 한 후 후일을 도모하자 다짐하고 급히 작성한 실적 현황표를 들고 본점에 도착했으나, 이미 퇴근하신 뒤였다. 영업부에 들러 신 이사께 감사 인사를 하고 자초지종을 보고드렸다.

이사님 왈,

"은행장이 노망하셨나 봐?"

이 지점장 잘못이 없으니 걱정 말고 내일 아침 다시 일찍 들어와 은행장께 계수 보고하면서 방명록의 폐점을 개점으로 바꿔달라고 해보란다.

"어제 은행장께서 기관 예금 20억 원을 보내주라고 했다는 말을 전달했음에도 이 지점장이 그 기관에 재섭외하여 당초 약속받은 대로 100억 원을 고집한 것에 대한 불경죄에다, 개점 전날 아침 예상 실적 보고차 행장실에 들렀을 때 당당한 보고 태도가 못마땅하셨던 것 같으니, 안심하고 내 시키는 대로 해보소."

아마도 이 지점장이 노조위원장 출신이라서 이미지가 좋지 않은데다가, 초장에 기를 꺾어버린다는 것이 그만 오버하신 것 같으니 참으라는 뜻으로 이해했다. 은행장께서 가장 신임하는 신 이사께서도 이 일이 확대돼 봐야 은행 망신만 살 수 있는 일로 이해하고 수습하려는 느낌이었다.

서교동지점에 돌아와 정식 마감해 보니 당초 계획대로 개점 목표는 달성되었으나, 축제가 되어야 할 개점이 폐점이 돼버렸으니 초상집이 될 수밖에 없었고, 직원들 사기 또한 땅에 떨어지고 말았다. '혼자 지점장실에 남아 이걸 맞서야 하나? 아니면 영업부 신 이사 말씀대로 참아야 하나? 조그만 실수라도, 또는 무슨 잘못이라도 했어야 참을 텐데. 이건 완전히 생사람 잡은 날벼락 아닌가?' 해당 기관 예금은 영업부만 거래할 수 있어서 영업부 채널을 통했을 뿐, 완전히 우리 지점 김 차장 노력으로 성사된 거래였다. 만일에 기관장끼리 100억 원 중에서 서교동지점에 20억 원만 주기로 약속했다 하더라도 지점장이 이를 포기하지 않고 계획된 예금 100억 원을 쟁취해 냈으면 설령 은행장 의견과 다르다 하더라도 칭찬받을 일이지 야단맞을 일은 아니지 않는가? 백번 양보해서 은행장 지시를 받들지 못한 불경스러운 일이었다 하더라도 상응한 인사 조치를 취하면 될 일이지 왜 내빈들 앞에서 은행의 개점식을 망쳐놓는 자학행위를 하는가?

사실 나를 포기하고 맞서면 상사가 당할 수밖에 없다. 더구나 부하직원 잘못이 없고 사안이 금융사에 유례가 없는 횡포였기 때문에 일간지를 비롯해 주간지, 또는 하다못해 금융 관련 잡지에만 폭로해도 아무리 관계 기관과 돈독한 관계에 있던 은행장일지라도 자리보전이 어려웠을 것이다.

판단력이 빨랐던 영업부 신 이사께서도 이런 사태를 직감하고 내 편을 들어주시는 것 같았다. 그러나 나의 고민도 크기는 마찬가지였다. 학력 차별을 벗어나 공정한 경쟁을 바라고 탄탄하게 쌓아 올린 조흥은행의 경력과 명성을 다 포기하고 전직 온 것이다. 그런데 이를 인내하지 못하고 맞서서 이긴다 하더라도 많은 상처를 입을 수밖에 없을 테고, 이러한 결과는 전직해 온 목표를 완전히 훼손하는 것이기 때문이었다.

'그래. 일단 참고 인내하면서 후일을 기약하기로 하자.'

피눈물을 삼키면서 아무 일도 없었던 것처럼 퇴근하였다. 다음 날 아침 일찍 개점 실적과 폐점으로 적혀있는 방명록을 가지고 비서실에서 대기하다가 은행장께서 출근하시자마자 바로 개점 실적보고와 함께 빈 방명록 용지를 조심스럽게 내밀었다. 말씀드리기도 전에 축 개점開店으로 다시 써주셨다. 사산한 개점이 하루 만에 부활한 것이다. 이 같은 일련의 사건은 오랫동안 시중은행을 지배해 온 뿌리 깊은 수직적인 유교적 기업문화에 길들여진 상명하복의 조직 습성이 빚어낸 패도경영覇道經營의 단면이라 생각되었다. 특히 시중은행 중에서도 은행장께서 근무하셨던 은행이 더욱 심했던 것같이 느껴졌다. 이같이 위계질서만 강조되는 낙후된 문화 속에서 직원들의 자발적 경영혁신을 통한 경쟁력을 어떻게 이끌어낼 수 있을지, 은행의 미래가 걱정되었었다.

○ 지옥과 천당을 오고 간 서교동 지점장

우여곡절을 겪으며 서교동지점을 개설한 지 2년이 흘렀다. 어느덧 은행장 임기를 맞는 주주총회가 다가오고 있었고, 연임 문제로 전무와 극심한 경쟁 구도에 놓여있었다.

어느 날 생면부지의 안전기획부 시중은행 담당자라는 인사로부터 점심을 하자는 뜻밖의 전화가 걸려왔다. 생소한 요청이어서 거절했으나 막무가내였다. 할 수 없이 친정인 조흥은행 비서실에 인상착의와 사실조회를 해본 후 약속 장소에 나갔다. 통성명을 나눈 후 무슨 일인지 물었다. 동화은행의 최근 사정을 들었으면 해서 만나자고 했단다. 그런데 왜 하필 나한테 전화했는지를 물었다.

현 은행장에 대하여 세평이 좋지 않으니, 동화은행 발전을 위해서는 연임이 곤란하지 않느냐며, 이에 대한 나의 생각과 은근히 은행장의 비리를 알고 싶어 했다. 왜 그런 끔찍한 정보를 나에게 묻는지 의아해하니까 솔직히 말하겠다며, 서교동 개점 사고로 은행장과의 감정이 제일 좋지 않을 것이고, 영업부 창업 당시 수석차장으로써 거액 대출 취급 내용을 잘 알고 있을 것이니, 불편부당한 입장에서 은행장 비리를 귀띔해 달라는 것이다.

'야! 이놈아. 웃기지 마? 이래 봬도 내가 유신치하에서 노조위원장까지 지내면서 산전수전 다 겪은 몸이야. 이게 어디다 대고 함부로 까불어…'

시치미 뚝 떼었다. 알고 있는 비리도 없을뿐더러 설령 알고 있다 하더라도 명색이 내가 지점장인데 조직의 수장 비리를 발설하란 말인가? 딱 잡아떼고 난 후, 미안한 마음에 "알고 있는 정보가 있으면 가부 확인은 가능하지 않겠느냐"라고 상대방에게 미뤄버렸다. 그 친구도 나의 태도에 더 이상 언급 없이 다른 화제로 돌리면서 식사를 마치고 헤어졌다.

그다음 주에 본부 부서장 회의 참석차 여느 때와 마찬가지로 전에 근무했던 영업부에 들러 차장석에서 차를 나누며 회의 시간을 기다리고 있었다. 영업부 신 이사께서 들어오면서, "이 지점장 내 방에서 잠깐 보세." 하셨다.

방에 들어서는 순간,

"자네, 안기부 친구 만났었지!"

"네! 그 말씀드리려고 들렀습니다."

내 말이 떨어지기도 전에, 안기부 친구가 나를 극찬하더란다. 감정이 많을 것인데도 은행장에 대한 일체의 비난 없이 조직에 대한 충성심이 대단하더라고 이미 은행장에게 보고를 마친 것이다. 그럼 그렇지. 그자가 은행장의 프락치였고, 연임을 앞두고 방해될 만한 직원의 입을 틀어막기 위한 고도의 수작이었는데, 내가 안 걸려든 것이다. 순간 식은땀이 흘렀다. 그때 만약 홧김에 너 잘 걸렸다 하고 허튼소리라도 해댔으면 영락없이 끔찍한 대가를 치렀을 것이다.

사실 나는 송 전무께서 은행장을 이어받는 것이 순리라고 생각했었고, 당시 이북5도민 회장이셨던 조 회장에게 여의도 사무실까지 직접 찾아가서 송 전무 지원을 요청했었다. 그때 나는 고대 경영대학원 동문회 석사과정 사무총장이었고 라이프주택 조 회장은 경영대학원동문회 전체 회장이어서 나의 협조가 필요할 때였다. 그러나 은행장은 우여곡절 끝에 연임되셨고, 부점장 정기 인사이동에서 나는 일약 시내 중심 소재 태평로 지점장으로 단번에 영전되었다.

○ **조직발전의 가장 큰 암적 존재는 파벌주의**

이듬해 영등포지점장으로 다시 전근되었다. 조흥은행 영등포 차장으로 근무했던 경력이 고려되었던 것 같았고, 나는 익숙한 지역이어서 내심 반가웠다. 결국 은행장의 무리한 연임은 정치적 스캔들에 연루되어 구속으로 이어졌고, 송 전무께서 은행장 서리를 맡고 계셨다. 그런데 감독 당국의 동의를 얻지 못해 승계하지 못하고 대신 한국은행 출신이 후임 행장으로 오셨다. 인천 송도 올림포스 호텔에서 신임 은행장을 모시고 전국 부점장 연찬회가 열렸다. 나는 수신 우수 사례 발표를 맡았다. 여러 번 고사했음에도 손익 위주의 알찬 수신 성과 때문에 평가가 제일 좋아 어쩔 수 없다며 인사부장과 고객부장의 간곡한 요청을 거절할 수가 없었다.

사실 직원들과 함께 경영계획을 만들어 추진했었고, '전 직원 전원 참여 속에 스스로 설정한 목표는 달성률이 높다'는 경영학 석사과정에서 배운 바대로 실행하고 있었다. 사례 발표 소재로 손색이 없었고 마지막 순서로 무난하게 발표를 마쳤다. 이튿날 아침 마지막 강평이 있던 시간, 갑자기 수신기획부장이 질문 중에 무슨 기준으로 영등포 지점장이 수신 우수사례 발표자로 선정되었는가를 물었다. 사례 발표자를 선정한 고객부장의 답변 사항임에도 굳이 나에게 답변을 요구하였다. 순간 '너 잘 걸렸다' 싶었다. 서교동지점 사건 때 비서실장을 맡던, 괜히 미운 부장이었기 때문이다. 전 직원들과 함께 똘똘 뭉쳐 작성한 경영계획과 땀 흘려 노력한 과정, 그리고 알차게 실현한 손익 위주의 성과였기 때문에 발표 자격은 충분하지 않느냐는 나의 답변과, 발표자 선정 문제는 소관 부서에 물어야 되지 않느냐는 당위성과 더불어, 은행의 총 수신 정책을 기획하는 자리에 앉아있는 부장으로서 그러한 자초지종도 모른 채 그렇게 황당한 질문을 할 수 있느냐는 핀잔 섞인 답변에 우레와 같은 박수가 터졌다.

이어서 수신기획부장은 임원들로부터 심한 질책까지 당했다. 사실 질의자는 아침 식사 중에 음주를 곁들인 상태인 데다 나를 견제하기 위한 시비성 질문으로 비쳐서 새 출발을 다짐하는 단합된 분위기를 해친 데 대한 경고를 받은 것이다. 월요일 출근하자마자 징계위원회가 소집되고 중징계가 가결되었단다. 그러나 징계는 최종 은행장의 재가로 확정되는데, 마침 질의자는 신임 행장과 같은 평북 출신으로 부임하자마자 동향 부장을 징계해야 하는 부담 때문에 좌천인사로 갈음하기로 했다는 소식이었다. 대신 나는 즉각 1급 승진과 동시에 중소기업 심사부장으로 영전시켜 주셨고, 심복 차장을 두라는 배려까지 해주시는 바람에 지점에 같이 근무 중이던 장 차장을 선택했었다.

○ **동화은행 본부 부장 시절의 비사秘史**

▶대형사고 특감반장까지 겸직했던 중소기업 심사부장

중소기업부는 중소기업들의 대출 심사와 신용 분석 업무를 관장하는 핵심 부서 중 하나다. 더욱이 은행장의 발탁으로 맡게 된 자리여서 행장의 신임까지 두터웠다. 융자부장이 선임자였고, 대출 총괄 부서였음에도 은행장께서는 수시로 융자부 소관 업무까지 나의 의견을 들으실 정도였다. 이런 경우가 은행의 핵심 참모 모습이겠구나 싶었다. 노동운동을 제외한 20여 년 은행 생활 중 이 같은 굳건한 입지를 가져본 것은 처음이어서 은근히 부담도 되었다.

창업 이후 모처럼 초대 은행장을 배출한 은행의 독주가 완전히 무너지고 그동안 소외되었던 은행 출신들로 요직이 대부분 교체, 정상화되어 갔다. 그러던 어느 날 일선 지점장의 정기예금 담보대출 거액 사고가 터졌다. 다른 고객의 정기예금 담보 제공 증서를 위조한 수백억 원의 불법대출 사고였다. 마침 김영삼 정부의 대표적 개혁 정책이었던 금융실명제법에 저촉되어 은행장의 자리보전까지 위태로울 수 있는 상황이었다.

휴일인데도 은행장실에서 긴급 대책회의가 열렸고, 그 자리에서 유관부서인 융자부장과 검사부장이 있었는데도 나에게 사고 수습 대책반장을 맡으라는 특명이 떨어졌다. 사고 책임 소재가 불분명한 상태여서 검사부를 신뢰할 수 없어 배제하고 맡기신 것이다.

우선 실무에 밝았던 장 차장에게 지시하여 사고 경위와 내용, 그리고 수습 대책을 주말도 없이 밤샘 작업 끝에 긴급 작성하게 한 후,

내가 은행장께 직접 보고하였다. 이를 토대로 은행감독원 사고 보고와 은행장의 기자회견까지 마치면서 일단 급한 불은 끈 상태였다. 이때부터 본격적으로 검사부의 부책 검사가 시작되었고 사고 지점의 취급자 및 관련자와 본부 관리부서, 그리고 담당 임원까지 문책이 예상되는 상황이어서 융자부와 검사부 간의 사고 책임을 놓고 갈등이 나날이 증폭되어 갔다.

융자부는 예금담보대출 결과 보고를 받는 부서였고, 검사부는 지점감사와 상호감사를 관리하며 사고예방을 책임지고 있음은 물론이고, 직접 정기검사와 특별검사를 통하여 사고를 발견해야 하는 책임이 있는 부서였다. 그런데 서로 책임을 전가하는 데 급급했고, 특히 담당 임원 간의 갈등이 최고조에 달하고 있었다. 도저히 두고만 볼 수 없었고, 잘못하다간 은행장 문책으로 이어질 수도 있겠다는 판단이 들었다. 자진해서 책임소재에 관한 긴급 특별보고서를 새로 작성하였다. 그리고 시중은행 경험이 없으신 은행장께서 한눈에 알아보실 수 있도록 사고 기간의 시계열 및 책임 소재 조직도까지 동원하여 극비리에 보고드렸다. 보고를 마치자마자 대번 "상임감사 책임이구먼!"이라고 하셨다.

당시 상임감사는 한국은행 총재와 막역한 친구인데다 은행장께서도 한은 출신이어서 서로 간에 돈독한 관계를 유지하고 있었다. 더구나 서울대학교와 서울고등학교 선후배 간이셨다. 또한 비서실장과 인사과장까지 고등학교 동문이자 같은 은행 출신이었다. 이 같은 돈독한 배경 때문에 누구도 상임감사 책임이란 지적을 하지 못하는 분위기였다. 그래서 결심한 것이다. 심복이란 이럴 때 정직하고 바른 보고를 드려서 옳은 결정을 하시도록 보필하는 것이 당연한 책무 아닌가 싶었다. 다만 은행장께 보고하기 전에 서로 신뢰관계였던 비서실장에게만 귀띔했다. 결국 상임감사는 사고 책임을 물어 자진 사퇴시키고, 대신 자회사였던 ㈜동화리스 회장에 내정되셨다.

퇴임하신 감사께서 하루는 찾으셨다. "은행장께 극비 보고를 드렸다면서요?" 하시면서 그 서류를 볼 수 있는지 물으셨다. 그럼요 바로 갖다 드렸다. 사심 없이 보고한 내용이어서 인간적으로는 송구스러웠지만 오히려 후련했다. 그 일이 있은 후부터 융자부 담당 김 상무 눈에는 내가 천하의 용기 있고 똑똑한 부장이 되어있었다. 시도 때도 없이 점심을 사주시고 입에 침이 마르도록 칭찬해 주셨다. 그러나 이것도 잠시, 결국 실명제법 위반이란 시범 케이스 덫을 넘지 못하고 은행장께서도 단명으로 자진 사퇴하는 것으로 종결되고 말았다.

○ 서소문지점장 재직 시 영업실적 3관왕 수상

서소문지점장 때의 일이다. 전임자가 외형성장 추구형인 데다 인사이동을 앞두고 최대한 수신 실적을 끌어올리기 위하여 자금 조성 조건의 기업 대출 관련 양도성 정기예금까지 앞당겨 수신하는 변칙적인 방법을 총동원하여 최고의 수신실적을 기록하고 있었다. 통상 이런 경우 후임 지점장은 부풀린 수신 계수가 자연 감소할 만큼 빠지도록 내버려 둔 후에 진정이 되면 반격을 시작한다. 나도 마찬가지 전략이었다. 인수받은 예금 계수의 절반가량이 단기 수신실적이었다. 부·점장 회의에서 질책받을 각오를 하고, 안정적인 실적 증가와 손익 개선 경영계획을 수립, 실행에 착수하였다.

서소문지점의 영업권이 대기업 중심지여서 도매 금융에 치중할 수밖에 없었고, 타행과의 형평성을 맞추기 위한 어느 정도의 외형성장도 무시할 수는 없는 상황이었다. 우선 고객이 원하지도 않았던 우량 건설회사의 자금 조성 조건 대출 승인을 신청하였으나 수익성이 낮다는 이유로 불승인되었다. 주관부의 승인 기준 수익률에 미치지 못한다는 이유였고, 특히 전무의 반대로 부결되었다는 통보였다. 대출 승인 신청 요약서와 대출 권유 업무일지까지 챙겨서 담당 차장과 함께 전무 댁을 방문했다. 은행 간에 동 기업에 대한 대출 지원 경쟁이 심할 때여서 가부간에 신속한 결정이 필요했던 것이다.

인터폰으로 신분을 밝히고 방문 용건을 말씀드렸는데도 내일 사무실로 오라는 대답이었다. 어쩌면 당연한 결정일 수도 있지만 급한 업무협의차 방문했다는데도 거절당한 것이다. 아침 일찍 전무실로 출근 대기하고 있다가 보고를 드렸으나 결과는 같았다. 대출은 차치하고 다른 차원에서 말씀드렸다. 시내 중심 점포의 수신 계수가 폭락하면 불호령이 떨어지고, 이에 대한 원인 분석과 대책을 강구하도록 지원하는 것이 옳은 길 아니겠느냐며 호소하면서 재고를 요청하여 결국 승인을 받아냈다. 이렇게 힘든 과정을 거쳐 차근차근 만회하여 부임 첫해 전국 지점 경영 평가에서 수신, 외환, 손익 부문 3관왕을 차지하였다. 삼성전자와의 외환 거래 활성화가 가장 큰 원인이었고, 유능한 차장들의 맹활약으로 이룬 성과였다.

삼성전자를 출입하면서 세계 최고의 삼성 문화를 접할 수 있었고, 특히 삼성그룹 산업 시찰에 타 은행 지점장들과 함께 초청되어 수원 반도체 공장, 대산 석유화학 단지, 사천의 삼성항공과 거제의 삼성중공업, 마지막 날에는 안양 컨트리클럽 골프 투어까지 다녔다. 그러면서 삼성 특유의 기회 선점과 속도전, 그리고 대담한 경영 발상과 전략적이며 세계 최고가 되자는 목표를 지향하는 삼성 문화를 실감할 수 있었다.

○ 금융권 최초로 시도된 손익위주의 '가치계수제도'

새로 부임하신 3대 은행장을 1년여 모신 후 고객부장으로 전근되어 동화은행의 총 수신업무와 6개 지역본부장을 총괄하였다. 이때까지도 은행들은 외형 성장 중시 경영에서 벗어나지 못하고 지점장들의 수신 실적 경쟁이 치열할 때였다.

은행의 수익이 수반되는 수신 실적 경쟁이어야 알찬 경영 성과로 이어질 것인데 그러지 못했다. 각 지점이 위치한 역세권의 고객 수가 증가하고, 이에 수반한 저 코스트 요구불성 예금이 증가하는 대신, 원거리의 기금 또는 대기업 대출과 관련된 소위 꺾기 고금리 수신만 증가하는 것이다.

어느 날 책임자 회의에서 기발한 아이디어를 보고받았다. 손익 위주 수신 계수 관리제도, 일명 '가치 계수 제도'를 개발하여 수신 실적을 관리할 수 있다는 정보였는데, 전임 부장의 유보로 책임자 서랍

속에서 잠자고 있었다.

내 마음에 쏙 들었던 가치 계수 제도란 10% 지급이자 조건의 정기예금 100억 원과 1% 지급이자 조건의 요구불예금 10억 원의 가치를 동등하게 평가하는 수익률에 기초한 수신 계수 산출 방식인 것이다. 10억을 100억으로 환산하는 산식으로 전국 지점 수신을 지점별로 재평가한 혁명적인 계수 실적을 첨부하여 은행장의 결제를 받았다. 신임 은행장께서 연로하셨지만 합리적이란 생각이 들었다. 전국 수신 담당 차장 회의를 소집하여 혁신적으로 변경된 수신 실적 가치 계수 제도를 설명해 주고 시행 공문을 하달하였다.

그러자 고금리 정기예금 수신을 많이 보유한 지점장들의 항의가 빗발쳤다. 가치 계수 제도에 의하여 재평가된 수신실적 서열이 뒷걸음질 쳤기 때문이다. 무엇 때문에 멀쩡한 정기예금을 저평가하여 직원 사기를 떨어뜨리느냐는 반발이었다. 이미 각오하고 추진한 업무여서 눈 하나 깜짝 안 하고 계속 밀어붙였다. 차츰 수신 계수 관리의 합리성이 공감되어 갔고, 각 지점의 계수도 수익성이 좋은 안정된 수신 구조로 개선되어 갔다. 또 이에 따른 은행 전체 손익개선 효과도 좋아지고 있었다.

나는 외형 출혈 경쟁을 지양하고 수익이 수반되는 혁신적인 가치 계수 제도 도입 공로로 동화은행 최초로 저축의 날 대통령의 국가포장까지 받았다. 그러나 동 제도가 확실하게 자리 잡기 전에 종합기획부장으로 영전되는 바람에 후임 부장이 다시 동 제도를 폐지해버려 유명무실하게 되었다.

○ 극비에 추진했던 강원은행과의 합병 실패 뒷이야기

어느 은행이든 종합기획부장은 최고의 요직이자 수석부장으로서 임원 승진에도 유리한 경력이다. 우수 부서답게 차장을 비롯한 전 직원들도 우수한 인재로 충원되어 있었다.

은행이 창업된 지도 어언 8년, 전체적으로 안정된 은행의 모습은 갖추어졌지만, 이제부터는 본격적으로 도약을 해야 하는 성장기로 접어드는데, 그 모델이 한발 앞서 있었던 신한은행 또는 한미은행 중 어느 쪽이어야 할지 신 경영전략을 필요로 할 때였다. 신한은행은 안정성과 수익성, 그리고 성장성까지 골고루 추구하고 있었고, 한미은행은 철저한 수익성 위주의 경영목표를 가지고 있었다.

우선 중기 경영계획 컨설팅을 고대 경영대학원 기업문제연구소와 영화컨설팅의 합동 팀에게 발주한 상태여서 결과가 나오면 경영전략을 실천할 수 있는 실행 계획을 작성할 참이었다. 종합기획부 자체적으로는 자산부채종합관리ALM: Asset and Liability Management 시스템을 구축해서 효율적인 자금조달과 운영을 추진할 생각으로 이 일에 중점을 두고 있었다.

그러던 어느 날 IMF 국가 환란이 터지고 동화은행도 졸지에 12개 구조조정 대상 은행에 포함되고 말았다. 각 은행의 국제결제은행 BIS: Bank for International Settlements 기준 자기자본 비율 순서에 따라 선정된 것이다. 다행히 동화은행은 창업 직후 초대 행장의 강력한 의지에 따라 성공적인 증자를 마친 상태였다. 때문에 자본금이 매우 충실한 편이었고, 같은 시기에 창업한 은행 중에서는 단연 자기자본비율이 높았다. 게다가 12개 구조조정 대상 은행 중에서도 8번째여서 퇴출 대상에서는 확실히 벗어난 위치였다.

그러나 어느 은행이 퇴출될지 불확실한 상태 속에 구조조정 대상 은행 간에는 단기 자금 거래마저 중단된 심각한 상태임에는 틀림없었다. 더구나 구조조정 대상 은행들은 금융위원회에서 은행장의 최종 면접을 통해 구조조정과 경영혁신계획 설명을 들은 후 최종 퇴출 대상 은행을 결정하게 되어있었다. 따라서 은행 내에 이에 대한 특별대책반을 가동하여 적극적으로 대처해야 했음에도 특별한 자구책은 없었다. 130만 이북5도민이 출자하여 설립한 은행인 데다, 자본금도 신설은행 중에서는 월등히 높은 편이었다. 부실 대출도 관리 가능한 선을 유지하고 있었기 때문에 은행장을 비롯한 경영진은 설마 퇴출이야 되겠느냐는 안일한 판단을 하고 있었던 것이다.

하지만 종합기획부 단독으로 기획팀 송 대리가 주축이 되어 강원은행 인수합병을 통한 구조조정 전략을 극비에 작성하였다. 무려 10여 가지의 시너지를 기대할 수 있는 환상적인 안으로 판단되었다. 단독으로는 존속할 수 없는 상태의 강원은행과는 주주 정서가 같았고 영업구역이 중복되지 않아 직원 감원이 불필요했다. 또 VISA 카드 및 전산시스템도 동일하였음은 물론, 특히 강원은행 자회사인 현대종금이 상당한 외화 차입금을 보유하고 있어서 인수은행 입장에서는 당시 힘들었던 외화차입 부담까지도 덜 수 있었다. 뿐만 아니라 투자금융IB: Investment Banking 분야 진출, 그리고 자동적으로 현대그룹의 주주 참여까지 기대되었다. 따라서 합병이 성공될 경우 퇴출 대상에서 확실히 벗어날 수 있음은 물론 동화은행의 획기적인 성장전략으로도 환상적인 M&A 대상이었던 것이다.

　이와 같이 중차대한 구조조정 및 경영혁신안에 대하여 담당 상무는 적극성이 없었고, 모든 업무를 부장에게 일임하다시피 했다. 따라서 나 혼자 다른 실세 상무의 지원을 부탁해 가며 전무, 그리고 은행장께 보고드렸으나, 누구 하나 관심 표명조차 없었다. 게다가 합병 후 임원들의 자리보전이 불투명하다는 오해도 있는 것으로 생각되어 더 이상 강력하게 주장하기에는 한계가 있었다. 이와 같은 안일한 경영 행태로 인해 IMF 환란을 극복하지 못하였을 뿐만 아니라, 이북5도민의 염원을 이루기는커녕 수백만 주주와 고객에게 피해만 안겨주는 참담한 결과를 초래하고 말았다.

06
저축은행 공채 사장
피선과 경영혁신

○ **영업정지 직전의 부실 저축은행 살려낸 정통 금융인**

설마 했던 은행 퇴출이 현실화되면서 졸지에 백수 신세가 되었다. 수중에는 거주하고 있던 아파트 한 채와 신용 대출로 투자한 주식 3천 주, 그리고 은행 대출과 상계하고 남은 퇴직금 2천만 원이 전부였다. 33년간의 금융인이 남긴 재산치고는 초라했다. 그나마 아내의 알뜰한 살림 덕이었다. 개인택시, 식당, 중국 보따리 장사, 사외이사 정도가 백수를 대상으로 열리는 각종 직업 안내 설명회에 빠짐없이 참석하여 얻은 정보들이고, 내가 해볼 수 있는 유일한 생업들이었다. 무엇을 하려 해도 족히 1억 원 자금이 필요했다. 더욱이 무경험자인 금융인에게는 어불성설이었지만 아내와 함께 여기저기 식당 자리도 물색해 보았다. 어떤 경우도 밖으로 내보내고 싶지 않았지만 선택의 여지가 없었으니 어쩌겠는가? 다행히 집안의 도움으로 한국자산관리공사 관리 중에 있던 ㈜동화리스의 관리인으로 재취업 기회를 얻었다.

출근한 지 몇 달 되지 않았을 때, 전직 후배로부터 동국제강그룹 계열사 신중앙상호신용금고(現 상호저축은행) 대표이사 공채 소식을 접했다. 5대 시중은행 부장 출신 다섯 명이 경합한 결과 내가 선임되었다. 그간의 설움을 단번에 만회한 기분이었다.

그러나 기쁨도 잠시였다. 업무 인수받은 금고의 경영상태가 파산 직전이었고 자기자본비율이 국내 영업이 가능한 은행감독원 지도 비율 4%에도 못 미쳤으며, 고정 이하 부실 대출 역시 40%에 육박하는 데다가, 더욱 한심한 것은 자력갱생의 의지가 없는 직원들이었기 때문이다.

전 직원을 하나하나 심층 면담하여 부실 원인과 대책, 그리고 직원 자질과 희망부서를 파악하여 적재적소에 재배치하기 위한 자료도 축적하였다. 인력 구조조정이 불가피했지만 직원 감원은 하지 않겠다고 확약하고 최소한의 인력 재배치로 직원 동요부터 차단했다. 그리고 부실 대출을 감축시키기 위한 특단의 대책에 착수하였다. 우선 부실 대출 정리 캠페인을 실시하여 전 직원 참여를 유도하였다. 또 신용금고 업계 최초로 부실 대출을 정리하기 위한 선진 기법인 자산담보부채권ABS: Asset Backed Security 발행도 밀어붙였다.

씨티은행 출신들이 운영한 금융컨설팅 회사에 금고의 소매금융혁신 전략 컨설팅을 맡겼으며, 금고가 위치한 을지로 4가 역세권의 1만여 영세한 인쇄업계를 타깃으로 신상품을 개발하고 유휴인력은 신상품 영업에 투입하였다. 컨설팅 의뢰로 제공받은 '신재무관리시스템'을 도입하여 손익 위주 경영과 성과에 따른 보상체계를 만들고

금융인의 반란

전 직원 교육훈련도 마쳤다. 이렇게 1년여 동안 전 직원들과 피나는 노력으로 정상화가 되어가던 어느 날, 모기업이었던 중앙종합금융회사 감사로부터 전화가 걸려왔다. 긴급자금 지원 요청이었다. 금고의 가장 큰 병폐였던 모기업 의존 관행을 끊고 스스로 자립 경영이 가능한 독립심을 키우고자 중앙종금과의 금융거래를 계속 감소시켜 오는 중이었었다. 당시 종합금융회사는 고객으로부터 수신 기능이 없었기 때문에 자금 부족으로 존폐 위기에 노출되어 있었다. 따라서 정부는 각 시중은행들로 하여금 종금 회사 하나씩을 맡아 3천억 규모의 자금을 지원할 수 있도록 지정해 주었다. 하지만 나는 IMF 환란 시 금융사 100년 만에 처음으로 은행 퇴출을 경험한 상태에서 정부 요청을 곧이곧대로 들어줄 은행이 없을 것으로 판단하고 있었다. 따라서 모든 종금 회사들의 퇴출은 시간문제로 본 것이다. 이렇게 시시각각 변하고 있는 금융환경 속에서 모기업 종금사의 자금 지원 요청을 받은 것이다. 사실 이때까지 관행처럼 예치하여 왔던 모기업과의 거래는 엄연히 불법이었던 것이다. 부득이 거절할 수밖에 없었다. 얼마 후 출근하자마자 모기업 회장으로부터 직접 전화가 걸려왔다. 사정이 급하니 일전에 감사가 요청했던 자금을 바로 집행해 달라는 지시였다. 사실상 명령이었던 것이다. 모기업 회장의 지시를 바로 거절할 수 없어서, "네! 감사께는 어렵겠다고 대답했었지만 재검토해 보겠습니다." 하고 의례적인 화답을 마치고 은행감독원 지인에게 재확인하였다. 모기업 종금사와의 자금 거래 정당성과 종금 회사의 미래 등을 다시 체크해 본 것이다. 나의 판단이 정확했다. '결심하자! 불법거래 요청을 단호하게 거절하고 떳떳하게 용퇴하자. 그래야 신용금고와 내가, 그리고 나를 채용해 준 동국제강그룹이 사는 길이다.' 나를 공채해 준 그룹 재무장에게 달려가 이실직고했다. 이미 모기업 회장으로부터 영이 서지 않는다는 보고를 받고 있었다.

그룹 경영의 안정을 위해서도 계열사 간 리스크를 차단하는 것이 매우 중요하다는 당위성을 설명했더니 나의 판단대로 하라는 결론이었다. 동국제강그룹은 계열사 간의 경영 간섭을 하지 않고 독립경영을 확실히 보장하는 아주 훌륭한 그룹 문화를 가지고 있었다. 돌아와서 우리금고의 자산담보부채권(ABS 채권) 발행 시 오픈된 시장에서 다 팔지 못하고 남은 낮은 등급의 채권을 모기업이 인수해 주었던 1백억 원의 ABS 채권까지 재매입해 주고 모든 거래를 정리하였다. 당연히 모기업 종금 회사와의 모든 대화는 닫혔다. 우리금고 감사를 비롯한 일부 임원과 부장들의 항의가 거셌지만 오히려 야단쳤다. 신용금고 결산일이 매년 6월 말이어서 이때를 끝으로 퇴임할 생각이었다. 서둘러 결산을 마치게 한 후 모기업 회장에게 결산보고를 마치고 지난번의 지시를 받들지 못한 데 대한 사과와 함께 사직서를 제출했다. 사무실로 돌아오기가 무섭게 사표 수리 통보를 받았다. 내가 사임 후 몇 달 못 가서 결국 종금 회사도 퇴출되었고 모기업 파산의 영향으로 신용금고 또한 비운의 파산을 맞게 되었다.

○ **무과실 책임에 근거한 '처분금지 가처분' 사건**

신용금고의 파산 후 으레 받게 되는 은행감독원 감사와 예금보험공사의 부책 검사가 있었다. 내가 퇴임 전 모기업이 인수 보유했던 자산담보부 채권 100억 원을 금고에서 재매입하는 바람에 발생한 금고의 '유가증권투자한도' 초과 지적을 받은 것이다. 사실상 자기발행 채권을 매입한 것에 불과하여 리스크가 전무할뿐더러, 더욱이 모기업과 불법거래를 막기 위한 고육지책이었음에도 은행감독원 지적을 받은 것이다.

다행이 예금보험공사의 감사 결과는 금고 피해를 막기 위한 부득이한 조치로 인정되었고, 결과적으로 잘한 일로 평가되었다. 그러나 문제는 예보 감사 결과가 무과실임에도 은행감독원 지적 사항에 근거하여 내가 살고 있는 아내 명의 아파트에 대하여 '처분금지 가처분결정'이 떨어졌다. 억장이 무너지고 아찔한 일이 터진 것이다.

여러 경로를 통해 항의해 보았지만 예보에서 김&장 로펌에 무과실에 기인한 가처분 조치에 대한 합법여부 질의 결과 합법이라는 회신까지 받아가지고 있었다. 도대체 이와 같은 괴상한 법이 어떻게 존재하는지 조사해 보았다. 1972년, 정부의 사채 동결 특별조치와 더불어 사채업을 양성화하기 위해서 상호신용금고법을 제정, 사 금융업을 허용해 주면서 경영부실과 사고를 방지하기 위한 강력한 안전장치로 무과실 책임 같은 독소조항을 넣었던 것이었다.

사문화된 채 무려 30여 년이 지났는데도 개정되지 않았고, IMF 환란 이후 처음으로 나에게 적용된 것이다. 나의 계속된 항의에 조흥은행 후배 유 지점장의 협조와 의협심 강했던 예보 법무실 이 대리(現 부산대학교 교수)의 도움으로 헌법소원까지 가게 되었고, 헌법 불합치

판정으로 길고 지루하게 묶여있던 아파트가 우리 가족 품으로 돌아왔다. 이때부터 나와 법 사이의 악연이 시작된 셈이다.

○ 자라 보고 놀란 가슴 솥뚜껑 보고 놀란다더니

급기야 모기업이었던 중앙종합금융회사가 문을 닫게 되고, 예금 보험공사의 공적 자금이 투입되어 예보 관리로 넘어간 후 종금 회사의 전무 공채 공고가 났다. 완전히 정리될 때까지 한시적인 자리였지만 실직 상태여서 응모를 하였다. 워낙 실업자들이 넘쳐났고, 특히 금융인 출신들은 퇴출은행 직원에다가 살아남은 은행들까지 너도나도 구조조정을 해 명예퇴직 직원들로 넘쳐났었다. 따라서 금융 관련 분야 취업은 상하직을 불문하고 하늘의 별 따기였다. 여러 경로로 추천을 부탁하여 예보 사장의 면접이 성사되었다. 그러나 나이가 많고 투자금융 무경험자며 퇴출은행 간부 출신이라면서 부적격하단다. 물 건너간 것을 직감하고 따져 물었다. 다 동의하겠는데, 퇴출은행 간부 출신이기 때문에 안 된다는 이유는 동의할 수가 없습니다.

엄연히 IMF 환란은 정부가 초래한 것이어서 퇴출은행도 분명히 피해자 중 하나이고, 더구나 멀쩡했던 동화은행은 정치적 결정에 의한 타살이 분명한데도 그 책임을 임직원들에게 지우는 것은 적반하장이란 주장을 폈다. 당시 예보 사장도 재무부 출신이었기 때문에 본인이 들으라고 한 말이었고, 또 많은 동화은행 후배들이 예보에 재직하고 있었기 때문에 일부러 바른말을 해준 것이다.

그로부터 얼마 후 예보에서 파산재단 업무를 맡게 될 검사역이라도 원하면 기회를 주겠다는 연락을 받았다. 예보 사장이 무시할 수 없는 인사들의 추천을 거절하는 데 한계를 느낀 것 같았고, 나 역시 꿩 대신 닭이라도 잡아야 할 상황이었다.

예보에 검사역으로 출근한 지 며칠 후, 신촌 그레이스 백화점 사장 출신 김 회장의 전화를 받았다. 무교동 파이낸스 빌딩 회장 사무실 미팅에서 인수 작업 중이던 골드상호신용금고 대표이사를 맡아 달라는 요청이었다. 속으로는 반가우면서도 그 자리에서 즉답을 하기에는 중대한 문제여서 생각해 보겠다고 화답했다.

일주일 후 인수 총괄 책임을 맡은 상무와 팀장, 함께 인수하는 2대 주주, 그리고 감사원 및 은행감독원 간부 직원 등과 같이 최종 사장 확정 발표를 하겠다는 것이다. 사실상 동의를 전제로 다음 약속을 잡은 것이다. 미팅에서 돌아와 이걸 맡아야 하나 포기해야 하나 고민에 빠졌다. 예보 검사역이라는 몇 푼 되지 않는 급여를 받는 비정규직에 비하면 엄청난 큰 자리이긴 하지만 리스크가 부담되었다. 이미 공채로 맡았던 신용금고는 재벌그룹의 계열사인 데다 중앙종합금융회사의 자회사로서 확실한 경영권이 보장되었다. 그런데도 임기를 채우지 못하고 중도에 그만두었는데, 골드금고 인수자는 개인이어서 경영권 독립이 사실상 어려울 것이므로 경영 리스크가 클 수밖에 없다는 생각에 영 개운치 않았던 것이다.

김 회장과 약속한 그날 하필 부천 소재 파산재단 관재인 업무 실습 출장 명령이 떨어졌다. 오전 10시 금고 대표이사 직을 수락하면 예보에 바로 사직서 내고 당일 부임해야 하는 급박한 상황이었지만 그래도 새벽에 초행길인 부천 신용금고를 물어물어 출장, 출근하였다. 한국은행 출신 파산관재인에게 출장 인사를 하고 서울 시내에 볼일이 있어 다녀오겠다고 보고하고 출발했다.

서울행 전철에 기대앉아 차창 너머를 내다보며 사장 자리 수락 여부에 대한 고민은 계속되었다. 이미 조흥은행 친구였던 골드금고 감사 출신에게는 경영 상태를, 신용금고 사장 재직 시 함께 일했던 김 상무에게는 김 회장이 무슨 자금으로 무엇 때문에 골드금고를 인수하려고 하는지 체크를 해보았다. 그 결과 사장 수락을 해도 되겠다는 회신을 받은 상태였었다.

그런데도 풀리지 않는 의문은 계속 남아있었다. 왜 대표이사를 발표하는 자리에 감독 당국의 간부들이 합석한다는 것인지 너무나 생소하였고, 김 회장이 금고를 인수할 만큼의 자금 여력이 없는데 무엇 때문에 비 금융인이 금고를 인수하려 하는지도 잘 이해가 되지 않았기 때문이었다. 더구나 금고 경영이 자율화된 시중은행과의 경쟁 구도에 노출되어 있어서 구조적으로 경영이 매우 어려울 때였다.

어느덧 전동차가 한강철교를 건너고 있는 순간 차창 너머로 어렴풋이 아내와 외동딸의 모습이 떠올랐다. 내 고민을 함께해 주는 것 같았다. 만약에 내가 사장 취임 후 오너의 무리한 금고 인수자금을 메우기 위하여 탈법 대출 집행을 요구받을 때 거절하는 경우는 사퇴를 각오해야 되고, 계속 근무하려면 따를 수밖에 없을 것이기 때문이다. 이 같은 불길한 생각에 거절하기로 작심하였다. 약속 장소에 도착하고 일층 로비로 수행 나온 건장한 비서의 안내를 받아 회장실에 들어갔다.

회의 시작 전에,

"회장님, 정말 송구스럽지만 모실 수 없게 되었습니다."

펄쩍 뛰며,

"지금 다들 대기하고 있는데 무슨 소릴 하는 겁니까?"

나를 끌다시피 강권했으나, 완강히 거절하고 사무실을 나와 다시 출장지 부천행 전철을 탔다.

맥이 쭉 빠졌다. 그 순간부터 밀려오는 후회를 감당할 수가 없었다.

'이 병신아!'

수락했으면 최고급 승용차와 기사가 밖에 대기하고 있었을 테고, 비정규직 검사역과는 비교할 수 없는 억대 연봉에, 1조 원 규모의 대형 신용금고 대표이사 자리. 하늘이 준 기회로 호박이 넝쿨째 굴러 들어온 행운을 스스로 걷어차 버려…

김 회장과는 동화은행 영업부 창업 때부터 관계가 좋았던 거래처였다. 서교동 지점장 때도 계속 거래를 하고 있었고, 금고 사장 시절에는 김 회장의 모든 금융 거래를 총괄했었다. 심지어 청평 레저타운 개업식 때도 초청받아 개그맨 강석의 사회로 화끈하게 유흥까지 즐겼던 추억 등, 돈독한 관계를 맺고 있던 김 회장이 특별히 믿고 찾아준 신의를 저버리다니…머리가 깨질 것 같았다. 놓친 고기가 더 커 보이듯, 포기하고 난 후의 그 자리는 유난히 좋아 보였었다. 이미 엎질러진 물을 쓸어 담을 수는 없는 것 아닌가?

'미련을 버리고 다시 시작하는 거야'

혼자 되뇌며 이를 악물고 초라한 출장지로 향했다. 후에 결국 골드금고 인수는 무산되었다. 내 생각대로 자금 사정이 곤란했던 김 회장의 무리한 인수 시도가 발목을 잡은 것이다. 나의 냉정한 판단대로 김 회장의 과욕이 부른 참사였던 것이다.

Part 2
성공한 금융인이 왜 금융소비자 편에 섰나?

01
파산관재인 선임과
서울법대 도산법
연구과정

○ **파산관재인 업무는 변호사의 전유물이 아니다.**

IMF 환란 극복을 위하여 정부는 무려 168조 원의 공적자금을 투입했다. 예금보험공사를 통해 파산 금융기관들의 예금주들에 대한 대 지급 자금에 충당된 것이다. 이렇게 충당된 공적자금을 회수하기 위해서는 재단채권의 회수, 또는 재단 보유 동·부동산을 신속하게 매각, 회수하여야 한다. 그런데 이때까지 파산관재인 업무는 변호사의 전유물이었다.

파산재단 업무는 과연 완전한 법률서비스의 일종일까? 변호사들에게 재단 업무를 맡길 경우 과연 업무 수행능력은 어느 정도일 것이며, 공적자금을 얼마나 신속하게 잘 회수할 수 있을까? 또한 재단 업무를 수행했을 때 보상은 얼마를 지급하여야 할까? 이러한 정부의 고민 끝에 대안으로 은행원들을 투입하기로 결정한 것이다. 파산재단 업무는 사실상 금융채권을 회수하는 일이어서 금융의 사후관리 업무이고, 따라서 은행원들에게는 매우 익숙한 업무다. 더구나 퇴출은행과 명예퇴직 은행원들이 넘쳐 날 때여서 낮은 보상으로도 인력 충원이 용이한 장점도 있었다. 이들을 채용하면서 법률문제는 따로 변호사를 선임하면 그만 아닌가? 이를 위하여 예금자보호법 및 금융·산업 발전에 관한 특별법을 손질하여 금융인을 활용할 수 있는 근거조항을 삽입하는 법 개정을 단행한 것이다. 이 소식을 접한 법조계에서 발끈했다. 국가의 환란 극복은 안중에 없고, 오로지 자기들의 철밥통을 건드렸다는 이유에서였을 것이다. 헌법소원까지 가는 바람에 업무 차질은 빚었지만 결국 합헌 결정이 나왔다. 이때부터 사실상 도산 업무는 변호사의 전유물이 아닌 것이 확인된 셈이다. 이같은 어려운 과정을 거쳐 수많은 금융인 출신들이 파산 업무에 참여할 수 있었고, 결과는 적중했다. 대성공이었다.

수백 명의 우수한 금융 실업자들이 예보 정식사원 수준에도 못 미치는 낮은 급여를 받으면서 성실하고 열심히 봉사했기 때문이다. 그 중에서도 파산관재인 자리는 선호도가 높아 주로 재무부 또는 한국은행 출신들의 독차지였다. 나는 시중은행 출신이었지만 우여곡절 끝에 해동상호신용금고 파산관재인으로 서울 중앙지방법원에서 선임되었다. 파산 전 영업정지 상태의 관리인으로부터 형식적인 업무 인수를 받았다. 대출 관련 서류만 무려 10만 건에 달하였고 노동조합이 그대로 유지되고 있었다. 우선 전 직원 100여 명의 재 채용 절차를 밟아야 했다. 직원들의 소속이 신용금고에서 파산재단으로 변경되는 것이다. 노동조합은 계속 유지될 수 있으나 구조조정 차원의 직원 정리는 노사 협의 대상이 아니라는 사실도 미리 파악 대비하고 있었다.

　마침 노조의 면담 요청이 들어와 나 자신 은행 퇴출에 따른 고통과 노조 경험을 솔직하게 전해주고 협조를 구했다. 노조와 직원들의 순조로운 협조로 파산재단의 자산과 부채 실사가 완료되었는데 재단의 재무상태가 요지경 속이었다.

　'누구나 대출' 브랜드로 10만여 개인들에게 150만 원씩 일률적으로 1,500억 원을 대출, 운용하였는데 신용 정도에 따라 대출 금액을 산정하였어야 함에도 대출 모집원까지 두면서 실명 확인만 되면 똑같은 금액을 대출했던 것이다. 그래도 동 대출은 형식이라도 갖췄고 고금리 대출이어서 금고의 수익성은 좋았다.

　문제는 200여 중소기업들에게 한 회사당 5억씩 1,000억 원을 대출한 것이다. 노골적인 불법 대출이었다. 무담보 신용대출이라는 특혜를 주면서 대출자인 해동금고와 차입자인 회사가 대출금의 50%씩 나누어 사용한 것이다. 그리고는 모든 고객들에게 금고의 파산 통지를 하면서 예금주에게는 예금채권 신고를, 대출받은 채무자들에는 채무 상환 통지를 한 것이다. 통지문이 도달된 후 금고의 고객 창구는 그야말로 아수라장이 되고 말았다.

　개인채무자들은 왜 신용금고가 사고 쳐서 파산해 놓고 기일이 도래하기도 전에 상환 독촉이냐며 항의했고, 채무기업들은 왜 2억 5천만 원을 사용했는데 5억 원 전액을 상환해야 하느냐는 항의였다. 대출약정서에 따라 조치한 것이고, 기업 채무자들은 대출약정서상 대출금 5억 전액을 차입금으로 자서했기 때문에 법적인 대항력이 없었다. 결과적으로 신용금고의 무리한 탈·불법 대출의 피해는 몽땅 금융소비자 몫이 된 것이다.

지난 금융인 생활을 곰곰이 회상해 보았다. IMF 환란 시 5개 퇴출 은행을 비롯하여 5대 시중은행은 간판을 모두 바꾸어 달았고, 수십 개 단자회사와 종합금융회사는 그 흔적조차 없이 사라졌다. 또 수백 개 상호신용금고와 수천 개의 신용협동조합 및 새마을금고 상당수 가 파산하는 등 금융 산업 자체가 붕괴되었다. 그런데 이에 따른 수 천만 금융소비자들과 주주의 피해는 추산도 불가능할 것 같았다. 아 마도 전 국민에 걸쳐 천문학적인 피해를 입었을 것이다.

이를 계기로 동화은행 파산에 따른 수백만 고객과 주주 피해 사실 을 확실하게 재인식하는 계기가 되었다. 그리고 나는 성공한 금융인 의 한 사람이 아니라, 부끄럽게도 금융소비자들에게 피해를 입힌 가 해자의 한 사람이었음을 뒤늦게나마 깨닫게 된 것이다. 전후 사정이 이럴진대, 법적 책임을 부담한 퇴출 은행과 사고 은행 일부 임직원 외 누구 하나 제대로 책임진 사람도 없었다. 그뿐만 아니라 IMF 환 란의 주범인 정부의 핵심 참모 누구 하나도 진솔한 사과 한마디 하 지 않았다. 사고는 정부와 채권 금융기관이 치고 그 막대한 피해는 몽땅 수천만 금융소비자들에게 전가되는 한심한 현실이었다. 더욱 가관인 것은 이러한 잘못된 결과를 해결할 수 있는 구제 제도나 전 문가는 어디에도 찾아볼 수 없었다. 그저 순진한 금융 피해자들만 속절없이 채무불이행자의 나락으로 떨어지는 경제, 사회적 사형선 고를 몸소 감당해야 했던 것이다.

○ **구세주처럼 나타난 미국 '금융소비자 파산상담제도'**

정년을 앞두고 있던 2002년 늦여름 서울법대 도산법 연구과정 수강생 모집공고를 접하였다. 파산재단 업무와 밀접한 분야여서 가고는 싶은데, 정년을 앞두고 있어서 망설여졌다. 등록금도 부담되고 수료해도 여생에 무슨 도움이 될까 생각하면서도 지칠 줄 모르는 향학열에다 최고의 대학 구경이라도 해보고 싶은 충동까지 더해져 등록하였다.

변호사 48명과 일반인 13명이 함께 공부했는데, 나는 학생대표를 맡았다. 고대 경영대학원 석사과정 때 회장을 맡아 고생한 기억에 극구 사양했으나 최고령자 회장과 최연소 총무라는 사법연수원 전통을 강요당한 것이다. 한 학기 과반을 넘고 있을 때 안경환 학장(전 권익위원장)과 현행 채무자 회생 및 파산에 관한 법을 만드신 도산법 권위자인 김재형 지도교수(현 대법관)를 모시고 내장산으로 워크숍을 갔다. 각 팀별로 자유 주제를 선정, 발표하도록 하였었는데, 부회장을 맡고 있었던 박 변호사가 '미국 금융소비자 파산상담제도 도입에 관한 소고'라는 주제를 발표하였다. 수백만 채무불이행자들의 신속한 채무조정·중재를 위해서는 수요자 중심의 상담사 제도와 순수 민간단체 설립, 그리고 채무조정 및 중재에 필요한 법적 근거 즉, 법적 조정 신청 前 채권·채무 당사자 간 사전 조정 강제주의인 전치주의前置主義 도입 등 선진 재건 제도가 절실하다는 내용과, 이러한 수요자 중심의 재기 제도가 도입될 때 IMF 환란 극복의 산물인 약 380만 채무불이행자 문제가 해소될 수 있다는 내용이었다. 강의를

금융인의 반란

듣는 순간 전율이 흐를 정도였다.

'이런 소중한 정보를 얻다니….'

퇴출은행의 쓰라린 경험과 고의적인 사고를 치고 파산한 신용금고의 파산관재인으로서 금융소비자들의 처절한 피해 현장을 직접 목격했다. 그리고 이들의 구제를 위한 제도와 회생전문가의 필요성을 절실히 느꼈던 참에 딱 정답을 얻은 것이다. 더구나 정년을 앞둔 시점에서 인생 이모작의 사업으로도 적합하고, 어려운 이웃을 구제할 수 있는 가치 있는 일이라는 면에서 내 성격에도 맞는 소중한 정보를 얻은 것이다. 귀한 정보를 얻은 즐거움에 그날 밤 학장과 지도교수 및 회장단이 함께한 여흥 자리가 자정을 넘겼음에도 익일 내장산 산행까지 거뜬히 마칠 수 있었다.

02
국내 최초
'선진재기시스템'
구축 시도

○ 실패한 채무불이행자들의 신용상담 컨설팅

서울법대 연구과정을 수료 한 후에 선진재기제도를 구축하기 위하여 후배 3명과 함께 채무조정 상담 및 회생전문가 양성 목적의 회사를 창업하고 후배에게 대표이사를 맡겼다. 나는 정년퇴직 후에 합류할 생각이었다. 당시 정부가 발의한 〈채무자 회생 및 파산에 관한 법률(일명 통합도산법)〉이 국회에 상정되어 있었다. 우리나라의 낙후된 도산 3법 즉, 〈회사정리법〉, 〈화의법〉, 〈파산법〉을 글로벌 기준에 맞춰 개정하라는 IMF 당국의 권고에 따라 서울법대 김재형 지도교수(현 대법관)의 헌신적인 노력으로 도산 3법을 하나로 통합한 입법이 정부 발의로 국회에 상정되었었다.

그러나 금융계 및 신용 정보업계의 반대로 통과되지 못하고 지연되면서 대신 채권 금융기관 주도로 사단법인 신용회복위원회가 먼저 발족되어 채무불이행자들의 사적 채무조정 업무를 시작하고 있었다. 따라서 〈통합도산법〉 통과를 전제하고 채무조정 컨설팅을 해

보려고 창업했던 우리 회사는 명확히 할 일을 찾지 못하고 있었다. 반면에 명동 은행연합회 건물에 자리 잡은 신용회복위원회는 워크아웃 신청자들로 연일 인산인해를 이루고 있었다.

이런 환경 때문에 비공식적인 신청 대행업이 성행한다는 기사가 연일 보도되고 있었다. 그리고 이런 와중에 할 일이 필요했던 우리 회사 대표이사에게 스크랩해 두었던 관련 기사 내용을 전해주면서 검토해 보도록 권했지만, 불법이라서 곤란하다는 회신이 돌아왔었다. 게다가 얼마 가지 못해 조금씩 취급하고 있다던 불법 카드 깡 영업이 오히려 문제가 되어 벌금만 물게 되었다. 결국 창업했던 컨설팅 회사는 결국 자본금만 날린 채 휴업하고 말았다. 준비 부족과 열악한 자본금, 시기상조에 따른 사업 아이템의 불확실성 등 복합적인 실패 요인이 있었다고 판단된다.

○ 최초로 선진재기제도 구현을 위한 '상담시스템' 구축

채무불이행자 문제가 심각한 상태임에도 불구하고 〈통합도산법〉 통과가 지리멸렬해지면서 2004년 10월 〈개인채무자 회생법〉이 임시로 마련되었다. 이에 맞춰 휴업 중이던 회사를 ㈜신용상담연구소로 개명하여 재창업하고 직접 대표이사를 맡았다. 우선 채무불이행자들의 개인 회생 및 파산 면책 상담을 위하여 신용 상담은 경영지도사가, 법원 제출은 법무사가 맡는 '상담 시스템'을 구축했다. 그리고 나의 공인경영지도사 자격증을 근거로 ㈔한국경영지도사협회에 부실중소기업 및 채무불이행자들의 채무조정 컨설팅 사업 등록을 마침으로써 나름대로 법적 요건을 갖췄다. 그러니까 대표이사의 경영지도사 자격으로 채무 조정 상담을 하고, 그 채무 조정 상담 보고서를 법무사에게 전달하면 법무사가 개인회생 및 파산면책 신청서를 작성해 사무원증을 가진 직원을 통해 법원에 제출하는 형식을 취한 것이다.

대대적으로 채무불이행자 문제를 해소할 목적으로 재무부에 정식 등록된 신용사회구현시민연대라는 시민단체를 2대 주주로 영입하고 사무실까지 제공했다. 그리고 금융소비자 보호 영역까지 확대할 목적으로 다음 카페에 '금융소비자클럽'을 개설, 채무불이행자들의 사적 조정인 워크아웃과 법적 조정인 개인회생 및 파산면책 무료상담까지 병행했었다. 초창기여서 수많은 채무불이행자들의 환호 속에 밤낮없이 상담 신청 글이 쇄도하였고, 이에 대한 댓글 달기에 여념이 없었다.

드디어 2005년 4월 통합도산법이 통과되고 본격적으로 도산업무가 시작되면서 도산시장도 함께 형성되었다. 우리 연구소도 소장의 주도로 대금업과 은행원 출신들을 프리랜서 조건의 상담사로 영입, 운영하였다. 그러나 제도 도입 초년이어서 개인별 실적 편차가 심한 현상을 보였다. 영업 실적이 낮은 경우는 생계곤란으로, 반대로 좋은 경우는 더 나은 조건의 법무사 사무실 또는 로펌으로 이탈이 잦았다. 결국 신규 직원들의 업무교육 비용만 축나는 격이어서 연구소 자립경영을 위한 직영팀 운영이 불가피함을 깨닫게 되었다.

○ 개인회생 및 파산면책 신청서 '자동작성프로그램' 개발

채무불이행자들의 상담과 법원 신청 비용이 비싼 것은 아니었지만 한계 상황에 놓여있는 가계 입장에서는 수임료 부담을 느끼고 있었다. 그리고 직원들의 과도한 실무교육 시간과 비용이 연구소 자립 경영에 어려움을 가중시키고 있어서 이를 해결하기 위한 수단으로 개인회생 및 파산면책 신청서 '자동작성 프로그램' 개발에 착수하였다. 전국 어디에서나 시간과 장소에 상관없이 채무불이행자들이 연구소 홈페이지나 다음 카페의 금융소비자클럽에 들어와서 '자동작성 프로그램'에 접속해 따라 하면 법원신청서가 자동으로 출력되도록 개발한 것이다. 외주 팀과 연구소 직영 팀 직원들의 고된 작업이 이어졌고, 근 1년의 시간과 1억 원의 비용이 소요되었다.

우리나라 최초로 시도되는 큰 도전이어서 큰 기대를 가지고 완성하였으나 시장의 반응은 냉담하였고, 이용 가격을 계속 낮추어도 개선되지 않을 만큼 가격의 탄력성도 없었다. 채무불이행자들의 채무가 보통 1억 원 내외부터 수억 원의 채무조정 업무여서 프로그램에 대한 신뢰성이 요구되었다. 게다가 채무자들의 경우의 수가 워낙 많아 프로그램대로 따라 하기에는 상당한 전문성이 필요한 것으로 분석되었다. 결국 막대한 개발비만 날리고 실패한 것도 서러운데, 한발 앞서 개발했다는 다른 법무사로부터 자기들의 지적재산권을 침해했다는 이유로 피소까지 당했다.

고소인은 동업자 20여 명의 법무사 홈페이지와 우리 연구소 자동작성 프로그램을 핑계 삼아 고소해 놓고, 피고소인들이 변호사 선임

비용 대신 합의를 요청해 오면 그 합의금을 받아 본인의 프로그램 개발비를 회수하려는 상술 차원에서 고소했다는 정보를 입수했다. 우리는 공개된 정보 외는 일체 타인의 지식을 차용한 사실이 없었기 때문에 합의하지 않고 정식 재판에 응하여 승소한 후, 연구소가 개발한 프로그램 특허등록까지 마쳤다. 그러나 채무불이행자들의 이용률이 개선되지 않아 결국 프로그램 운용은 포기하고 말았다.

하지만 개인회생 및 파산면책 상담 시장 환경이 호전되고 프리랜서들의 영업력도 나아지면서 상당한 실적 개선이 되고 있었다. 그런데 이번에는 상담료 분납에 따른 미수금이 쌓여갔고, 이를 개선하기 위해서는 대금업자, 또는 캐피털 회사를 활용하여 미수금 문제를 근원적으로 해결하자는 의견이 많았다. 그러나 의뢰인들에게 또다시 고금리 대출을 이용하게 하는 것이 싫어서 많은 미수금은 결국 손실 처리하고 말았다. 피도 눈물도 없어야 하는 사업자 입장에서 보자면 이해할 수 없는 행태로 비쳤겠지만, 선진재기제도를 이 땅에 구축하여 금융피해자들의 편에 서서 세상에 보탬이 되고자 창업한 나의 입장에서는 후회되지 않았다.

결론적으로 채무불이행자들의 회생 및 파산 상담업은 이혼, 가정파탄, 주거불안 등 고달픈 삶에 지쳐있는 이들을 대상으로 하는 특성상 개별수임형태의 영리목적 사업보다는 집단 채무조정·중재 형태의 사회적 기업이 더 적합할 것으로 판단되었다. 따라서 사업방향을 채무불이행자 상담 중심에서 회생전문가 양성과 기업회생컨설팅 전문으로 전환을 시도하였다.

03
신용상담사 양성과
국책기관 최초 등록

○ 한국능률협회와 신용상담사 양성교육 MOU 체결

채무불이행자의 상담업과 자동작성 프로그램을 통해 기획한 온라인 사업의 부진 때문에 계획보다 앞당겨 신용상담사 교육 사업에 착수하였다. 당초에는 컨설팅 수입을 통하여 연구소 자립기반을 다진 후에 선진재기제도 구축 사업을 본격화할 계획이었다. 회생전문가를 양성할 수 있는 법적 근거인 〈자격기본법상〉 연구소 법인 명의로도 교육 사업은 가능하다. 하지만 연구소의 대외적 신뢰도가 낮아 수강생 모집이 곤란할 것으로 판단했다. 그래서 한국능률협회와 공동사업 계약을 체결하고 능률협회장 명의의 신용상담사 자격증 수여와 그 외의 커리큘럼 작성 등 모든 교육 추진은 연구소가 주관하기로 계약한 것이다.

신용상담사 양성과정의 커리큘럼 설계와 강사 초빙은 생각보다 어려웠다. 서울법대에서 배운 선진회생제도와 삼성경제연구소의 기업회생경영학, 금융인이 저술한 기업구조조정과 법정관리, 경총의 법정관리인 양성과정 교재, 신용회복위원회의 사적 채무조정 제도와 서울중앙지방법원의 법적 조정 실무 등을 참고하여 커리큘럼을 만들고 관련 서적 저자들로 강사진을 구성하였다. 이 모든 준비는 나의 다양한 경험과 관련 자료 축적으로 가능했으나, 문제는 수강생 모집이었다. 온-오프라인 광고효과도 새로운 전문가에 대한 신뢰성 한계 때문에 여의치 않았다. 우리 연구소 직원들을 동원해 가며 힘들게 2회를 마치고 수강생 모집 한계에 봉착했다.

교육 사업에 대한 전문성 부족에다 일체의 외부기관 지원이나 정부의 교육 장려금 지원 제도 활용 없이 추진한 까닭이었다. 나는 태생적으로 누구의 도움이나 외부 지원 방식에 무관심한 성격이어서 더욱 그랬다. 어쩔 수 없이 계약 당사자 간 합의에 따라 시장 상황이 호전될 때까지 중단하기로 하였고, 상당한 시일이 경과한 후 능률협회 사회교육원이 강남에 문을 열면서 재추진하였다. 그러자 예전보다는 다소 많은 수강생을 모집할 수 있었지만, 이번에는 사회교육원 자체의 내부 갈등으로 문을 닫게 되면서 이미 교육원으로 들어온 수강료마저 받을 수 없는 지경이 되어버렸다. 다행히 과거에 함께했던 능률협회 본부의 주선으로 사회교육원과의 금전문제는 마무리되었었지만, 신용상담사 양성교육과정은 더 이상 진행할 수가 없었다.

○ (사)한국능력개발원과 신용상담사 양성교육 재추진

지인의 소개로 '바리스타' 자격증 사업으로 크게 성공한 한국능력개발원과 다시 계약하고, 이들의 적극적인 협조로 신용상담사Credit

Counselor 자격증을 〈자격기본법〉에 따른 민간자격증 관리 국책기관인 직업능력개발원에 등록시켰다. 모처럼 신용상담사의 직무 내용이 구체적으로 총정리되어 등록신청서상에 기술될 수 있었다.

한국능력개발원 측 비용으로 신용상담사 교재 인쇄와《한국경제》및《경향신문》하단 전면광고까지 게재하면서 대대적으로 교육 사업을 전개할 계획이었다. 그러나 한국능력개발원에서 의뢰받은 마케팅 전문 회사에서 광고효과가 기대에 미치지 못한다는 이유로 단 한 번의 신문광고 시도 끝에 사업 포기를 결정해 버렸다. 당시는 천안함 사태로 인하여 세상의 관심이 온통 남북문제에 쏠려있던 때여서 광고 타이밍이 최악이라는 점을 고려하지도 않은 냉정한 결정이었다. 능률협회도, 사회교육원도, 한국능력개발원마저도 일방통행이니, 운도 안 따랐지만 갑질 횡포가 바로 이런 거구나 싶었다.

이와 같이 사단법인을 설립하지 못한 설움이 너무 커서 다시 한번 정공법을 선택했다. 먼저 금융기관들이 만들어놓은 신용회복위원회 소속 직원들에게 꼭 필요한 자격증이니 해당 기관을 찾아가 볼 셈이었다. 고맙게도 전직 후배 김 상무가 신용회복위원회 위원장을 소개해 주었다. 제안 공문과 교재를 들고 방문하여 교육 내용을 설명하였으나 의례적으로 검토해 보겠다는 답변만 듣고 별 소득 없이 돌아왔고, 신용상담사 교육 자료만 제공한 셈이 되었다.

내가 설립한 사단법인 없이 타 기관 명의로 교육한다는 것이 얼마나 힘들고 어려운 일인지 새삼 절감했다. 더 이상 협회 설립을 미룰 일이 아니었다. 차라리 우리가 직접 채무불이행자들의 채무조정·중재를 지원하는 미국의 NFCCNational Foundation for Credit Counselling, 또는 일본의 JCCAJapanese Credit Counselor Association와 같은 성격의 한국신용상담사협회KCCA: Korean Credit Counselor Association 설립을 추진하기로 결심을 굳혔다. 이미 양성한 100여 명의 신용상담사를 대상으로 협회 창립총회를 연 후 협회의 사단법인 승인 신청서를 작성해 금융위원회를 찾아갔다.

그런데 어렵게 이루어진 면담에서 담당 사무관의 완강한 반대에 부딪쳤다. 채권 금융기관들이 만들어놓은 신용회복위원회가 잘하고 있음으로 더 이상의 유사 단체는 불필요하다는 설명이었다. 그러자 나는 금융소비자 중심의 순수 민간단체를 만들어 채무자 중심의 채무 조정·중재 제도가 필요하다는 주장을 폈다. 이를 위해서는 신용회복위원회의 독점 체제를 깨뜨리고 선진국들과 같이 채무조정 상담 조직의 이원화Two Track 시스템이 절대 필요하다는 논리를 편 것이다. 악에 받칠 대로 받친 상태라 너무 강한 나의 주장에 "은행원 출신이라면서 왜 그렇게 사납냐."라는 평을 들어가면서 접수 자체마저도 거절당했다. 그러나 더 이상 고집하지 않은 채 후일을 대비하기 위해 물러서고 말았다.

04
기업회생컨설팅
비용 정부지원제도
제안 채택

○ **부실중소기업 및 소상공인들의 기업회생컨설팅 착수**

채무불이행자들의 채무조정 상담업이 부진한 가운데 새로운 '신용상담사' 교육 사업에 매달려 보았으나 이마저 수강생 모집 한계와 금융위원회의 협회 불승인으로 좀처럼 탈출구를 찾기 힘들었다. 그러는 동안 연구소의 프리랜서 직원들이 지속적으로 이탈하고 있었다.

마지막으로 기업회생 컨설팅에 올인해 보자 마음먹었다. 기업회생 컨설팅 시장 규모도 크게 성장할 것으로 기대되고 컨설팅료도 제값에 수임할 수 있을 것으로 판단되어서였다. 때마침 보유하고 있던 경영지도사 자격증의 보수 교육 시간에 중소기업 및 소상공인들의 다산다사多産多死주의 즉, 방만한 창업과 과당경쟁으로 인하여 매년 90만 개 내외의 창업과 퇴출이 반복되고 있다는 악순환 현상도 새롭게 알게 되었었다. 이들 중 약 10% 정도의 한계기업은 구조조정 또는 기업회생 컨설팅 대상이었던 것이다. 더군다나 현행 〈통합도산법〉상 기업회생 절차는 미국의 DIPDebtor In Possession 제도 즉, 기존 경영자 관리인 제도를 채택함으로써 기업회생 신청기업의 대표가 경영권을 유지할 수 있는 획기적인 제도를 수용했기 때문에 과거의 도산 3법상 채권 금융기관이 경영권을 가졌던 법정관리 제도보다 회생의 기회가 훨씬 크게 확대된 것이다. 그럼에도 기업회생 컨설팅 시장은 조용했고 대대적인 홍보를 해야 할 중소기업청이나 중소기업진흥공단, 또는 중소기업중앙회를 비롯한 유관단체 중 어느 곳도 이에 관심을 가지고 있는 것 같지 않았다. 특히 중소기업진흥공단은 중소기업 자금 지원 또는 경영컨설팅 지원 전문 국책기관이면서도 말이다.

중소기업진흥공단 사업전환센터 담당 과장을 찾아갔다. 초면인데도 당시 이승윤 과장은 친절했고, 제안 취지를 재빨리 알아차릴 만큼 유능해 보였으며, 검토해 보자는 화답을 얻을 수 있었다. 나도 이때서야 중소기업진흥공단의 중요한 기능과 우수 직원들의 존재를 처음 알았다. 몇 번의 미팅 끝에 시범사업으로 확정되었다. 3억 원의 예산 배정에 불과하였지만, 기업회생 신청기업당 컨설팅 비용 3천만 원의 80%를 정부에서 지원받을 수 있는 새롭고 획기적인 제도가 나의 아이디어에 의하여 탄생된 것이다.

중소기업 전문 공인 경영컨설턴트인 경영지도사를 비롯하여 회계사 및 변호사까지 컨설턴트사로 등록 자격이 주어졌었고, 내가 설립한 ㈜한국기업회생연구소가 기업회생 컨설팅 회사 1호로 등록되는 영광도 얻었었다.

○ 개인 및 기업회생컨설팅에 대한 법무부 유권해석

채무불이행자들의 개인회생 및 파산면책 개시신청서의 법원 제출 대행은 법무사들의 역할이다. 하지만 기업회생절차의 경우는 법원 출석을 해야 하기 때문에 대리권이 없는 법무사는 신청 대행이 불가능하다. 따라서 연구소가 입주하고 있었던 로펌과 기업회생 신청 및 법률서비스 대행에 관한 계약을 맺었다. 동시에 동 로펌에서 우리 연구소 주식 10%를 인수하여 로펌의 부설 체제로 운영하면서 '선진재기제도' 시스템을 본격적으로 구현해 볼 생각이었다. 그래서 로펌이 준비해 준 대로 기업회생 컨설팅은 연구소가 담당하고, 법률 서비스를 비롯한 법원 신청 대행은 로펌이 맡기로 하는 내용의 계약서에 서명하였다.

이와 같이 서울법대 연구과정에서 배운 대로 선진재기제도 체계를 갖추었으면 도산 업무 컨설팅의 법적 근거는 확실하게 확립된 것으로 판단되었다. 하지만 나뿐만 아니라 내가 교육하고 있는 회생경영사 모두가 안심하고 일할 수 있는 체계와 성공 사례를 만들어야 하는 입장에서 더욱 확실한 재기시스템 구축이 필요했다. 따라서 법무부에 유권해석을 의뢰해 최종 답을 받아보기로 작정하고 의뢰서 공문을 보냈다. 만일 불법이라고 하면 사업을 접고 확실하게 합법적인 방법으로 취업을 하든지, 아니면 아예 손을 뗄 생각이었다.

법무부를 직접 방문하여 담당자에게 설명하는 등 우여곡절 끝에 '위법 여부는 조사해 봐야 알 수 있겠다'는 회신을 받았다. 도대체 일을 하라는 건지 말라는 것인지 정확한 답을 알 수 없어 전화로 물었다. 마음 한편으로는 그동안의 시행착오도 많았고 너무 힘들어서 회신 결과에 따라 사업을 포기하고 싶은 생각이 더 컸었다. 그런데 당시 이 법무관은 계속 사업을 할 수 있도록 하기 위한 고육지책의 회신이라고 하였다. 취지가 채무불이행자와 부실중소기업을 구제하는 착한 사업이고, 나의 열정에 화답을 해준 것이라는 첨언도 덧붙여 주었다. 특히 연구소가 법무사와 법원신청대행 계약을 통하여 처리하는 개인회생 및 파산면책의 경우는 잘된 시스템이란 평가를 받았다. 더불어 기업회생의 경우도 연구소와 의뢰자 간에는 회생 컨설팅 계약을, 의뢰자와 로펌 간에는 법원 신청 및 법률서비스 계약을 각각 별도로 체결하여 '2원화' 하는 것이 일괄계약 방법보다 훨씬 더 안전하다는 조언도 들었다.

이것으로 개인 및 기업회생 컨설팅 법적 시비는 완전히 해소된 것으로 믿고 안심하며 자신 있게 회생전문가 양성과 기업회생컨설팅 사업에 매진할 수 있었고, 더 이상의 법적 요건에 관한 관심은 잊었었다.

05
퇴출기업 문제로
청와대 긴급대책회의 초대

○ **매년 반복되는 86만 퇴출기업 해소 청와대 대책회의 참석**

2011년 12월 29일. 한 해를 마무리해야 할 시기인데도 청와대에
서 긴급대책회의가 소집되고, 이 회의에 민간대표로 초청되었다. 경
제수석실의 한 비서관이 주재하고 백 행정관, 중소기업청의 벤처정책
과장과 담당 서기관, 대학교수, 회계사, 변호사 그리고 나까지 8명이
모여 '매년 퇴출되는 86만 중소기업 및 자영업자 문제를 어떻게 해
결할 것인가' 하는 주제를 놓고 토론이 벌어진 것이다. 청와대와 중
소기업청이 먼저 준비한 연대보증 제도 개선 방안과 실패 기업인들
의 재창업 지원 방안 등 발표할 내용에 대한 의견들을 먼저 개진한
다음 본격적으로 퇴출기업 문제에 대한 토론이 시작되었다.

나는 그동안 미국의 선진재기제도를 구축하기 위해서 노력해 온
즉, 회생전문가 양성, 수요자 중심의 민간 단체 설립, 전치주의前置
主義 도입 등의 법적근거를 마련하여 약 200만 부실 징후 중소기업
및 자영업자, 그리고 86만 퇴출 중소기업들의 선제적 구조조정 필

요성 등을 강조했다. 그리고 나의 정책제안으로 이미 중소기업 진흥공단에서 실시중인 기업회생컨설팅 비용 정부지원제도 예산 3억 원을 최소 300억 정도로 대폭 인상해 줄 것을 역설했다. 단번에 큰 폭의 예산 증액은 불가능하다 하더라도 3억 원의 시범사업 예산은 너무하다며 최소 30억 원이라도 마련해 보라는 한 비서관의 검토지시가 떨어졌다. 2012년 예산은 이미 국회통과 직전이어서 자연스럽게 2013년 예산에 반영될 수밖에 없었다.

이와 같은 청와대 대책회의를 계기로 기업회생 컨설팅 성공에 대한 확신을 더욱 갖게 되었다. 이에 따라 신용상담연구소를 한국기업회생연구소로, 신용상담사라는 명칭을 회생경영사로 추진하려던 한국신용상담사협회를 한국기업회생경영협회로 모두 명칭 변경하고 본격적으로 기업회생 컨설팅 중심의 '선진재기제도' 구축에 나섰다.

○ 서울중앙지방법원의 회생컨설팅 지원 개선방안 심포지엄

2013년 3월 서울 중앙 지방법원 회의실에서 '기업회생컨설팅 지원개선방안 심포지엄'이 열렸다. 중소기업청 벤처정책국과 서울 중앙지방 법원 파산부 공동 주체였고 파산부 판사, 금융위원회 서기관, 중기청의 벤처정책과장이 패널들이었고 주로 회계사 및 변호사들이 참관자들이었다.

문제는 증액된 기업회생컨설팅 지원 예산 30억 원을 어떻게 효율적으로 사용할 것인가였다. 그러니까 내가 청와대 대책회의에 가서

금융인의 반란

컨설팅 지원 예산 증액을 건의하여 채택된 바로 그 예산인 것이다. 결론은 신청 기업의 기업회생 컨설팅 필요 여부를 사전 진단 절차인 '진로 제시 컨설팅'을 먼저 실시한 후 적격 판정인 경우에만 컨설팅 비용을 지원하고 동 진로제시컨설팅 자격은 조사 위원 자격을 가지고 있는 회계사에 한하도록 변경된 것이다.

중소기업 컨설팅 전문 경영지도사 공인자격을 근거로 컨설팅 비용 정부지원제도를 중소기업진흥공단에 최초로 제안하여 채택하게 하고, 청와대 대책회의에 참석하여 30억으로 예산 증액을 건의하였던 당사자인 나는 진로제시컨설턴트 자격에서 자동 배제되는 희한한 결과를 낳았다. 재주는 곰이 넘고 돈은 떼 놈이 번다는 속담이 떠올랐다.

더욱 기가 찬 것은, 부도 직전의 중환자인 회생 신청 기업을 놓고 응급조치가 필요할 텐데도 입원 여부를 판단할 건강검진을 먼저 받게 한 후 그 결과를 보고 응급조치하겠다는 발상이었다. 현실을 모르는 탁상공론의 산물인 것이 명백했다. 심포지엄 내내 악착같이 발언권을 얻어 개선 방안을 개진해 보았지만 마이동풍이었다. 공동주체 기관끼리 사전 실무협의를 통하여 확정된 안을 발표한 것일 텐데 내 의견이 반영될 리가 만무했다.

경영지도사가 배제된 것도 어찌 보면 경영지도사협회의 자업자득인 셈이기도 했다. 회생컨설팅 정부지원제도가 확정된 후, 경영지도사들이 부실중소기업들의 구조조정 컨설팅 시장을 함께 선점할 수 있도록 노력하자는 제안을 경영지도사 협회에 발의하고 동시에 홈페이지 공지사항을 통하여 회원들에게 홍보했었다. 하지만 오히려 회장 선거와 관련된 내분에 휘말려 있어서 누구 하나 거들떠보지 않았으니, 타 직종에게 빼앗기는 것이 너무나 당연하겠다는 생각이 들기도 한 것이다. 그 후에도 중소기업청의 권고에 따라 경영지도사 협회 기업회생위원장을 맡아 활성화시켜 보려 애써봤지만, 협회의 내분 끝에 회장이 교체되는 바람에 이것도 유명무실하게 되었었으니 무슨 할 말이 있겠는가?

06
부실기업과 실패기업인
재기는 금융인의 사명

○ 성공한 금융인의 뒤늦은 참회와 사명

1966년 조흥은행에 정규 입행하여 2002년 예금보험공사의 파산
관재인으로 정년퇴직할 때까지 채권자 측에서 37년, 회생컨설팅 및
회생전문가 양성 목적의 회사를 창업하여 금융소비자 편에서 13년,
도합 50년을 채권·채무 양측에서 일했다. 금융기관에 근무하는 동
안 산전수전 다 겪어가면서 누가 봐도 성공한 금융인으로 평가받을
만하다고 자부했었다. 재직하는 동안 징계는 물론 조그만 금전사고
한 번 당한 적 없이 국민포장, 은행감독원장 및 은행장 표창을 받았
고 노조위원장, 주요 부서 지점장과 부장, 그리고 저축은행 사장까
지 무난하게 마치고 정년퇴직을 하였으니 말이다.

그러나 선진재기제도 구축을 위하여 금융소비자 편에서 뛰었던
13년간은 실패의 연속으로, 온갖 고통과 시련, 그리고 막대한 사재
만 축내고 말았다. 정부와 채권 금융기관이 오랫동안 유지하고 있는
기존 제도에 대항하여 이를 혁신해 보겠다는 개인의 무모한 도전이

가져온 필연일 수도 있겠다는 생각도 들었었다. 그렇지만 많은 부실 기업과 실패 기업인이 양산되는 현실이 미국과 같은 선진제도를 필요로 하고 있었고, 학문적 당위성도 충분하다고 생각했기 때문에 포기하지 않았다. 또한 부실 원인 제공이 지난 환란과 잦은 금융사고 등 소위 고장 난 금융에 기인한 것이 분명한 데다, 그 당사자 중 한 명이었다는 금융인으로서의 참회가 더해져 끈질기게 도전하였던 것이다. 그나마 다행인 것은 가치지향적인 일이라는 자부심 덕분인지 연속된 참담한 실패에도 불구하고 내 건강만은 해치지 않고 잘 버티어준 것이다.

지난 13년간 외롭게 추진해 왔던 선진재기제도 정착을 위해서는 아직도 갈 길이 멀다. 회생전문가 1만 명 양성과 협회의 육성, 그리고 관련 법 개정 등 숱한 과제가 남아있지만 공권력에 의하여 하루 아침에 중단될 수밖에 없었다. 이제 다시 재추진하기에는 심신이 피폐해져 있고 역부족이어서 최소한 그 초석만이라도 확실하게 남기기 위하여 이 글을 쓰고 있는 것이다.

다시 한번 생각해 봐도 일생을 금융인으로 살아온 사람이 금융피해자 편에 서서 일을 한다는 것은 금융기관이 금융피해 원인 제공자임을 확인했고 결자해지 원칙에도 부합함을 확신하기 때문이다. 우리 시대 금융인 삶의 최고 가치였던 청렴과 신뢰를 바탕으로 고객이 맡겨준 자금을 투명하게 생산적으로 운용해야 한다는 무언의 사명을 끝까지 실천했어야 한다는 의미다. 더 나아가 금융과 기업은 자본주의의 근간일뿐더러 우리 경제의 중추적 역할을 담당하고 있는 동시에 여기에 나라의 미래가 달려있다. 그런데도 불구하고 평생 몸바쳐 일해온 조흥은행, 동화은행, 신 중앙 저축은행 모두 간판이 떨어졌고, 이 은행들의 주주 및 고객, 그리고 부하 직원들에게 끼친 피해와 고통을 상상해 보면 소름 끼칠 정도다. 이것이 바로 금융소비자 편에 서서 부실기업과 실패자들의 재기를 위한 선진제도 도입에 올인한 가장 직접적인 이유다.

오늘날의 금융을 담당하고 있는 금융회사 임직원들도 IMF 환란 당시보다 어쩌면 더 어려운 금융환경의 변화를 맞고 있는지도 모른다. 제4차 산업혁명의 급속한 변화 속에서 금융회사를 둘러싼 모든 이해 당사자들의 희생이 최소화될 수 있도록 철저하게 대비해야 한다. 인터넷과 모바일 뱅킹의 눈부신 발전은 금융업의 코스트를 절감시켜 줄 것이지만, 핀테크 기술 발전과 ICT 기업들의 새로운 시장 진입으로 금융업의 경계가 허물어지고 있다. 따라서 이러한 급속한 변화에 적응하지 못하는 금융회사는 반드시 도태될 것이다.

금융업은 규모의 경제가 필요한 산업이지만 규모를 키우는 것만이 능사는 아니다. 금융소비자의 부실과 실패를 선제적으로 차단하여 금융회사 부실로 전가되지 않도록 고객과 함께 동반 성장을 추구할 수 있는 신경영을 통하여 금융소비자들의 생로병사生老病死를 챙겨야 할 때다. 고객들이 어떻게 창업하고 그들의 사업이 어떻게 유지, 경영되고 있는지 거래처들의 라이프사이클 전 과정을 면밀히 동행하여 그들과 어떤 방식으로 함께 성장해 갈 것인가에 대하여 끊임없이 소통하면서 더 이상 부실기업과 실패 기업인들이 양산되지 않도록 사명감을 가져야 한다는 말이다.

○ 금융인들에게 적합한 평생직업 '기업회생경영사'

사회에 나온 금융인들처럼 전문성을 인정받지 못하는 직업도 드물다. 법원과 검찰, 그리고 국세청 공무원들은 일정 기간 근무 후 퇴직하면 법무사 및 세무사 자격 취득 시 우대를 받고 여생 동안 활동하며 살아간다. 그런데 우수한 금융인 출신들은 대부분 은퇴 후 먹고 논다. 시장에서 은행원 출신을 필요로 하는 수요도 없고, 내세울만한 전문성도 없기 때문에 통하지 않는다. 금융연수원에 여러 가지 자격증 과정이 개설되어 있어도 시장에서 생계를 유지할 만한, 벌이가 될 수 있는 자격증은 못 되는 것이다.

또 다른 이유를 찾는다면 리스크와 도전을 싫어하는 금융인 특유의 속성을 들 수 있다. 동서양을 막론하고 금융업은 보수성이 강하고 안정성을 추구하는 특성을 지닌다. 정글의 법칙만이 존재하는 시장에서 위험을 감수하기보다는 피하는 데 익숙해져 있어서 도전의식이 약하다. 한마디로 평생 제도권 속에서 온실의 화초처럼 곱게 자란 탓이다. 따라서 약육강식의 적자생존 원칙만이 처절하게 지배되는 정글에서 살아남을 수 있는 자생력과 야성을 찾아볼 수 없는 것이다. 시장에서 10여 년 실패를 경험한 내 입장에서도 리스크를 기피하는 금융인의 습성을 따르는 편이 어쩌면 더 현명한 판단이었을지도 모른다는 생각이 드는 것을 부인할 수 없다. 만일에 이것저것 도전했다가 실패라도 해버린다면 그 피해는 생각보다 크고 깊을 수 있을 뿐만 아니라 재기하기에는 여생이 짧기 때문이다. 그러므로 적어도 퇴직 전에 자기 적성과 은행 경력에 맞는 일을 하기 위한 제2의 인생에 철저히 대비하여야 한다.

그런 입장에서 보면 '기업회생경영사'가 적합하다. 한계기업의 회생 컨설팅은 기업의 금융 채무 구조조정 업무라서 회계사나 변호사보다 은행원들이 월등히 이해도가 높다. 그뿐 아니라 기업 경영에 대한 식견도 상대적으로 많기 때문이다. 원래부터 구舊 법체계에서의 법정관리 업무는 은행원들의 사후관리 업무 영역에 속했었다. 더구나 기업금융 취급 시 신용 조사, 여신 심사, 대출 담보 취득 및 사후관리 등 기업의 재무관리에 대한 경험이 다양하고 풍부하다. 기업회생 실무에 있어서도 회생 절차 개시 결정 후 채권 및 채무 확정 절차와 회생 계획안을 작성하는 일, 그리고 동 계획안에 대한 채권자의 동의를 얻기 위한 채무조정 협의 시 은행 사정을 잘 이해할 수 있기 때문에 매우 유리하다. 더불어 부실기업의 회생경영을 통하여 정상화된다면 은행 자산의 건전성 향상에도 기여할 수 있어서 양수 겸장인 것이다. 거래기업과 고객이 건강해야 은행 건전성이 담보될 수 있지 않은가?

더구나 구조조정 및 회생 컨설팅 시장규모가 크게 성장하고 있는 선진제도여서 미래지향적이며, 은퇴 후에 적합한 가치 지향적이고 사회 공헌적인 일이다. 금융인들이 관심 가지고 평생 직업으로 '회생경영사CTP'에 도전해 볼 것을 자신 있게 권하고 싶다.

Part 3

'선진재기제도' 수용과 '다산다사'주의 타파

01
중소기업
다산다사(多産多死)주의
해소 대책

○ **매년 90만 창업 및 퇴출 악순환 천적과 백기사 길러야**

국세청 자료 기준으로 중소기업 및 자영업자 수가 약 650만 개 정도라는 게 정설이다. 그런데 이중 90만 개 내외가 매년 창업과 퇴출이 반복되는 다산다사주의 악순환에 빠져있고, 버젓이 간판을 유지하고 있는 총 중소기업과 소상공인들의 30%, 약 195만 개 정도가 영업이익으로 이자도 감당 못하는 부실징후기업이다. 또 그중 10% 정도가 3년 연속 적자로 잠재적 기업회생 대상인 한계기업들이다. 도대체 왜 이 지경일까?

IMF 환란 이후 계속되는 구조조정으로 조기 퇴직 추세가 요지부동이어서 600만 비정규직이 상존하고 있다. 베이비부머 세대의 은퇴 시기까지 맞물려 낙후된 사회보장제도와 노후 준비 부족으로 먹고살기 위해서 뛰어든 절실한 생계 수단 창업이 만연되어서다. 지상에 자주 보도되는 바와 같이 경제협력개발기구OECD 가입 국가 중에서 자영업자 비율이 가입국 평균의 2배를 상회하고 있는 것이다.

그렇다면 왜 이들은 죽음의 계곡Death Valley을 넘지 못하고 5년 내 생존율이 20%대에 머무르고 있는가? 이들의 소위 5대 창업아이템이라는 음식 및 커피 전문점, 편의점, 소매점, 미용실, 치킨 집 등이 전체 창업의 90%를 차지하고 있어서 영업환경이 치열하고, 잔인한 생존 경쟁에 노출되어 있기 때문이다. 열악한 사업 구조에 월 소득 1백만 원 남짓 버는 가계가 약 30% 정도인 데다 경영능력 결여, 대출이자와 임대료 부담, 심지어 사업 실패에 따른 황혼이혼과 같은 가족해체 등의 연유로 채무불이행자의 나락에 떨어지는 것이다. 이같은 원인으로 다산다사주의 악순환이 반복되고 있으며, 종래에는 천문학적인 사회적 매몰비용이 발생한다. 그뿐만 아니라 막대한 일자리 상실과 금융 부실로 이어져 결국 중산층 붕괴와 함께 빈부 양극화의 가장 큰 원인이 된다.

따라서 이러한 악순환의 고리를 차단하기 위해서는 먼저 이들의 부실을 막아주거나 치유할 수 있는 금융, 즉 기업 부실의 천적도 될 수 있는 금융의 선도적 역할이 필요하다. 아울러 금융의 우월적 지위를 이용하여 소비자들에게 불리한 상품을 판매하거나 과도한 금융을 제공했을 때 이를 치유할 수 있는 백기사 역할인 회생전문가Firm Doctor, 즉 기업회생경영사CTP가 필요한 것이다. 기업회생경영사 1만 명 양성과 함께 선진재기시스템이 시장에서 자율적으로 잘 작동되어야만 견제와 지원 시스템이 균형을 이루게 되어 자연스럽게 다산다사多産多死주의가 해소되고, 부실기업 발생이 차단될 수 있는 것이다.

○ 이스라엘 창업지원제도 본받으면 1거 3득 된다

지금도 우리나라 중소기업자금 대출은 창업기의 시설 자금과 성장기의 운영 자금에만 몰려있는 것이 현실이다. 이런 자금을 대폭 전용하여 기술집약적인 벤처 기업의 모험 자본으로 출자 전환해 보자. 기술 경쟁력을 갖춘 창업자들에게 소요 자금과 기간에 맞추어 시설 자금 대출 지원 대신 우리에게도 잘 알려진 이스라엘 '요즈마 펀드' 처럼 일정 자금은 이자 지급과 상환 부담이 없는 출자금으로 투자해 주자는 뜻이다. 요즈마 펀드는 성공하면 시세 차익과 배당 수익을 얻고 실패하면 땡이다. 그래야 될성부른 스타트-업start-up이 키워진다.

또한 우리나라 병영문화도 이스라엘처럼 과감하게 혁신해 보면 어떨까? 이스라엘은 우리나라와 비교할 수 없을 만큼 위험한 중동의 화약고라는 것은 주지의 사실이다. 이스라엘을 반나절만 여행해 봐도 바로 느낄 수 있다. 이 나라는 사람이 모이는 곳은 언제 어디든 무장경찰의 경계가 삼엄하다. 검문검색을 당할 만큼 오랜 분쟁과 테러에 노출되어 있고, 좁은 내수시장, 그리고 척박한 자연 등 우리와 달리 창업에 매우 불리한 환경임에도 오히려 창업국가로 세계에서 으뜸 아닌가? 그 이유는 놀랍게도 병영문화에서 찾을 수 있다고 한다.

군 생활이 우리처럼 입대해서 썩는 것이 아니라 기술을 배우고 익히는 기회라는 점이다. 군에서 보안 및 정밀기계 등을 개발하고, 이 기술이 산업계까지 적용되면서 군과 제조업이 함께 상생할 수 있다는 것이다. 특히 이스라엘은 고등학교 졸업 후 의무복무제이기 때문에 이른 나이에 전역하지만 장래에 대한 아무 걱정이 없단다. 군에서 갈고닦은 기술과 지식을 바탕으로 취업이든 창업, 또는 진학이든 어떤 진로의 선택에도 용이하기 때문이다. 필자가 이스라엘 연수 중 히브리대학을 방문했을 때도 이곳 대학생들은 늦어서 현실적인 취업 결정을 하는 것이 오히려 문제라는 설명을 들은 기억이 있다. 우리처럼 무조건 좋은 대학, 좋은 취직자리만 찾는 경우와 대비되는 점이다.

우리나라도 좁은 국토와 강한 이웃 국가들, 자녀들에 대한 높은 교육열, 심지어 국론 분열까지 이스라엘과 똑같다. 유대인들은 전 세계에 2천 년 동안 뿔뿔이 흩어져 살다가 고국으로 돌아와 세운 나라여서 성장 배경이 매우 다르기 때문에 국론 통일이 어렵고, 우리나라는 고질적인 지역주의와 연고주의 때문에 국론 통일이 어렵다. 다만 유대인들은 어릴 때부터 철저한 집단교육을 통하여 탈무드 등 고전을 교육받으며 정체성을 깨우치고 단합을 이끌어내며 토론 위주 학습에 익숙해진다고 한다. 이런 문화가 자연스럽게 병영문화로까지 이어져 상하 간 소통이 스스럼없이 자유롭다고 한다. 이 같은 문화와 훈련으로 습득된 기질이 기업자율경영으로 발전하여 '후츠파' 정신과 함께 작은 이스라엘을 넘어 세계로 진출, 나스닥 상장기업이 무려 100여 개에 달할 정도라는 것은 잘 알려진 사실이다.

우리도 형식적인 창업 실적과 전시 효과에 매몰되어 탁상공론을 통해 유사한 지원 제도를 양산·반복하지만 말고 이스라엘과 같은 병영문화를 본받아 보자. 고교 졸업 후 즉시 입대하는 병역 의무제

를 실시하게 되면 이를 통해 획기적인 대학 입시지옥이 혁신될 수
도 있다. 또 군대가 인재를 양성하는 인큐베이팅 역할을 할 수 있는
병영문화를 만든다면 청년실업 해소와 창업 활성화까지 일석삼조의
효과를 얻을 수 있음으로 이와 같은 특단의 혁신대책을 세워보자.

○ 중소기업의 생로병사生老病死 선순환 컨설팅 시급하다

정부와 정치권에서 입버릇처럼 민생문제에 대한 관심과 대책을
끊임없이 발표하고 있고 특히 선거철만 되면 더욱 기승을 부렸다가
사라지는 민생지원은 너무 상투적이다. 민생문제를 제대로 파악하
지도 못하고 단지 표심 얻으려 재래시장에 나가 상인들과 악수하고
사진 찍고 영혼 없는 민생 구호만 부르짖어서는 중소기업과 소상공
인들의 다산다사多産多死주의 병폐가 개선될 리가 없다. 앞으로 태어
날 창업은 둘만 낳아 잘 기르도록 했던 산아제한 정책과 같이 무분
별한 창업은 차단해야 하지만 이왕 태어난 기업은 퇴출되지 않고 건
강하게 잘 키워내야 한다.

신자유주의자들이 전가의 보도傳家之寶처럼 경쟁력 없는 좀비기업
은 속히 퇴출시키는 것이 좋다는 허구를 함부로 적용해서는 안 된다.
이는 서구 자본가들의 약육강식 수단일 뿐이기 때문이다. 한계기업
들일지라도 선진재기제도를 잘 활용·치유하면 얼마든지 장수할 수
있다. 성숙기 및 쇠퇴기에 있는 부실기업들의 회생경영 컨설팅 기법
을 개발하여 기업의 라이프 사이클 즉, 창업, 성장, 성숙, 쇠퇴기 전
생애에 걸친 경영애로를 타개할 수 있는 선순환 컨설팅 시스템을 갖

추게 되면 장수기업이 될 수 있음에도 현 제도는 불균형적이고 불공평한 상태다. 그 내용을 살펴보면 다음과 같다.

첫째, 중소기업 정책자금과 컨설팅 지원이 창업기와 성장기에 집중되어있어 성숙기와 쇠퇴기 기업들에게는 불공평하다.

둘째, 기업 전반부 경영애로 컨설팅 전문가가 공인 경영지도사들인데, 시장의 신뢰도가 높지 않은 바, 이들도 회계사 이상의 고급 경영컨설턴트로 재무장, 육성하여야 한다.

셋째, 기업 후반부의 성숙기·쇠퇴기 회생경영 전문 컨설턴트는 중구난방이다. 필요할 때마다 대증 요법식 땜질용 돌팔이 전문가만 만들어냈을 뿐, 아직까지도 공인자격증 하나 없다.

우리 협회에서 길러낸 기업회생경영사CTP가 그나마 기업 후반부의 유일한 민간자격증으로 정부기관에 정식 등록되어 있고, 인원도 700여 명에 경영지도사, 은행 간부, 변호사 및 법무사 등 우수한 인재들이 취득했으므로 경쟁력이 큰 편이다. 그러나 이들도 중소기업청에서 인가받은 사단법인 한국기업회생경영협회에서 양성하였건만, 중소기업청 또는 중소기업진흥공단 등 산하기관에서 활용할 생각을 안 하고 외면하고 있다.

따라서 지금부터라도 중소기업지원 정책자금의 균등 분배, 전 생애에 걸친 맞춤식 컨설팅 전문가 양성과 수요자 중심의 민간단체 육성, 그리고 당사자 간에 자율적으로 컨설팅 할 수 있는 확실한 법적 근거 등을 만들어 시장에 제공하여야 한다. 그렇게 되면 부지불식간에 선순환 생태계가 잘 작동되어 중소기업 다산다사多産多死주의가 자연스럽게 사라지게 될 것이라 확신한다.

○ 부실기업 회생경영컨설팅 제도 수요자 위주로 혁신해야

우리나라 650만 전체 기업 중 30%가 영업이익으로 이자도 감당 못하는 부실 징후 기업이고 그중 10% 정도가 3년 연속 적자를 기록하는 한계기업으로 분류되고 있음은 앞서 말한 바 있다. 총 한계기업 중 약 10% 정도가 법인인데, 이들 법인 기업만이라도 신속하게 기업회생절차를 통하여 선제적으로 대응할 수 있는 시스템을 갖추게 되면 회생률이 높아질 것이다. 그런데도 채권 금융기관의 연례행사로 진행하고 있는 신용위험평가 제도에 근거한 워크아웃 숫자가 매년 1,400개 내외 기업에 불과하고, 법원의 기업회생절차 신청자는 1,600개로 합계 3,000개 수준에 그치고 있어서 발생 대비 6% 정도만 제도권의 수혜를 받고 있는 셈이다. 그러니까 나머지 한계기업의 94%는 스스로 자발적 구조조정을 통하여 정상화하거나, 죽음의 계곡을 넘지 못하는 기업은 퇴출될 수밖에 없는 것이다.

실상이 이런데도 관계기관 대책회의에 가보면 기존 제도의 골격은 유지한 채 일부 내용을 보완하거나 조정하는 선에서 준비된 결론을 확인하고 끝난다. 나는 토론장에 갈 때마다 현現 제도의 문제점과 획기적인 선진제도 도입의 필요성을 개진해 보지만, 대개 받아들여지지 않거나, 간혹 추후에 일정 부분만 반영하는 경우가 있었다.

어찌했든 현재 기업구조조정 제도의 문제는 기본적으로 자금을 공여한 채권자는 아무 책임이 없고, 오로지 채무를 상환하지 못하는 채무자에게만 부실책임이 있다는 전제하에 채권자 중심으로 모든 절차가 진행된다는 점이다.

중소기업 워크아웃의 경우 기본적으로 채무기업에게는 신청 권한조차 없이 채권자 일방이 '신용위험평가 제도'라는 이름으로 워크아웃 대상을 선정한다. 그리고 이들을 다시 4등급으로 분류, 1등급은 자발적 구조조정, 2등급은 워크아웃 진행, 3등급은 기업회생절차, 4등급으로 분류된 기업은 강제 퇴출시킨다. 따라서 회생 기회가 되어야 할 워크아웃 절차가 일부 기업 외에는 사실상 회사 정리절차 대상이 되는 꼴이다.

상황이 이럴진대 누가 워크아웃을 희망하겠는가? 이미 일몰日沒된 동同 법에 대한 문제를 놓고 한동안 갑론을박 하다가 금융당국의 필요성 제기에 따라 또다시 5년짜리 한시법으로 여야 합의하에 통과시켰다는 보도다. 이번에는 다행히 과거보다 기간은 길어졌다지만 한계기업 전체에 대한 선제적 구조조정을 통해 회생할 수 있는 상시 법체계를 갖추어야 마땅함에도 미봉책에 그치는 것이다.

매년 퇴출되고 있는 법인 기업을 제외한 대부분의 자영업자 및 소상공인 경우도 신용회복위원회의 워크아웃 신청과 법적 조정 신청건을 합산해 도합 24만 건 내외의 구제절차가 제도권에서 처리되고 있다. 해마다 90만 건 내외가 회생의 기회를 얻지 못하고 퇴출 처리되고 있는 현실과 비교해 보면 아직도 개선하여야 할 점이 많다. 이를 위해서는 미국식 전치주의前置主義 도입이 시급하다 할 것이다. 그래야 채권·채무 당사자 간에 자율적으로 채무조정·중재를 통하여 선先 해결하게 됨으로 채권자는 신속한 추심과 회수율 증대 효과를, 채무자는 기존 제도에 의한 채무 조정 시 수반되었던 신용 추락을 방지할 수 있어서 정상적인 경제활동을 이어갈 수 있는 것이다. 또 당사자 간 사적 조정 합의가 결렬될 경우에만 법적 조정을 신청하므로 파산법원 업무량 감소에 따른 법률 서비스 향상도 기대할 수 있다.

이와 같이 현재의 낡은 제도를 근본적으로 혁신하기 위해서는 구조조정 및 회생경영의 중심축을 채권 금융기관에서 수요자인 채무자 중심으로 바꾸고, 재기 컨설팅 전문가인 회생경영사를 양성하여 당사자 간에 시장 자율조정 중재를 이끌 수 있는 재기 시스템을 확립하여야 한다.

○ 기업회생경영사는 회생컨설팅 및 채무조정·중재 전문가다

지난 IMF 환란 이후 신용회복위원회의 사적 조정 절차인 워크아웃을 통하여 누적 총 140만 명 정도의 채무불이행자를 구제하였다. 그리고 법적 절차인 개인회생 및 파산을 통하여 거의 같은 숫자의 수백만 채무불이행자가 과중 채무에서 벗어나 재기하였다. 또 부실기업의 경우도 약 1만 개 법인이 기업회생절차를 통하여 정상화되었거나 파산절차를 통하여 정리되었을 것으로 추정되는데, 이는 큰 성과라 아니할 수 없다.

그런데 이같이 수백만 명의 채무불이행자와 부실기업들은 도대체 누구의 도움을 받아 처리되었을까? 신용회복위원회 상담 직원들은 다행히 금융회사 출신들이고 최근에는 신용상담사 자격증 제도까지 시행하고 있어서 신용 상담업무 수행에 무리가 없을 것이다. 그러나 기본적인 채무조정 중재자의 자질과 소양은 기대할 수 없다. 왜냐하면 중립적인 조정자 역할보다는 채권 금융회사의 이익을 위한 대리인에 불과하여 중립적인 중재 기능은 배제되었을 것이기 때문이다.

반면에 법적 조정의 경우는 법무사 또는 로펌을 통해서 처리되었을 것인데 대부분 흔히 말하는 불법 브로커로 지탄받는 무자격 도산 사무장 손을 거쳤을 개연성이 매우 높다. 변호사들은 직접 할 수 있는 수임료가 나오지도 않을뿐더러, 시험을 거치지 않은 법무사의 경우도 그 업무를 제대로 알고 신청서를 작성할 수 있는 문서작성 능력이 부족하기 때문이다. 심지어 일부 회생 및 파산 전문 젊은 변호사를 제외하면 개인회생 및 파산 업무는 자존심을 내세우며 외면해 온 것 또한 현실이었으니 사실 논할 가치조차 없는 것이다.

기업회생절차의 경우도 대부분 금융인 출신 또는 회계사의 도움을 받아 법원 신청 서류들이 작성되고, 법원 접수 시점부터 법원 출석 등 법률 서비스에 한하여 변호사들이 맡고 있는 현실도 부인하지 못할 것이다. 다만 최근 로스쿨 출신 변호사들이 쏟아져 나오면서 양상은 상당히 변하고 있는 것도 현실이기는 하다.

이와 같은 도산 시장 상황 때문에 선진재기제도와 회생전문가인 기업회생경영사제도가 절실히 필요하다. 실무 면에서도 파산법원의 원만한 법정관리 절차 진행을 위해서 전문위원들이 판사들의 도산 업무를 보좌하고 있는 것과 같이 수요자들인 기업회생 신청기업들에게도 기업의 대표가 법정관리인으로 선임되는 현 제도하에서는 회생전문가의 법정관리 업무 지원이 절실히 필요하다. 현재의 법정관리인 양성 단기과정 이수자들을 구조조정전문가CRO로 활용하는 수준은 오히려 업무 진행에 혼선만 초래할 뿐 실질적 도움에는 어림없다. 교육 과정에 아예 법정관리 실무는 포함되어 있지도 않기 때문이다. 특히 절박한 상황에 놓여있는 부실기업회생 또는 실패 기업인의 재기라는 막중한 일을 도와주는 전문가가 따라붙어야 양질의 서비스는 물론이고 합리적인 컨설팅 비용과 철저한 신청 서류 작성, 나아가 가계 재무관리와 기업회생경영 및 채권기관과의 고도의 채무조정 지원까지 받을 수 있는 것이다.

따라서 변호사들의 경우도 도산사건은 신청 사건이라는 특성 때문에 신청인을 대리할 수 없는 본질을 이해해야 함은 물론 무자격 도산 사무장에 의한 잦은 사고에 노출되어 있다는 점을 직시해야 한다. 그리고 이의 개선을 위해서도 전문지식과 도덕성을 갖춘 기업회생경영사 제도를 적극 수용하는 자세가 절실함도 인정해야 한다.

02
미국식 기업회생경영(CTP)
제도의 이해

○ **미국 제도 벤치마킹한 '기업회생경영사' 1만 명은 요구된다**

빚더미에 짓눌린 채무불이행자들의 재기를 돕고 성숙기와 쇠퇴기에 있는 부실 징후 중소기업들을 정상 기업으로 회생될 수 있도록 회생경영을 컨설팅 하는 구조조정 전문가가 기업회생경영사다. 현행 채무불이행자들의 개인채무 조정은 채권자 단체인 신용회복위원회가 주도하는 사적 조정 절차와 법원의 법적 조정 절차인 개인회생 및 파산면책 절차로 나뉜다. 그리고 부실 징후 기업은 채권단의 워크아웃 사적 조정 절차와 법적 조정인 기업회생절차로 2원화되어 있다.

이런 시스템에서는 채무불이행자와 부실징후 기업들의 워크아웃은 채권자 중심의 채무조정이란 한계는 있으나 업무처리 방식에는 큰 문제가 없다. 그러나 근본적으로 부실대출을 공여한 당사자의 책임은 외면한 채 부실대출의 모든 책임이 금융소비자인 채무불이행자와 부실기업에게만 있다는 전제하에 채권기관 스스로 조정해 주는,

병 주고 약 주는 식이어서는 불공정한 방식이라 지적하지 않을 수 없다. 조속히 이를 시정하여 중립적인 회생경영사들의 회생컨설팅과 중재를 통하여 채무조정이 이루어지는 선진국 제도 확립이 화급한 이유다.

채무불이행자 및 부실기업들의 법적 조정 절차에 있어서도 복잡한 법정관리 업무와 많은 비용은 물론 오랜 기간 소요되는 경제 주체의 생사를 가르는 대부분 금융채무조정 과정이어서 고도의 전문성이 요구된다. 그럼에도 불구하고 최소한의 금융 경험도 없는 법조인의 특성 때문에 도산 사무장들에 의하여 주도되고 있고, 법무사 또는 변호사 명의로 접수되는 탈·불법의 온상이 되고 있는 것이 솔직한 현실이다. 따라서 이러한 문제를 해결할 수 있는 대안이 선진 재기제도이고, 이 중에서도 회생경영사 제도가 필수불가결한 요소인 것이다.

도산 시장 규모에 있어서는 현재 연간 개인의 법적 조정과 기업회생절차를 포함하면 대략 3천억 정도로 추산된다. 그러나 2016년부터 간이회생제도 법 개정으로 신청 건수가 증가 추세이고 잠재적 신청대상인 부실징후 중소기업 수가 수백만 개 수준이 계속되고 있음을 감안해야 한다. 그리고 매년 90만 내외의 중소기업 및 자영업자 퇴출을 고려하면 관련법까지 마련된 후에는 적어도 약 1조 원 도산 시장 규모의 성장은 시간문제라 할 것이고, 이에 관련하여 회생경영 컨설팅에 필요한 회생경영사가 최소한 1만 명이 요구된다 할 것이다.

특히 향후 통합도산법상 미국식 전치주의前置主義를 채택하여 법원 신청 전前에 채권·채무 당사자 간의 강제 채무조정이 이루어진 다면 시장규모는 훨씬 더 커질 것이다. 따라서 이에 대한 대비 겸 본격적인 법률 시장 개방 前에 선진제도를 도입, 정착시켜 구조조정과 도산 시장의 안정, 그리고 도산 서비스의 질적 향상을 꾀할 필요가 있다. 아울러 법조인들의 일거리 창출, 나아가 법률시장 개방에 따른 부의 유출 방지까지도 기대할 수 있도록 적극적인 선진제도 정착이 요망된다 할 것이다.

○ 회생경영사의 주요직무와 국책기관 직업능력개발원 등록

〈자격기본법〉 제17조 민간자격의 신설 및 등록 등 근거조항에 따르면 민간자격을 신설하여 관리운영하려는 자는 주무부장관의 민간자격 관리위탁 국책기관인 직업능력개발원에 등록하도록 규정하고 있어서 기업회생경영사의 경우 등록신청서상의 직무를 부실징후 중소기업의 구조조정, 워크아웃, 기업회생경영, 기업파산정리 컨설팅 업무와 채무불이행자의 개인회생 및 파산 상담과 관련 채무조정·중재 관련 상담보고서 작성 업무로 기술하여 2014년 5월 등록을 마쳤다.

기업회생경영의 개념을 수익률 기준으로 보면 동종업종의 시장 수익률 선상을 크게 벗어난 기업은 재무, 조직, 생산관리와 마케팅 전략 등의 뼈를 깎는 고통이 수반되는 구조조정을 자발적으로 감내해 내야 하고 이런 노력과 혁신을 통해서도 나아지지 않는 경우는 워크아웃을 신청해 채권금융사와 채무재조정을 통하여 해결하여야 한다.

그러나 이보다 훨씬 심각한 생존을 위해 요구되는 최소한의 생존 수익률에 미치지 못하여 장기 적자 또는 자본잠식이 시작되는 기업의 경우는 법원의 기업회생절차를 통해 혁신보다 더 강도가 센 경영 전반에서 생존을 위한 큰 변화가 요구된다. 그리고 이때 작성되는 채무 상환 계획인 회생계획안을 전체 채권자와의 협의조정을 통하여 청산가치 이상의 계속기업 가치를 변제하여야 하는 것이다.

만일에 회생절차에 실패하거나 계속기업가치보다 청산가치가 클 경우는 기업파산 절차를 통한 청산이 필요한데, 이와 같은 법적절차와 관련하여 법원신청 등 법률서비스 이외의 모든 회생경영 컨설팅 업무가 직업능력개발원 등록신청서상의 기업회생경영사 직무범위로 기술되어 있다.

아울러 기업회생절차 진행과 관련하여 오래된 채무의 경우는 늘 연대보증채무가 대두되는데 연대보증채무 문제가 있는 대표이사 또는 대주주의 경우 개인회생 또는 파산면책 절차를 병행하여 해결하여야 한다. 또한 실패 기업인의 경우는 개인이든 사업자든 간에 보증채무 또는 주채무에 대하여 개인회생 및 파산면책 절차를 통하여 해결할 수 있다. 이에 따라 동 상담업무도 자격기본법에 따른 국책기관 직업능력개발원 등록 신청서의 회생경영사 직무기술서에 포함되어 있다.

○ 최고의 회생경영사과정 커리큘럼과 수강생들의 뜨거운 호응

기업회생경영사 교육과정은 미국의 회생전문가CTP 시험과목인 법률, 경영, 재무 및 회계 등도 참고하였다. 그리고 국내에서 개설한 법정관리인 과정에서 배우고 있는 과목을 감안하였을 뿐만 아니라 법정관리 실무 수행 능력을 감당할 수 있도록 회생경영사 과정의 커리큘럼을 설계하였다. 아울러 모든 분야 전문가들의 공통된 애로인 영업 능력을 향상시키기 위하여 마케팅 과목을 넣은 것이다.

특히 탈·불법이 난무하고 있는 도산 시장을 정상화시켜서 절박한 상황에 몰려있는 금융소비자 피해와 로펌의 내부 사고 방지, 그리고 법원의 원활한 법정관리 진행을 고려하여 윤리과목까지 추가했다. 또 다른 기관 유사 과정과의 비교우위를 확실히 점할 수 있는 커리큘럼을 완성하였다.

따라서 교육과목을 기업구조조정 및 워크아웃 관련 이론과 기초적인 재무 및 회계, 마케팅 등 회생경영관련 과목과 채무조정 관련 법률 및 통합도산법의 개념, 그리고 채무불이행자와 부실기업의 회생 및 파산 컨설팅 실무로 구성하였다. 또 교육시간도 회생경영 이론 30시간과 회생 및 파산 컨설팅 실무 30시간으로 배분하여 수료 후 개인의 신용 상담 및 부실기업 회생컨설팅 수행이 가능하도록 목표를 두었다. 강사 선임에 있어서도 관련 저서가 있는 경우는 해당 저자로, 없는 경우는 실무 경험과 전문성을 가진 인사 중에서 발탁하였다.

이러한 교육과목을 전제로 유관 분야 수강생을 대상으로 마케팅 전략을 구사한 바 변호사 및 법무사, 현업에 종사하고 있는 도산 담당 사무장, 금융회사 간부, 또는 예금보험공사 및 파산재단 간부, 경영지도사, 회계사, 노무사, 법정관리과정 이수자, 회생 신청을 고려하고 있거나 기업회생절차를 진행하고 있는 회사의 CEO 및 CFO 등을 적합한 교육대상으로 판단하고 온-오프라인을 통하여 홍보하였다.

그러나 민간자격증인 기업회생경영사 취득 이후 취업이나 창업에 대한 불확실성 때문에, 또는 솔직히 교육사업 경험이 전혀 없는 나의 마케팅 능력 한계 등으로 수강생은 늘 적자 수준에서 모집되기 일쑤였다.

그나마 다행이었던 것은 전국 지방에서 비행기 편에 또는 새벽 첫 고속버스 편에 상경하여 찜질방에서 잠시 눈 붙이며 주말 시간에 공부하는 열성 수강생들이 많았고 이들의 눈물겨운 호응에 보답하기 위하여 계속 주말반을 운영해 온 것이다.

이러한 개척자적인 수강생들은 나의 격정적인 오리엔테이션 강의 2시간을 듣고 나면 얼굴들이 환하게 밝아졌었다. 반신반의했던 회생경영사 과정에 대한 의문이 풀리고 가치 지향적이고 평생직업으로의 가능성 그리고 착한 일이라는 안도감 때문이었을 것이다.

수강생들은 온 가족 또는 부부 그리고 직장동료들이 소개에서 소개로 계속 이어져서 많은 어려움 속에서도 700명을 수료시킬 수 있었다. 다시 한번 회생경영사 과정을 이수하시고 자격증을 취득한 수강생 및 협회 회원 여러분들에게 뜨거운 감사의 마음을 전하고 싶다.

○ 대한법무사협회와 법무사 대상 특별반 공동추진

법무사들이 개인회생 및 파산면책 사건을 제일 많이 수임하고 있으면서도 광고, 상담, 서류작성, 법원 신청 등 일련의 개인 법적 조정 전 과정을 일관되게 수임하는 경우 사실상 의뢰인을 대리하는 경우로 간주되어 변호사법 위반이란 판례가 있다. 따라서 단순 법원 신청 이외 전반에 걸친 도산사건 취급은 위법에 노출되어 있다고 봐야 하기 때문에 상당히 유의하여야 한다.

더구나 개인회생 및 파산신청 업무가 사실상 무자격 도산 사무장을 통하여 전반적인 업무절차를 수행하고 있던 것이 현실이어서 이같은 문제를 해결하기 위해서는 법무사 본인이 회생경영사 민간자격증을 취득하여 법원 신청 이외의 상담 자격까지도 얻는 것이 최선이고 컨설팅 자격증이 없는 경우는 회생경영사와 협업 체계를 갖추어 상담은 회생경영사가 법원 신청은 법무사가 담당하는 협업 체계를 갖추는 것이 불법시비를 원천적으로 차단할 수 있는 유일한 길이라 인식되는 것이다. 특히 이와 같은 방법은 법무부 유권해석 당시 유선상으로 담당자로부터 합리적이라고 확인된 바 있어서 이 회신을 토대로 대한법무사회 내 법제연구소 설명회를 거쳐 당시 임 회장의 투철하신 법무사 직역확대에 대한 집념과 특단으로 법무사 특별반을 공동 주최하여 개설했었다.

당시 법무사회 회장은 직접 수강하는 열성과 동시에 서울중앙지법 파산부 부장판사와 법원 행정처와의 긴밀한 협조체계를 구축해 가면서 법무사 직역확대를 위하여 사심 없이 저돌적으로 노력하셨다. 그리고 심지어 전국 13개 법원 파산부에 회생경영사 자격증을 취득한 법무사들을 기업회생 신청회사의 구조조정 전문가 또는 감사 인력풀로 활용할 수 있도록 우리 협회와 공동으로 추천까지 하였었다. 그러나 협회장임기대회에서 재선에 실패하는 바람에 법무사 직역확대의 결실을 보지 못하고 공동 사업도 중단되고 말았다.

법무사들에게 약 1조 원 규모로 성장하고 있는 도산 시장의 선점 기회와 사회 공헌 차원에서도 과중한 채무에 시달리고 있는 이들을 구제하는 매우 소중한 전문가라는 좋은 평판을 얻을 수 있는 참여 기회를 전후임 회장 간의 인식 차이로 고비를 넘지 못해 안타깝게 잃고 만 것이다.

○ 금융연수원 기업회생 실무 강의 스스로 감격했다

2013년 어느 날 금융연수원으로부터 기업회생실무 전반에 대한 강의 요청을 받고 내심 반가웠지만 고령에 걱정이 앞섰다. 그리고 은행을 떠난 지 15년이 훌쩍 넘어버린 상황에서 과연 해낼 수 있을 지 의문스러웠다. 하루 이틀 고민 끝에 도전하기로 결심하였다.

회생경영사 교육 사업 성공을 위해서도 금융인들의 참여가 꼭 필요했었고, 금융인으로서 후배들에게 은퇴 후의 평생 직업으로도 추천하고 싶은 생각에서였다. 협회의 회생경영사 양성 과정의 통합도산법 강의를 맡고 있었던 변호사와 협의하여 관련 법률은 변호사가 강의하고 기업회생실무는 내가 맡기로 하여 금융연수원에 승낙 통보를 하였다.

그간에 틈틈이 준비해 두었던 기업회생실무 책자를 철저히 수정·보완하여 교안을 작성했다. 협회 교육과정에서도 2시간의 오리엔테이션 특강은 늘 해오던 경험이 있지만, 파워포인트 없이 강의해 왔기 때문에 영상을 활용하는 강의는 처음이었다. 각 은행 차·과장 40명이 수강생이었다. 강의 당일 삼청동 금융연수원에 일찍 도착하여 커피 한 잔으로 숨을 고르고 강의장에 들어섰다. 강단에 서서 수강생들을 마주하는 순간 격세지감이 확 느껴졌다. 전체 수강생들이 어려 보였고 상대적으로 나는 얼마나 늙어 보일까 하는 생각이 스쳐갔다.

간단한 강사 소개에 이어 본 강의가 시작되었다. 3일 동안 10시간이 배정되었는데 전체 강의 내내 단 1분 1초의 오차 없이 명강사처럼 스스로 자랑스러울 정도로 차분하고 자신 있게 강약 조절까지 해가며 정말 후회 없이 준비해 간 강의를 무사히 잘 마쳤다. 사무실에 들러 담당자에게 인사하고 연수원을 나오는 순간 발걸음이 얼마나 가볍고 기뻤는지 모른다. 해냈다는 성취감, 그것도 칠순 나이에 젊은 후배 금융인들에게 새로운 지식을 전해주었다는 자부심, 현직 때도 해보지 못했던 쉽지 않은 금융연수원 강의를 오래전에 은퇴했음에도 잘 해냈다는 만족감은 상상 이상으로 컸었다.

03
창업 13년 만의
㈔한국기업회생경영협회
정부승인

○ **수요자 중심 한국기업회생경영협회 한국 최초 탄생실화**

협회 설립을 염두에 두고 ㈜신용상담연구소를 창업한 지 만 13년 만이고, 협회 설립 신청서를 정부 당국에 제출한 지는 7년, 무려 6번 도전 끝에 2014년 1월 ㈔한국기업회생경영협회KTMA: Korea Turnaround Management Association 설립허가를 받아냈다. 만약에 내가 고위공직자 출신이었거나 정치권에 연줄 하나라도 제대로 있는 사람이었으면 예산 한 푼 없는 협회 간판 하나 따는 데 이렇게 많은 시간과 노력이 필요했을까 싶은 생각이 들었다. 인가증을 받은 순간 기쁘다는 생각에 앞서 허탈감이 먼저 들었던 이유다.

수백만 부실기업과 자영업자, 그리고 실패자들의 회생과 재기를 위한 수요자 중심의 선진재기제도 구현을 위하여 수요자 단체가 절실한 시장 상황에서 당연히 인가받을 수 있는 단체인 것이다. 채무불이행자와 부실기업들의 채무조정·중재 정책개발, 회생전문가 양성교육, 회생경영사들의 권익 보호, 컨설팅 기법 개발 및 연구, 국내외 유관기관들과의 연대 또는 교류를 위해서 꼭 있어야 할 비영리 사단법인이다.

그런데도 2006년 5월 한국능률협회와 공동으로 신용상담사 100명을 양성, 이들을 회원으로 하는 한국신용상담사협회를 창립하여 금융위원회에 사단법인 승인신청서를 제출하였으나 신용회복위원회가 있다는 이유로 접수조차 받아주질 않았었다. 2008년 2월 신 정부가 들어서면서 실시한 '국민제안제도'를 이용해 다시 협회 설립 필요성을 제안해 봐도 접수증 외의 어떤 회신조차 받을 수 없었다. 2011년 11월 29일 청와대 경제수석실 주관 퇴출기업에 대한 대책회의 참석이 새로운 계기가 되어 채무불이행자 위주에서 기업회생 컨설팅 중심으로 자격증 이름과 협회명을 변경하고 중소기업청 서기관 출신을 상근부회장으로 영입, 신청기관도 금융위원회에서 중소기업청으로 변경하면서까지 사단법인 설립을 재추진했다.

공무원 출신에 의하여 새로운 정책 제안서가 만들어졌었다. 부실징후 중소기업 약 200만 및 90만 퇴출기업들의 선제적 대응방안과 이에 필요한 9천억 원의 회생경영 및 회생컨설팅 지원 자금이 소요된다는 예산안까지 포함된 획기적인 정책제안서였다. 평소 상상도 못해 보았던 대형 국책사업으로 변신한 것이다.

이 제안서를 들고 청와대 대책회의에 참석했던 경제수석실 백 행정관을 청와대 연풍문 회의실에서 만나 설명했으나 제정신이냐는 반응이었다. 중소기업청 총예산이 10조 원 수준을 감안하면 너무 가당치 않은 제안이라는 판단 같았다. 사실 부회장이 작성한 맨 처음 초안은 1조 2천억 원으로 작성되었었으나 내 의견을 감안하여 하향 조정된 금액인데도 그 같은 반응을 보인 것이다.

매년 발생되는 86만 퇴출기업들의 사회적 매몰비용 약 172조 원과 일자리 상실 약 172만 개(1사업장당 자산 2억 원과 2인 추정 기준)를 고려하면 사실 많은 게 아니라 오히려 합리적이고 타당한 계획인데도 현실성이 없다는 지적을 받은 것이다. 그러나 이에 개의치 않고 협회설립신청서를 들고 중소기업청 창업벤처국을 찾았다. 협회 상근부회장과 구면이어서 그런대로 대화는 순조롭게 잘 진행되었다. 서로 간에 협회 설립 자체에 특별한 이의가 없어 보였고 설립신청서 상의 자구 일부만 수정하면 될 것 같았다.

역시 전관예우가 다르게 느껴졌다. 마침 벤처정책과장과 위 서기관도 청와대 대책회의에 함께했었고, 그 당시 의견이 많았던 나에 대한 이미지도 좋았던 느낌이어서 한층 안심이 되었다. 만나자마자 지난 대책회의에서 수고가 많았다는 반색과 환영하는 눈치였기 때문이다.

협회신청서 접수 얼마 후 담당 사무관이 협회사무실 실사차 방문 출장을 마치고 협회설립 허가 예정일까지 들려주고 갔다. 모처럼 협회설립이 되는 거였다. 무보수로 고생하고 있던 협회 회장단들이 함께 한정식 정찬까지 나누었다.

그러나 예정일 하루 전날 갑자기 유선으로 설립 불가 통보를 받았다. 사실 협회설립허가 전결권은 과장이라는데도 담당 국장이 반대한다는 귀띔이었다. 부랴부랴 상근부회장이 중소기업청 출장을 다녀와서도 난감한 표정이 역력했다. 이런저런 궁색한 이유를 달았지만 내막은 상근부회장의 전력에 대한 국장의 불신 때문이라는 것이다. 참으로 어이가 없었다. 분명히 내가 신청 협회 회장이고 부회장이 혹 문제가 있으면 교체하면 될 일인데 사적 감정을 공적 업무에 앞세운다는 것이 말이 되는가?

이런 경우 무식하게 대응하면 쉬울 수도 있겠지만 무리하면 언제나 대가를 치르는 법. 물러서서 후일을 기약했다. 다행히 협회의 불승인 대신 한국경영지도사협회와 함께 회생경영사 교육을 먼저 진행해 보라는 차선책을 주선해 주었다. 중소기업청의 주선대로 수용하여 내가 경영지도사협회에 신설된 기업회생위원회 위원장을 맡기로 하고 우선 회생경영사 교육과정을 경영지도사를 대상으로 시작하였다.

한 해를 넘겨 협회를 불승인했던 국장이 바뀌고 청와대 대책회의 때 함께했던 나와는 구면인 행정관이 승진하여 창업벤처국장으로 복귀했다. 이제는 됐다. 협회와 우리를 잘 아는 국장이 부임하였으니 협회 설립은 확실히 가능할 것으로 판단하고 상근 부회장과 함께 백 국장을 찾아갔다.

그러나 뜻밖에도 의외의 반응이었다. 전임 국장이 승인하지 않은 사항을 특별한 변경 사유 없이 승인하는 것은 무리라는 답변이 돌아왔다. 그동안 무보수로 수고해 왔던 상근부회장은 더 이상은 버틸 수 없다며 그만두었다. 설상가상으로 경영지도사협회는 회장 선거와 관련한 내분으로 더 이상 회생경영사 교육 진행마저 어렵게 되고 말았다.

또다시 한 해를 넘기고 신년 초 창업벤처국에 신설되었었던 건강관리팀 권 팀장으로부터 연락이 왔다. 자기들 과에서 협회 설립도 해주고 건강관리팀과 함께 부실중소기업들의 건강관리 컨설팅 사업을 협조하여 잘 해보자는 희소식이었다.

그럼 그렇지! 오랜 시간 무던히 참고 인내하고 기다리니 이런 좋은 소식도 들을 수 있구나···. 중소기업청에 절실히 필요한 제도지 나와는 무슨 이해관계가 있는가? 진작 그렇게 나올 일이지!

그만둔 부회장에게 전화를 걸어 다시 한번 수고를 부탁하여 함께 중소기업청을 기분 좋게 다녀왔다. 이번이 삼세번째다. 그전에도 중소기업청에 내려갈 때마다 건강관리팀장에게도 협회 필요성을 설명했던 사이여서 모처럼 의기투합이 잘 되었고 대화도 순조로웠다. 이제야 서로의 니즈가 맞아떨어진 것이다.

사실 건강관리팀이 신설될 때는 건강관리 대상을 중소기업 성장기의 경영애로를 타개할 목적으로 출범한 조직이어서 성숙기 및 쇠퇴기 기업의 회생경영을 목적으로 하는 우리 협회 취지와는 다소 건강관리 대상의 차이가 있었다. 그러나 이러한 행운도 얼마 가지 못해 자초지종도 모른 채 없던 일이 돼버렸다. 아마도 결제 과정에서 재기제도에 대한 윗선의 몰이해가 부정적인 의견을 낸 것으로 판단되었다.

계절이 바뀌고 계속된 협회 추진 실패와 암암리에 끈질기게 추진하고 있었던 단성사 회생컨설팅 사업 실패, 거듭된 연구소 프리랜서들의 이탈, 새로 영입했던 젊은 소장이 주도한 직원들의 고객 컨설팅료 편취 사고까지 완전 사면초가에 빠졌다. 그간에도 우여곡절은 많았지만 이번처럼 한꺼번에 여러 악재가 겹치기는 처음이어서 감당하기 힘들었고, 더구나 믿었던 직원들의 배신에 따른 자괴감까지 겹쳐 한계상황에 봉착한 것이다.

최종 결심을 했다. 중소기업청에서 협회 설립허가가 정 곤란하다면 마지막으로 법무부를 두드려볼 셈이었다. 신임 백 국장에게 장문의 이메일을 보냈다. 파산관재인 재직 시 금융피해자들의 실상을 목격하면서부터 서울법대 도산법 연구과정에서 얻은 선진재기제도, 연구소를 창업해서 현재까지 다섯 번의 협회 설립 무산, 그리고 현재 수백만 부실중소기업과 자영업자들의 실상 등 10여 년간 힘들고 눈물겨운 투쟁과 감당하기 힘들었던 상당한 사재 출혈까지 상세히 써서 마지막으로 호소했다. 가부간 마지막 회신을 받아보고 정 안되면 방향을 틀 참이었다.

이메일 보낸 익일 바로 친절한 회신이 왔다. 그간의 고생에 대한 위로와 힘이 되어주지 못한 데 대한 미안함도 잊지 않았고 대안까지 알려왔다. 중소기업청의 조직 개편으로 중견기업 정책국이 신설되고 그 밑에 재도전 성장과를 두었는데, 그곳으로 재기 관련 업무와 담당 직원들을 보냈으니 그쪽으로 협회 신청을 하게 되면 꼭 허가될 것이고 이미 담당 성 과장에게 추천해 놓았다는 내용까지 기쁜 화답이었다.

다시 상근부회장에게 출근 요청과 협회 재추진을 주문했다. 결국 중소기업청 앞 4번째 협회 신청 끝에 2014년 1월 달랑 협회 허가증 한 장 받아 쥐고 어찌 허탈감이 생기지 않겠는가? 바늘 가는 데 실 가는 격으로 바로 상근부회장은 예산 지원 신청서를 작성하였다. 무려 700억 규모의 사업 계획과 예산 필요성에 대한 설명서를 작성, 부회장 혼자 다녀오겠다며 중소기업청을 출입했다. 지금까지는 협회 필요성 등 중기청을 설득해야 하는 입장이어서 나와 함께 꼭 동행했었지만 사업 계획과 예산 설명은 부회장 혼자도 충분했다.

여러 차례 방문 결과 끝에 130억 예산 규모로 대폭 축소 조정되고 중기청 부외 예산으로 신청해 주면 예산처는 우리 협회에서 섭외하기로 했다는 보고였다. 정부 예산을 다뤄본 경험이 전무한 나는 다른 의견이 있을 수도 없었다. 그리고 130억 원이 아니라 13억만이라도 예산이 내려오면 그간 무보수로 고생했던 간부들의 인건비와 판관비에 일부라도 충당할 수 있는 것만도 과분하게 생각되었다.

지난 10여 년간 연구소와 협회의 모든 운영비는 나 혼자 부담하였고, 연구소 프리랜서들이 벌어다 주는 소호 사무실 임대료와 재기 시스템 이용료와 회생경영사 교육 수강료로는 늘 적자였기 때문이다. 그런 상황에서도 누구와 점심을 먹든 언제나 모든 중식비와 소주값은 자동판매기처럼 나의 호주머니에서 나왔었고 때로는 지겹기까지 했다.

너무 당연시하는 주위 사람들이 야속하기까지 할 때도 있었다. 내 월급으로 책정된 150만 원마저 늘 업무용 카드대금 결제에 충당했으니 말이다. 아무리 가치 지향적이고 사회공헌적인 일을 좋아해서 스스로 자초한 상황이라 하더라도 툭하면 아내가 절약해서 모아놓은 노후자금을 이런저런 명목으로 가져다 사용한 적이 한두 번이 아니었다. 그러기에 늘 내자에게 미안한 데다 조금만 더 인내하면 좋은 날이 올 것이란 기대감을 갖게 했었기 때문에 이제는 나도 지쳐 한계를 느끼고 있었다.

그러나 정작 중소기업청의 정식 예산신청 시에 우리 협회 예산은 일체 배제되었다는 어처구니없는 결과 보고를 받고 말았다. 이 일을 계기로 그간 고생고생하면서 무보수로 상근한 한 부회장은 협회를 영영 등지게 되었고, 미국 거주 부회장의 자매가 추진했던 국제회생경영협회 한국지부 가입 일마저 자동 중단되었다.

그러나 나는 예산 지원 실패 건에 관해서는 크게 개의치 않았다. 그보다 더 중요한 것은 협회가 교육하고 있는 회생경영사들을 중소기업청과 산하 중소기업진흥공단에서 기업들의 건강관리 또는 구조조정 및 회생컨설턴트로 활용하여 회생경영사들의 일거리가 확립되는 것이고, 그 덕으로 수강생 모집이 수월해지는 것이었다. 그렇게 되면 무보수로 수고했던 협회 간부들을 포함하여 얼마간의 판관비를 충분히 감당할 수 있을 것으로 기대해서였다. 하지만 얼마 후 중소기업진흥공단 내의 사업전환 및 재기 조직이 재도전 성장처로 확대·개편되고 상담 센터까지 만들어졌는데도 회생경영사들이 설 자리는 여전히 찾아볼 수 없었다.

기존의 방식대로 회계사들에게만 부여한 것이다. 중기청의 허가를 받은 재기전문기관인 협회와 회생경영사 활용이 불필요하다면 무엇 때문에 협회 설립 허가증을 내주는가? 분명히 협회설립허가증에는 회생경영사 양성과 회생컨설팅이 목적이라 되어있음에도 과거와 똑같은 행태를 보이는 것이다. 한마디로 중소기업청과 중소기업진흥공단 관련자들이 변동될 때마다 연속성이 깨지는 데서 오는 결과였다. 그동안 중기청 출입 4년 여간 국장, 과장, 사무관, 주임 등이 각각 서너 번씩 교체될 때마다 일일이 관련 자료를 제공하고 중소기업청 문지방이 닳도록 찾아가 설명해 주었다. 그러나 누구 하나 인수인계가 제대로 되어 일관된 업무추진이 가능한 공무원을 만날 수 없었으니 그럴 만도 하다는 생각이 들었다.

이같이 업무의 연속성이 없었으니 인사이동이 되고 나면 늘 새로운 일의 시작이었다. 그러니까 필요시마다 이벤트성이거나 보고용, 또는 발표용 정책만 그때그때 생산되고 있으니, 수백만 부실기업들과 매년 수십만 사업자들이 퇴출되는 중소기업 다산다사多産多死주의가 해소되기는커녕 만연될 수밖에 없겠다는 생각이 들었다.

이러한 현실을 전혀 모르고 10여 년간 좋은 일 해보겠다고 피땀 흘려온 나 스스로가 한심하고 초라해 보였고, 심지어 비애까지 들기도 하였지만 어쩌겠는가? 스스로 원하고 자초한 일인 것을. 그저 묵묵히 뚜벅뚜벅 전진하다 보면 좋은 날도 있겠지 기대하며 다짐하고 또 다짐하면서 버티어낸 결과가 연구소 창업 13년 만에 협회인가를 받게 된 것이다.

○ 한성대학교와 회생경영사제도 산학협력 MOU 체결

나의 경영지도사 자격증을 근거로 컨설팅 목적의 연구소를 창업·운영하면서 기업회생 컨설팅료 정부 지원 제도를 건의·채택하게 하였다. 그리고 내가 소속된 경영지도사협회와 회원들에게 "회생컨설팅 업무는 경영지도사들의 직역 확대에 좋은 기회와 보람 있는 일이니 함께 개척해 보자"라는 정보를 제공하였으나 호응은 없었었다. 그럼에도 불구하고 지식서비스창업과 이 과장의 적극적인 권유로 회생경영사 양성 목적의 공동 교육 MOU를 경영지도사 협회와 체결하였던 것이다.

경영지도사는 중소기업의 창업기와 성장기 경영 애로 컨설턴트로서 성숙기와 쇠퇴기 부실기업의 회생컨설턴트인 회생경영사CTP 자격증까지 갖출 경우 중소기업 생로병사生老病死의 생태계 전체를 다 커버할 수 있게 되어 그야말로 황금 조합이었다. 그러나 이마저도 회장단 내부 갈등에 따른 지도사협회의 소극적인 태도로 인하여 지속되지 못하고 회장 교체에 맞춰 중단하게 되었었다.

이런 가운데 한성대학교 컨설팅 대학원으로부터 컨설팅 석·박사 과정 트랙에 기업회생컨설팅 과목을 포함하기로 하고 학위 취득과 동시에 '회생경영사' 2급 자격을 부여하는 산학협동 MOU를 체결하자는 요청이 있었던 것이다. 중소기업청 차장 출신 나 교수께서 힘써주신 덕택이었다. 흔쾌히 수락하고 한성대학교 총장실에서 품위 있는 MOU 체결식을 갖고 서명을 교환하였다. 양 날개를 단 기분이었다. 정식으로 중소기업청으로부터 사단법인 승인까지 받았으니 타 기관 명의를 빌리지 않고 떳떳이 우리 협회 이름으로 자격증 사업이 가능해진 것이다. 또 컨설팅대학원 석·박사 과정에까지 회생경영사 제도가 반영되었으니 민간자격증으로서 학문적인 기반과 함께 최고의 경쟁력을 갖추게 된 셈이다. 따라서 회생경영사의 질적 향상과 수강생 모집에 새로운 전기가 마련될 수 있을 것이란 기대가 컸다.

○ 국제회생경영협회TMA 한국지부 가입 성공

2013년 10월, 중소기업청, 중소기업진흥공단, 우리은행, 국제회생경영협회가 4자 공동으로 한계기업 재기지원제도 개선 콘퍼런스를 상공회의소 국제회의장에서 개최했다. 국제회생경영협회 임원의 미국 제도 소개, 동국대 교수의 한국재기지원제도 개선 방안, 중기청 벤처정책과장의 재기지원정책, 그리고 기업인들의 회생경영 성공 사례 등이 발표됐다. 나는 그간 내가 공부하고 여러 관계 기관에 선진재기제도를 제안하며 설명했던 내용들과 대동소이하다는 것을 재확인할 수 있는 좋은 기회였다. 그동안 각종 세미나와 대책회의에서 회생 및 재기정책을 설명하면서 혹시 착오는 없을까 하는 우려를 했었는데, 그러한 기우를 말끔히 씻을 수 있는 기회가 되었다. 따라서 선진재기제도에 대한 이론과 컨설팅에 자신감을 가질 수 있었다.

2013년 2월, 새로운 정부가 들어서면서 중소기업청장에 회생 전문 교수 출신이 부임하면서 중견기업 정책국과 재도전 성장과가 신설되었고, 국제 콘퍼런스까지 개최되면서 자연스럽게 우리 협회 설립 허가도 받게 되었던 것이다. 이어서 상근부회장의 LA 거주 자매에게 국제회생경영협회 가입 업무를 위임하고 비공식적으로 진행하여 수많은 한국지부 신청 관련 서류를 제출했다. 그런데 거의 성사되어 가던 참에 중기청의 예산 지원 실패에 따른 상근부회장의 이탈과 더불어 부회장 자매도 많은 수고에도 불구하고 보람 없이 한국지부 가입 관련 일을 중단하고 말았었다. 게다가 단성사 회생컨설팅 무산, 내부 사고로 인한 연구소 프리랜서들의 완전 이탈, 소호 사무실 임대 부진, 그리고 내부 사고를 핑계로 로펌과의 재기시스템 계약까지 일방적으로 파기당하는 총체적 난관에 봉착했다. 이로 인하여 임차 보증금마저 미납 임차료와 전액 상계당했으며, 소호사무실 인테리어 공사도 원상복구하고 사무실도 비우라는 최후통첩을 받는 수모를 겪었다.

도저히 더 이상 컨설팅 사업과 소호 사무실 전대 사업을 진행하는 것은 무리라는 판단이 들어 모든 걸 포기하고 이웃 로펌의 조그만 사무공간으로 대폭 축소·이전하였다. 이곳에서 피곤하고 지친 몸을 추스르며 협회만이라도 운영하면서 10여 년간의 수많은 시행착오를 거울삼아 하나하나 재건해 볼 생각이었다. 마침 입주했던 로펌이 LA 지사를 가지고 있어서 이곳 변호사와 국제회생경영협회 한국지부 가입 위임계약을 다시 체결하려 했다. 그러나 요구하는 대행료가 부담이 되어 이를 포기하고 협회 이 부회장의 지인이 소개하는 다른 로펌과 계약하였다. 총수임료에 대한 규정 없이 시간 단가만 명시한 계약을 통해 진행했었는데, 대표변호사의 부단한 노력으로 국제회생경영협회 한국지부 가입은 예상보다 빨리 성사되었다. 하지만 입주해 있던 로펌이 제시했던 수임료보다는 훨씬 많은 청구서가 날아들었단다. 이를 협회에서 도저히 감당할 수 없었고 국제기구 가입 후에도 회비만 부담될 뿐 협회 운영에 별 도움이 안 된다는 협회 간부들의 불평도 들려왔다. 그러나 구슬이 서 말이어도 꿰어야 보배란 생각이 들었고, 영어圖圖의 몸인 나는 유구무언일 수밖에 없었다.

○ **국제회생경영협회TMA 현황 및 회생전문가CTP 개요**

▶ 국제회생경영협회 현황을 보면,

① 1998년에 설립되어 미국 일리노이 주 시카고에 본부를 두고 있다.

② 주요 활동은 기업회생 및 회생경영컨설팅을 담당하는 전문가 집단으로서 업계 정보나 지식 교류의 장을 제공하고 국제회의와 세미나를 개최하고 있으며 한계기업이 직면하는 복잡한 회생경영 문제를 해결하고 다양한 경영 환경 속에서 한계기업의 안정성과 수익성을 회복 유지할 수 있도록 하기 위하여 회원에 대하여 높은 실천기준과 직업윤리를 가지고 최선을 다하여 한계기업을 컨설팅할 수 있도록 회원 활동을 지원하고 있다.

③ 회원 수에 있어서는 1본부 49개 지부에 (미국 28개, 캐나다 2개 지부 포함) 약 9,300여 명이고 총 21개 국가가 가입하고 있다. 그 국가는 미국, 캐나다, 호주, 브라질, 체코, 핀란드, 프랑

스, 독일, 영국, 아일랜드, 네덜란드, 루마니아, 남아프리카 공화국, 스페인, 스웨덴, 일본, 싱가포르 대만, 홍콩, 한국 등이다.

④ 회원 구성은 기업회생 절차에 대하여 컨설팅하거나 또는 해당 기업의 회생경영에 직접 참여하는 회생경영 전문가(경영자, 재무 및 세무전문가, 회계사 포함)가 48%를 차지하고 있고, 변호사 20%, 금융기관 및 채권자 14%, 벤처캐피털을 포함한 주식투자자와 투자자, 그리고 파산관재인 및 청산인, 학계 및 정부 관계자가 23%를 차지하고 있다.

▶ 미국의 회생전문가(CTP) 개요는

① 회생전문가 자격 취득을 위해서는 충실한 커리큘럼과 엄격한 교육 그리고 실무 경험과 회생전문가로서의 윤리 교육이 요구되고 있다. 아울러 엄격한 자격 취득 절차를 통하여 개인적인 성취뿐만 아니라 전문성에 대한 증명이 가능하여야 한다.

② 회생전문가 시험에 있어서는 회생경영, 재무 및 회계, 법률 등 3개 분야의 시험을 통과하여야 하고, 회생실무 경험 요건을 충족하여야 하기 때문에 회생관련분야 전문가들이 지원하고 있다. 또 회생경영협회 윤리위원회 심사를 통하여 위원회의 철저한 적격성 검증을 거쳐야 한다.

○ 사업정리 컨설턴트 양성기관으로 선정된 쾌거

한성대학교 컨설팅 대학원으로부터 또다시 공동사업 제의가 들어왔다. 소상공인 진흥공단에서 영세한 소상공인들의 사업정리를 지원하기 위하여 2015년도 정부 예산 100억 원이 새롭게 신설 배정되었는데, 이 일에 투입할 사업정리 컨설턴트를 양성하는 교육기관 선정에 컨소시엄으로 함께 참여하자는 제안이었다. 나는 이미 중소기업청의 소상공인 진흥정책국과 소상공인 진흥공단을 방문하여 우리 협회가 양성하고 있는 기업회생경영사들의 활용방안을 여러 차례 제안한 바 있어서 한성대학교의 제안을 수락하였다.

소상공인들의 사업정리 내용이라야 미납 부가세 정리, 폐업신고, 유휴동산 처분, 미상환채무 정리 등인데 회생경영사 교육과정의 커리큘럼이면 오히려 넘칠 것으로 판단되어 이를 중심으로 모든 자료를 제공해 주었다. 한성대학교 담당 교수가 소상공인진흥공단에서 열리는 제안 설명을 맡기로 하였는데, 쟁쟁한 기관들을 물리치고 우리 컨소시엄이 사업정리 컨설턴트 양성기관으로 선정된 것이다. 협회 설립허가 후 최초의 쾌거였다. 우리나라에서 기업구조조정 및 회생경영 관련 기관이라야 우리 협회가 유일한 존재여서 어쩌면 당연한 결과라고 할 수 있다. 하지만 중소기업청과 산하기관들은 사후 책임 문제 때문인지 새로운 기관이나 검증되지 않는 전문가를 기피하는 경향을 여러 번 경험했다. 때문에 한성대학교와 컨소시엄을 구성하였지만 내심 큰 기대는 하지 않았다.

그러나 한편으로는 조소를 금할 수 없었다. 연 매출액 1.5억 원

미만 소상공인이 폐업하는 경우 상환하지 못하고 있는 잔존 부채 정리가 더 큰 문제지 폐업과 관련한 잔무 정리를 하는 게 무슨 전문가의 지원을 받을 만한 일이겠는가? 더구나 소상공인 진흥공단 측에서 요구한 사업정리 컨설턴트 교육계획은 충분히 전문지식을 주입시키기에는 너무 짧은 시간이었다. 따라서 사업정리 컨설턴트는 고사하고 내용조차 파악도 힘들겠다는 생각까지 들었었다.

그렇다면 우리 협회에서 양성하고 있는 구조조정 및 채무조정 컨설턴트인 회생경영사를 활용한다면 멋지게 퇴출사업자들의 부채까지 처리하여 재기시킬 수 있을 것이다. 그리고 이미 우리 협회에서 배출한 회생경영사 수백 명이 전국에 걸쳐 있어서 필요시 즉각 투입, 사업정리컨설팅 수요에 충분히 부응할 수 있다는 제안서까지 보내주었었다. 그럼에도 이를 활용하지 않고 별도로 양성하겠다고 야단법석을 떨고 있는 중소기업청과 소상공인 진흥공단을 이해할 수가 없었다.

04
채권·채무자 모두 유리한
전치주의(前置主義) 제도

　미국이 2005년 도산법상 도입한 전치주의Mandatory Credit Counseling 제도를 우리도 조속히 도입하여야 한다. 퇴출 자영업자들과 채무불이행자들의 과중채무를 법적 조정 신청 전에 채권·채무 당사자 간에 회생전문가를 통해 사전 조정을 먼저 시도하게 해야 한다. 그리고 실패 시에만 법적 조정을 신청할 수 있도록 하는 전치주의 도입 법 개정이 시급하다. 현 정부 들어 신속하게 생계형 채무불이행자들의 소액채무자에 한해서 약 159만 명을 일괄 탕감하는 과감한 정책을 결정한 사실이 있다. 그럼에도 비교적 고액 채무를 진 사업실패형 채무자 약 100명이 상존하고 있는 것으로 추정된다. 또 매년 계속되는 약 90만 명의 퇴출 자영업자들의 채무 조정을 신속히 하기 위해서도 전치주의 채택이 절실한 것이다.

　이렇게 되면 채무조정 수준도 좋아지게 되어 채권자들의 부실채권 회수율이 상승할 수 있고 실패 기업인들은 장기간 상환해야 하는 힘든 회생 절차를 피할 수 있다. 그리고 파산의 경우도 파산면책 후

장기간 은행연합회에 파산 기록이 유지되는 불이익을 피할 수 있기 때문에 실패 후 재기 시간과 비용이 크게 단축되는 효과를 얻는다.

이와 같은 법체계를 갖추면 당사자 간 신속한 자율 해결이 촉진되어 채권·채무자 쌍방에게 이롭다. 그뿐만 아니라 파산법원의 폭증하는 신청 건수 감소로 이어져 양질의 법률서비스 제공이 가능하고 구조적인 도산 사무장들의 탈법행위가 근절되어 도산 시장이 안정될 것이다.

○ 회생경영사를 간이조사위원으로 써야 '간이회생제도'가 성공한다

기업회생 절차 중 회계사의 조사 보고서 작성 때문에 많은 비용과 시간이 소요됨으로써 회생신청기업에 큰 부담이 된다는 이유로 2015년 7월 간이회생제도 법 개정이 이루어졌다.

그 요지는,

① 1차관계인집회를 생략하고 통지로 갈음할 수 있도록 하여 절차진행기간을 3개월 정도 단축효과를 볼 수 있도록 하였다.

② 조사보고서 대신 간이조사보고서로 갈음함으로써 예납금의 1/5 정도인 400만 원 수준으로 대폭 낮추었다.

③ 회생계획안의 가결요건에 관한 특례규정을 신설하여 회생채권자 의결권 총액의 2/3 이상 동의 또는 채권자 수의 과반수 이상과 채권총액 의결권 1/2 이상 동의로 완화하였다.

④ 부채초과 법인기업의 경우 발행주식의 1/2 이상 소각의무를 채권자 동의에 의해 보유주식 그대로 유지가 가능하도록 하여 경영권보호를 강화하였다.

그러나 문제는 개선안에서 누가 회계사 대신 '간이조사보고서' 작성 권한을 가질 것인가였다. 우리 협회는 우리가 양성하고 있는 회생경영사에게 매우 적합한 직무로 판단하고 법무부에 이를 반영해주도록 동 법 개정의견서를 제출하였다. 이 부회장의 주선으로 법무부 차관을 면담하고 취지 설명과 협조를 부탁했다. 차관의 도움으로 상사법무과장에게 검토 지시가 떨어졌고, 적극 반영하겠다는 긍정적인 답변을 받았다. 국회 법사위원들에게는 우리 협회에서 설명해달라는 요청과 함께 민간인들이 정말 수고가 많다는 덕담까지 들었다. 이에 따라 법사위원장, 여·야 간사위원, 그리고 유력한 법사위원과 입법조사관까지 일일이 찾아다니면서 간이회생제도상 간이조사위원으로 회생경영사를 포함시켜 줄 것을 열심히 설명하였다.

그러나 결과는 어이없게도 실패였다. 누구도 법사 소위원회에서 수정안을 동의한 의원이 없었다. 법사위원 중 누군가 동의를 해야 제청이든 반대든 토의가 되고 소위원회를 통과해야 본회의로 넘겨진다는 것을 모르고 있었다. 국회 로비를 처음 해보는 데다 세세한 절차까지는 모르고 있었다. 최소한 동의 발언을 해줄 위원을 사전 접촉했어야 했는데 막연히 지원만 부탁하면 누군가는 발의해 줄 것으로 착각한 것이다.

이러한 실패를 거울삼아 우군을 만들 겸 세무사회를 노크했다. 간이회생제도 적용 대상 기업이 30억 이하 자산과 부채를 가진 소기업들임으로 대부분 세무사들의 기장대리 거래처들일 것으로 생각했었기 때문이다. 따라서 세무사들이 회생경영사 자격증을 취득할 경우

금융인의 반란

거래 기업들의 퇴출을 차단할 수 있는 구조조정 컨설팅과 더불어 오랜 기간 거래 유지에 매우 유리할 것이란 판단에서였다. 특히 경제적으로 어려운 부실중소기업과 실패 기업인들을 구제하는 일은 매우 착한 일이어서 세무사들의 이미지 향상에도 도움이 되는 일거삼득의 협업이라는 판단에서였다.

대한 세무사회를 찾아가서 처장에게 세무사를 대상으로 회생경영사 공동 교육 제안서를 내밀었다. 그러나 취지는 좋지만 곧 세무사회 회장 임기 만료가 도래해 새로운 일은 새로운 집행부에서 검토하는 것이 좋겠다는 의견이었다. 지인을 통하여 회장에 출마한 유력한 후보를 물색, 세무사들의 직역 확대 공약사항에 넣도록 요청하여 반영시켰다. 이제는 우리가 희망하는 후보가 당선만 되면 우리 협회의 강력한 우군이 생기는 것이다. 세무사들의 회생경영사 교육 참여와 관련 입법 청원 시 강력한 세무사회의 협조도 기대할 수 있을 것으로 생각했다.

그러나 우리가 기대했던 후보가 낙선하고 정부산하기관장 출신이 당선되었다. 그렇다고 포기할 수는 없는 일 아닌가? 국회의원 출신이면서 회장 당선에도 기여했고 신임 회장과 막역하다는 세무사를 우리 협회 상임고문으로 영입하여 함께 방문했다. 회장이 친절히 주선해 준 담당 팀장에게 제안서를 전하고 내용을 설명해 주었다. 그러나 회신을 받아 보지도 못하고 나는 구속되고, 더불어 동 제안사업도 동력을 상실하여 무산되고 말았다.

05
재기지원 재도전진흥공단
신설과 중견기업 활성화

2008년 내가 중소기업진흥공단에 기업회생컨설팅 정부 지원 제도를 건의할 당시만 해도 사업전환센터였던 기구가 여러 번의 조직 개편을 거쳐 재도전 성장처로 확대되고 있었다. 동시에 전국적인 재도전 상담 센터를 설치·운영하고 있으나 획기적인 자금지원과 컨설팅 지원 등의 특별한 후속 조치들은 아직도 크게 달라지지 않았을 것으로 판단된다.

2013년 10월 30일, 중소기업청, 기획재정부, 금융위원회, 미래부, 법무부 등 5개 관계 부처 합동으로 '중소기업재도전 종합대책'을 발표했었는데, 동 자료에 따르면 직전 5년간 433만 개(법인 26만 개, 일반사업자 206만 개, 간이사업자 160만 개, 영세사업자 41만 개 등) 중소기업과 자영업자들이 폐업하였다. 특히 그중에서 연평균 5만 개 법인이 폐업한 것으로 조사되었다. 더구나 생존 중소기업 총 650만 개 중 1/3 이상이 부실 징후기업(이자보상비율 100% 미만 중소기업)이고, 한계기업(3년 연속 이자보상비율 100% 미만 중소기업)의 60% 이상이 잠재적

금융인의 반란

실패 기업으로 시장에서 생존하고 있는 것으로 조사되었다.

따라서 이에 대한 수백조 원의 사회적 매몰비용과 수백만 명의 일자리 상실이 일어나고 있음에도 관계 부처 합동 종합 대책이 발표되었을 뿐 누구 하나 책임지는 사람이 없었다. 기껏해야 중소기업진흥공단 내의 사업전환지원센터가 재도전 성장처로 개편되고 상공회의소에 위탁하여 구조조정 천문가 일부 양성과 창업자들의 연대보증 완화와 신용회복위원회의 실패 기업인 지원 제도 도입 등 소극적인 제도 보완에 그쳤을 뿐 특단의 근본적인 처방은 여전히 없었다. 그러니까 진단을 통하여 얻은 수백만 개의 퇴출기업과 일자리 상실에 대한 혁신적인 처방이 안 보이는 한 고질적인 중소기업 다산다사 多産多死주의는 더욱 심화될 뿐 근본적인 해결은 백년하청이랄 수밖에 없다.

근본적인 처방은 선진국들과 같이 혁신된 재도전시스템이 구축되어 시장 자율에 맡기는 데에서 찾아야 한다. 그런데도 진단과 처방이 따로 놀 뿐만 아니라 정부의 선심성 지원정책에 의존하고 있기 때문이다. 제안하건대 기존 조직을 과감하게 환골탈태하여 재도전 성장처를 재도전진흥공단으로 승격시켜 대폭적으로 조직을 확대·독립시켜야 한다. 그리고 기존의 중소기업진흥공단은 창업기와 성장기의 자금 지원과 경영 애로 컨설팅의 관할 공단으로 국한하도록 해야 한다. 또한 성숙기 및 쇠퇴기 중소기업들의 회생경영 또는 퇴출 지원, 그리고 재창업과 재취업 지원은 재도전진흥공단을 신설하여 일임해야 한다.

아울러 중소기업 관련 모든 예산과 지원 자금도 양 공단에 공평 배분하여야 한다. 그러니까 성숙기 및 쇠퇴기 중소기업의 치유를 관장할 민관 종합병원을 설립하여야 한다는 말이다. 그래야만 수백만 부실기업과 퇴출기업들의 수술 및 치료를 통하여 회생시키거나 또는 장례 절차인 청산 기능을 수행할 수 있다. 더불어 컨설팅 지원에 있어서도 창업기 및 성장기의 경영 애로는 현행의 경영지도사에게 더욱 확실하게 맡기고 당사자 간 해결할 수 있도록 전문성을 더욱 강화 육성해야 한다. 그리고 성숙기 및 쇠퇴기 기업의 회생경영 및 퇴출 컨설팅은 우리 협회에서 개발한 미국식 기업회생경영사CTP를 경영지도사와 같이 공인하여 시장 자율 기능에 맡겨야 한다. 이와 더불어 사업전환촉진법을 개정해서라도 기업회생경영사 제도의 법적 근거를 마련해야 함은 물론, 기업구조조정 촉진법상의 중소기업 워크아웃까지도 수용하게 되면 생로병사生老病死 컨설팅 시스템이 확립되어 선순환 생태계가 조성된다. 아울러 중소기업 다산다사多産多死주의가 근본적으로 타파되어 중소기업들의 수명연장과 더불어 중견기업의 성장 기회가 확대될 것이어서 이는 결국 일자리 창출과 서민경제발전에도 크게 기여함과 동시에 빈부 양극화 해소에도 큰 전기가 될 수 있을 것이다.

○ 부실기업 구조조정 및 재도전 관련법 손질 시급하다

2007년 하반기 마지막 정기국회에서 박계동 의원 외 13명 국회의원들의 의원 발의로 공정채권추심법 제정이 상정되었었다. 동 법에 채무조정 및 중재 상담 전문가인 '신용상담사' 제도 도입이 포함되었었으나, 채권자 측의 반대로 통과되지 못하고 무산되고 말았다. 그후 신용상담사제도 도입 관련 조항이 삭제된 채 공정채권추심법이 통과되어 현재에 이른다. 그럼에도 지금까지 이와 관련하여 어떠한 개정 노력 없이 채권자 위주의 기업구조조정과 기업회생, 그리고 무리한 채권추심업무가 일부 개선된 상태로 지속되고 있어서 한계기업과 실패 기업인 문제가 근원적 해결 없이 담보상태에 놓여있는 것이다. 따라서 관련 법들을 글로벌 기준에 맞게 수요자 위주로 개정, 시장 자율 기능에 맡겨야 기업구조조정 및 실패 기업인들의 재기문제가 회생경영사들에 의하여 자율조정 해결될 수 있다.

그렇게 되기 위해서는 최소한 다음과 같은 관련 법 개정이 화급하다.

첫째, 사업전환촉진법을 전면 개정하여 '회생경영사제도'를 수용하여야 한다. 그래야 채권·채무 당사자 간에 시장에서 자율적으로 재기컨설팅을 제공할 수 있는 상시 시스템이 갖추어짐은 물론 성숙기 및 쇠퇴기 기업들의 구조조정과 재기 컨설팅이 수요자 중심으로 이루어진다. 그래야 부지불식간에 수백만 부실 징후 중소기업들의 선제적 대응과 실패 기업인들의 신속한 재기가 가능할 것이다. 아울러 기업구조조정 촉진법상 중소기업들의 워크아웃 조항은 사업전환촉진법에 수용하고 워크아웃 신청 권한을 수요자인 중소기업에게 돌려줘야 한다. 과거에 대기업에만 적용하던 동 법을 중소기업까지 포함될 수 있도록 이미 개정했으면서도 여전히 신청 권한은 채권금융기관에게만 주어져 있다. 이를테면 환자의 병원 선택권 없이 병원이 환자를 골라 입원시키는 꼴이다. 이미 일몰된 동 법이 상당한 기간이 지난 후에야 우여곡절 끝에 통과되었지만 하루빨리 상시 법으로 대체 입법을 마련하여 중소기업의 워크아웃 신청권이 수요자인 중소기업에게 돌려져야 한다. 그래야 성숙기 및 쇠퇴기 부실 징후 중소기업들이 선제적 워크아웃 및 구조조정을 취하는 등 회생경영사들의 도움을 받아 대처할 수 있는 것이다.

둘째, 채무자 회생 및 파산에 관한 법률(일명 통합도산법)상 미국식 전치주의前置主義를 도입하여 부실 자영업자들과 실패 기업인 그리고 채무불이행자들의 법적 조정 전前 채권·채무자 간의 사적 조정을 거치도록 해야 한다. 그래야 채무 조정 비용과 시간이 절약되고 채권자 측은 회수율 증대와 회수비용 절약, 채무자 측은 신속하고 완전한 신용 회복과 이에 따른 재기가 용이해질 수 있는 것이다. 더불어 파산법원은 법적 조정 신청 건수가 감소하게 되어 양질의 도산 법률 서비스를 제공할 수 있으며 도산 시장도 안정화된다.

Part 4

위기 중소기업
회생 성공과
채무 불이행자
재기 노트

01
올바른 기업 회생 개념과
위기기업의 존폐

　기업의 최고 의사결정권자들이 기업회생에 대한 인식을 어떻게 하고 있느냐에 따라 기업의 생사가 달라진다. 기업회생경영의 개념에 대한 바른 인식을 가지고 있어야 한다. 자기 기업의 수익률이 동업계의 평균 수익률 또는 시장 수익률 이하에 있을 때는 구조조정 검토, 손익분기점 선상에 있을 때는 워크아웃 또는 기업회생 고려, 생존 수익률 이하로 계속 하향 추세일 때는 기업파산 대상이라는 기본 개념을 이해해야 한다. 그리고 자가 진단을 통해서 자기 회사의 명확한 재무 상태를 파악한 다음 각 제도의 장·단점을 비교·분석하여 어떠한 방법이 자기 회사에 적합한지를 결정, 제때 대처하여야 회생 가능성이 높아진다.

　만약 기업회생을 진행해야 할 상황으로 판단되면 통상적인 경영 상식을 뛰어넘는 파격적이고 충격적인 조치들인 사업부 통·폐합, 경영진 감축, 인력 구조조정, 철저한 성과급 제도 등을 단행하여 급변하는 회생경영 환경 속에서 생존할 수 있는 체질로 과감하게 변신하여야 한다.

선진국들은 기업회생을 촉진시키기 위한 다양한 제도들인 기업인수합병M&A과 인수회사자산을 담보한 부채인수합병LBO: Leveraged Buyout 등의 기법과 관련 시장이 활성화되어 있다. 그리고 구조조정을 위한 다양한 금융 수단들인 기업구조조정기금CRF: Corporate Restructuring Fund, 기업구조조정전문회사CRC: Corporate Restructuring Company, 기업구조조정 투자회사CRV: Corporate Restructuring Vehicle 들을 활용할 수 있다. 그러나 우리나라의 경우 IMF 환란 직후 잠시 활성화되었을 뿐 크게 발전하지 못하고 있다. 따라서 이러한 시장 환경을 감안하여 신청 기업 스스로 다음과 같은 최소한의 생존 조건을 늘 갖춰놓아야 한다.

○ 자발적 구조조정 먼저 단행해야 기업회생 성공한다

기업회생절차는 자가 진단 또는 외부 경영 진단을 받아 재무 상태를 직시하고 경쟁력의 정도, 경영전략의 적정성, 수익률 추세, 자본잠식 가능성 등을 면밀히 체크하여 한계기업들이 공통적으로 가지고 있는 징후들이 조직 내에 얼마나 만연되어 있는지를 확인하고 조직 구성원들이 위기의식과 긴장감을 얼마나 가지고 일하고 있는지를 먼저 검토해 보고 이에 대비하여야 한다.

만일에 위기의식 없이 패배주의와 도덕적해이 등 극도로 나태해진 상황이라면 특단의 조치를 통하여 회생의 계기를 마련해야 하는 것이다. 임직원들이 혼연일체가 되어 회생 절차를 신청해야 하는 상황의 위기의식을 느낄 수 있도록 스스로 경영 진단을 통하여 파악된 문제점을 구체적으로 해소 조치하는 용단을 내려야 한다는 뜻이다. 최고경영자 교체까지 포함하는 것은 당연하다 할 것이다. 기업회생 컨설팅을 맡아 오너와 상담하다 보면 부실이 초래된 가장 큰 원인이 본인 때문인 경우를 자주 목격할 수 있어서 이 점을 특히 강조하고 싶다.

그 외의 조직과 인력 구조조정 또는 부실 사업부 및 불요불급한 자산 매각 등을 통하여 저수익성 자산 처분과 비용 절감 등의 극단적 조치를 빠르고 단호하게 취해야 성공할 수 있다. 극단적 구조조정 후에는 신시장 개척이나 신제품 개발 같은 새로운 수익원 발굴 등을 통하여 침체된 분위기를 일신하여 임직원의 기대에 부응하면서 미래비전을 명확히 제시하고 사기진작책을 강구하여야 한다. 그래야 기업회생 신청 후에도 그러한 자구노력들이 높이 평가되어 법원의 믿음과 채권 금융회사들의 협조를 이끌어낼 수 있어서 기업회생절차로 가더라도 성공 가능성이 커짐을 명심하여야 한다.

○ 한계기업 회생의 유력한 대안은 법적 기업회생절차다

IMF 환란 이후 저성장 장기화로 경영 환경이 계속 악화되어 2013년 기준 이전 5년간 총 26만 법인 기업이 퇴출되었다는 것이 정부 통계였다. 그런데 아직도 총 중소기업 650만 개 중 약 30%가 영업이익으로 이자 부담도 할 수 없는 이자보상배율 1미만의 부실 징후 중소기업들이다. 그리고 이 중 약 10% 정도가 3년 연속 적자

상태인 한계기업으로서 사실상 잠재적 실패 기업으로 시장에서 상존하고 있다는 것은 주지의 사실이다. 설상가상으로 현 정부의 근로시간 단축과 급격한 최저임금 인상으로 자영업자 대란이 벌어지고 있는 것이 현실이고, 2018년에는 폐업 자영업자 수가 100만 개에 이를 것이라고 추정하고 있다.

퇴출 법인 중소기업 평균 부채는 8.8억 수준이며 대표자의 75%가 연대보증을 서고 있어서 퇴출과 동시에 채무불이행자로 전락되어 금융거래 중단, 사업상 각종 불이익, 극심한 생활고로 인한 가족 해체 등 불행의 악순환에 놓여 재기의 의지마저 상실되고 있는 실정인 것이다.

따라서 선제적 구조조정 또는 회생 신청 대상인 한계기업들은 임직원들의 화합과 단결을 이끌어낼 수 있는 새로운 리더십을 발휘하거나 조직의 재설계와 철저한 비용의 효율성 등을 추구하여 근본적인 경영체질을 혁신하여야 한다. 아울러 일시적 실적 회복세가 보인다 하더라도 자만하지 말고 구조조정을 소홀히 해서는 안 된다. 요즘처럼 기업 간 빈익빈 부익부가 심화되는 경영 풍토 속에서 기업회생은 한계기업을 정상화시킬 수 있는 유력한 대안이라 할 수 있다.

더구나 현행의 채무자 회생 및 파산에 관한 법률(일명 통합도산법)상 미국의 DIPDebtor In Possession 제도 채택으로 기업회생절차 중에도 신청기업의 대표가 경영권을 계속 유지할 수 있어서 과거 도산 3법 시절의 법정관리보다 훨씬 더 회생 가능성이 커졌다. 때문에 기업회생절차를 적극적으로 검토하여 최악의 벼랑 끝에 몰리기 전 최소한

3개월 정도 영업자금을 확보하고 있는 상태에서 착수하는 지혜를 발휘해야 한다. 또한 기업 부채가 30억 이하 기업인 경우는 간이회생제도를 이용할 수 있어서 신청비용 부담이 비교적 적어졌음도 참고할 필요가 있다.

○ **준비된 창업은 장수기업 되고 묻지마 창업은 부실기업 된다**

총 중소기업 중 30%가 손익분기점을 하회하는 수준이고, 그중 10% 정도가 3년 연속 적자, 그리고 매년 수십만 개 내외가 퇴출되는 등 결과적으로 이와 같은 현상 때문에 창업 5년 생존율이 20% 수준이라는 것이 정설이다. 게다가 가장 큰 원인은 무분별한 생계형 창업에 따른 자영업자 과잉공급으로 인한 과당경쟁과 〈김영란법〉이 발효되면서부터 더욱 커진 소비 위축의 악순환이 초래한 현상들이라는 것은 상식이 되었다. IMF 환란 이후 20년 동안 계속된 구조조정에 따른 비정규직과 조기 퇴직 제도가 실업자를 양산하여 생활전선으로 내몰았고, 이들의 실업문제를 풀기 위한 창업 장려정책이 더해지면서 준비 없는 '묻지 마 창업'을 촉진한 것이 가장 큰 원인이다. 자영업자 창업의 경우 경제협력개발기구OECD 평균의 3배 정도라는 지상 보도가 이를 증명해 주고 있다.

따라서 우선 창업문화부터 합리적으로 준비하도록 개선하여야 한다. 각종 창업정보와 지원 제도를 면밀히 분석하여 가능하면 창업전문가의 조언을 받을 필요도 있겠다. 그러나 무엇보다 본인 책임하에 직접 체크리스트를 만들어 점검해 보아야 하고 가능하면 체험도 권하고 싶다. 사업 계획도 마찬가지로 전문가의 힘을 빌리는 것보다 본인 스스로 하나하나 점검 확인하란 말이다. 아이템 선정, 입지의 장단점, 이용 고객 수, 예상 매출액 및 이익 등을 동 업종에 직접 아르바이트라도 하면서, 아니면 인근에 진을 치고서라도 시장조사를 꼼꼼히 해봐야 하고, 선정한 아이템의 핵심 노하우는 꼭 챙겨야 한다. 핵심 노하우를 타인에게서 아웃소싱하거나 차용하면 꼭 당한다. 그런 사업은 절대 금물이다. 사업이 잘 되면 필연적으로 경쟁자가 코앞에 출현함을 각오해야 하기 때문이다.

장기적인 시간을 요하는 사업도 피해야 한다. 모든 아이템의 라이프 사이클이 짧아지고 있기 때문이다. 따라서 단시간 내 투자금액 회수가 가능한 업종을 찾아야 안전하다. 창업지원자금은 사유 부동산이 없는 경우는 충분히 사용해도 좋지만 부동산을 소유하고 있는 경우는 실패해도 감당이 가능한 범위 내에서 투자해야 그 부동산을 지킬 수 있다. 본인 이외의 가족은 절대 보증 세우지 말고 투명하게 경영하여야 한다. 그래야 실패했을 경우에도 법적인 기업회생 또는 개인회생 절차를 통하여 신속히 재기할 수 있기 때문이다.

02
위기기업 회생절차의
효율적 이용과 실전 전략

○ 꼭 이것만은 알고 기업회생 절차를 신청하자

대차대조표상 차변의 경영자원과 인력을 최대한 효율적으로 동원하여 경영목표를 달성할 수 있도록 운영하는 사람이 최고경영자다. 그럼에도 불구하고 급변하는 경영 환경으로 인하여 목표 달성에 차질이 발생할 수 있다. 그리고 그 경영 성과가 생존 수익률 선상에 놓일 경우 자발적으로 이를 탈피하기 위하여 사업부 통폐합, 조직과 인력 구조조정을 통한 비용 절감, 재고 처리와 미수금 회수, 그리고 불요불급한 자산매각 등 차변의 자산 각 부분에 걸친 특단의 구조조정을 단행했음에도 그 추세를 반전시킬 수 없어서 유동성 위기에 몰리거나 부채가 자산을 초과 또는 최악의 부도 위기에 처하거나 부도 사태를 당하기도 한다. 이렇게 더 이상 대안을 찾기 어려운 상황에 처할 경우 최종적으로 불가피하게 법원에 기업회생절차를 신청하여 차변이 감당할 수 있는 만큼의 대변 부채를 감소시켜 기업 정상화를 시도할 수 있는 것이다.

이러한 경우 가장 중요한 것은 회사의 경영난이 시장에 다 노출되어 금융 지원 중단, 원자재 구입난, 우수한 인재의 일탈 등 긴박한 생사 위기를 맞게 됨을 각오하고 이에 철저히 대비하여야 한다는 것이다. 그럼으로 이러한 극한 상황에도 회사 경영을 계속할 수 있도록 최소한의 유동성 확보, 원자재 대책, 필수 인원의 이탈 방지, 그리고 최소한의 현금 준비가 필요한 것이다.

기업회생컨설팅 비용과 법원의 예납 비용 등은 기업회생절차 전에 완납을 요구받게 된다. 개시 결정 후부터는 회생채권으로 분류되어 이들의 비용도 회생 절차를 통해서만 법원의 승인을 거쳐 받아야 하기 때문이다. 아울러 기업회생 신청서를 법원에 접수한 후 일주일 전후로 회계사의 조사 비용도 예납 명령을 받기 때문에 이에 필요한 현금은 최소한 준비되어야 기업회생절차를 진행할 수 있는 것이다.

그 외의 회사에서 필요한 최소한의 유동성은 정상적인 기업의 경우는 크게 염려할 필요가 없다. 회사의 공장을 비롯한 업무용 동·부동산은 계속 영업을 할 수 있도록 법적 보전조치를 통해 채권자들로부터 강제집행을 막아주기 때문에 정상 가동이 가능한 것이다. 더불어 모든 차입금의 원리금 상환이 법적으로 중지되고 미지급금에 대한 결제도 법원 승인 없이는 정지된다.

반면에 미수금 회수 또는 재고매출을 통하여 입금되는 자금은 법원 승인을 받아 회사 운영자금으로 사용할 수 있다. 금융기관 예치금의 경우는 예금과 대출금을 함께 보유하고 있는 경우 은행의 상계권이 우선함으로 상계를 당할 수 있다. 따라서 담보 제공된 예금이 아닐 경우는 기업회생 신청 전에 인출하여 대출금이 없는 은행에 별도 예치해 두거나 현금으로 확보하고 있어야 한다. 또한 연대보증인으로 입보된 보증인의 경우 보증인의 부동산은 채권은행 또는 보증기관의 구상권 행사 표적이 될 수 있음으로 가능한 한 현금화하여 회사의 부족 자금에 충당하거나 꼭 결제해 주어야 할 주요 거래처의 외상매입금, 또는 차입금 상환에 사용할 수 있다. 그러나 이때에 편파 변제의 오해를 사지 않도록 불가피성이 있어야 한다. 이 외에 원자재 확보에 활용하는 것도 현명한 조치이기는 하나, 동 자금을 은닉할 경우는 사해행위에 노출되지 않도록 유의하여야 한다. 사해행위에 대한 입증책임이 채권자에게 있기 때문에 은닉했다 하더라도 사해행위취소권 행사를 당하기는 쉽지 않지만 시달릴 수 있기 때문이다. 어느 채무기업이든 기업의 긴급한 필요자금을 충당하기 위해서 보증인 자산을 매각했다고 주장하지 채권자를 해할 목적으로 매각했다고 인정할 채무자는 아무도 없을 것이기 때문이다. 그리고 이런 일에 대비하기 위해서도 친인척 또는 지인들에게 매각하지 말고 정당하게 부동산 중개사를 통하여 투명하게 거래하여야 한다.

이상과 같은 회생 업무상의 지식 외에도 기업회생신청 여부를 결정할 때 제일 망설여지게 하는 것은 이해 당사자들에게 피해를 준다는 죄책감이다. 그러나 이러한 인식은 기업회생절차에 대한 오해에서 비롯된 것임을 분명히 알아야 한다. 회생절차는 채권자 만족을 통해서 인가받는 절차여서 이해당사자 채권을 다 갚지 못하고 탕감을 받는다 해도 합법성과 정당성이 확보되는 것이다. 만일에 채무기업이 기업회생절차라는 과정을 거쳐 미래가치인 계속기업가치를 채권 상환에 충당할 기회를 갖지 못하고 야밤에 도주해 버리면 채권자들은 공중분해된 회사의 청산가치로 보상받을 수밖에 없어서 회생절차를 통해서 받는 경우보다 훨씬 더 피해가 클 것이기 때문이다. 따라서 모든 채권자들에게 더 많은 이익을 얻게 하기 위하여 존재하는 절차가 회생 절차라는 기본 개념을 잘 인식해야 한다. 그리고 이해 당사자들의 양해와 동의를 이끌어내야 하는 것이다. 특히 탕감받는 금액의 경우도 법률상 상환하지 않아도 된다는 상환면제 의미이지 완전히 소멸된다는 개념이 아니기 때문에 회사가 정상화된 이후 탕감받은 금액을 자진해서 상환할 수도 있는 것이다. 따라서 기업회생절차 신청에 따른 인간적인 부담은 벗어나는 것이 옳다.

○ **기업회생절차 신청 시 꼭 준비하여야 할 사항**

기업회생절차 개시신청서와 강제집행 중지 또는 금지 신청서를 법원에 접수한 후 보통 1주일 내 담당 판사가 신청회사를 방문하여 대표자 심문을 거쳐 신청회사 재산에 대하여 채권자들의 강제집행 금지명령을 먼저 받게 된다. 그런데 만일에 회사 업무용 자산에 이미 가압류 등 강제 집행 절차가 진행 중일 때는 관할 법원에 강제집행 중지 명령 신청을 통하여 별도 중지 결정을 받아야 한다. 이와 같이 신속한 회사 자산 보전 결정을 해주는 이유는 회사 경영이 중단되지 않고 계속되어야 회사 손실이 최소화되고 이는 결국 채무 상환 능력 향상으로 이어져서 채권자에게 유리하기 때문이다.

이때 신청기업이 유의해야 할 사항은 채권 금융사를 비롯한 주요 이해 당사자들에게는 기업회생 신청서 법원 접수 후 즉시 신청 사실을 통보해 주고 정중하게 양해를 구하는 것을 잊지 말아야 한다는 것이다. 신청 사실을 다른 경로를 통하여 알게 되는 경우 채권자들의 감정을 자극할 수가 있고 배신감을 주기 때문이다. 그렇다고 법원에 접수하기 전에 미리 양해를 구하는 것은 삼가는 것이 좋다. 대부분 기업회생절차에 대한 몰이해로 양해해 줄 이해 당사자는 거의 없을 것이기 때문이다. 간혹 회생 절차를 잘 이해하고 있는 은행 실무자 측에서 자기은행의 담보권이 충분할 경우 기업회생절차를 권해주는 사례도 있기는 하다.

　다음 절차로 회생신청서 법원 제출 후 1개월째 되는 날에 개시 결정을 받게 되는데, 이때 신청기업의 사업성이 불확실할 때는 개시 결정 이후에 실시하는 조사 보고서를 앞당겨 조사할 수도 있다. 그러나 원칙은 개시 결정 시에 조사 위원이 선임되고 바로 실사에 착수하게 되는데 동 절차의 조사 보고서가 매우 중요함으로 잘 대비하여야 한다. 조사자인 회계사에게 관련 증빙 자료를 철저히 준비하여 사업성과 회생가능성이 높다는 설명을 충실히 하여야 한다. 만일에 조사 보고서상에 계속기업가치보다 청산가치가 많게 나올 경우는 기각 사유에 해당되어 더 이상의 회생 절차 진행이 중단되기 때문이다. 더구나 회계사들은 조사 보고서 작성 시 소극적인 태도를 보이는 바 이는 대체적으로 담당 판사들의 보수적 시각에 맞추는 경향이 있고 판사들의 좋은 평판을 받아야 계속 조사위원으로 일할 수 있기 때문이다.

이렇게 조사보고서상에 사업성이 있다는 의미인 계속기업가치가 청산가치보다 많게 나와야 제1차 관계인 집회가 원만하게 진행되는 것이다.

이 외에도 기업회생신청을 할 때 제일 걱정하게 되는 것이 회계분식과 가지급금 문제다. 그런데 결론부터 말하면 걱정할 필요 없다. 회계분식은 재고와 매출채권 과다 계상이 대표적인데 이러한 현상은 과거 모든 중소기업의 공통된 실정이었으므로 크게 걱정할 필요는 없다. 그러나 분식 금액이 지나치게 많거나 가지급금이 큰 경우는 영업자금 또는 비자금이 많이 소요되는 업종의 경우에 자주 발견된다. 따라서 조사위원과 법원에서 별도 소명을 요구하는 경우도 있기 때문에 미리 대비하여 사업상 불가피성에 대한 관련 자료를 첨부하여 소명하면 된다. 그러나 어떠한 경우도 기업회생 절차와는 별건이어서 회생 절차에 부정적인 영향만 줄 뿐 그 이외의 불이익은 원칙적으로 없기 때문에 회계분식과 가지급금 때문에 기업회생절차 신청 자체를 포기할 필요는 없다 하겠다.

기업회생절차는 2차와 3차 관계인 집회를 동시에 갖게 되는데 2차는 회생계획안 작성·제출, 3차는 제출된 회생계획안의 채권자 법정 동의율을 얻어내는 협상 조정 절차다. 대개는 3년 거치 7년 분할상환 계획을 작성하는데 계획안의 현재가치가 조사보고서상의 계속기업 가치를 현재가치로 환산한 계수와 동일하거나 많아야 한다. 이때 유의해야 할 사항은 회계사 또는 회생경영사 중 누가 작성했든지 간에 신청기업의 CEO와 CFO가 철저히 내용을 파악하고 회생계획안의 계수가 회사가 실현해 낼 수 있는 사업 계획에 근거하고 있음에 동의하여야 하는 것이다. 당해 기업의 향후 10년 장기 사업 계획과 꼭 실현해 내야 할 경영목표인데도 작성자에게만 의존하고 정작 사장은 모르는 경향이 있다. 이러한 중차대한 회생계획안이 신청기업의 실제를 반영하지 않고 채권금융사를 비롯한 채권자의 요구 수준에만 맞춰 상환금액을 과도하게 높여 인가받기 위한 수단으로 작성되면 인가 후의 이행 가능성이 현저히 떨어질 수밖에 없다. 인가 후 인가조건 이행이 불가능할 경우 천재지변 등 불가피한 사정이 없는 한 회생 절차는 종료되는 것이다. 단, 천재지변 등의 불가피성이 인정될 경우 회생계획 변경 신청을 제출·승인받으면 당연히 유효하다.

○ **기업회생절차 컨설팅의뢰 시 유의사항**

기업회생절차는 2013년 4월 서울 중앙지법 파산부와 중기청이 개최한 기업회생 컨설팅 정부 지원 개선방안 심포지엄을 갖고 현재의 '진로 제시 컨설팅' 제도를 도입하면서 회계사와 변호사 1조로 진행하는 시스템으로 굳어졌다. 최초로 정부지원제도를 제안하고 예산 증액까지를 청원한 경영지도사인 나는 낙동강 오리알이 되어버려 흔적도 없이 배제되었다. 회계사와 변호사보다 상대적으로 사회적 명성이 낮은 경영지도사는 우리나라 유일한 중소기업 전문 공인 경영컨설턴트임에도 불구하고 협회와 함께 철저히 배제당한 것이다. 좋게 해석하면 기업의 생사를 다루는 중요한 과정이고 회계사에게만 조사 위원 자격을 부여하고 있었기 때문에 진로 제시 컨설팅

보고서를 조사 보고서로 갈음할 수 있도록 결정한 전제하에서는 회계사로 국한시킬 수밖에 없었겠다고 넘길 수도 있겠다. 하지만 한편으로는 정부 당국자들의 무사안일과 책임회피의 극치를 보는 것 같은 씁쓸한 여운은 지울 수 없었다. 이러한 환경 속에서 절박한 처지에 있는 한계기업은 어떻게 대처해야 할까? 자금 사정이 고갈되어 컨설팅료 지급능력이 없는 회사라면 선택의 여지없이 먼저 정부의 지원 제도를 검토해 보아야 하겠으나, 기왕이면 예산이 반영되는 연초에 하는 것이 수혜 가능성이 높을 수밖에 없다. 30억 원이라는 예산의 한계성 때문에 조기 소진될 수밖에 없는 현실을 직시하여야 한다. 따라서 자기부담으로 기업회생 컨설팅을 진행할 수밖에 없는 경우는 경험 있는 회생경영사CTP를 활용하는 것이 신속하고 적은 비용으로 진행할 수 있을 것이다. 기업회생경영사 제도의 역사는 일천하지만 그래도 가장 체계 있게 가르치고 공부한 후 소정의 민간자격시험을 거쳐 취득한 자격증으로 우리나라에서 유일하게 기업회생 분야 최초로 정부기관에 등록된 자격증이다. 그리고 주로 변호사, 법무사, 은행 및 예보 간부 출신, 경영지도사 등 우수한 인재들이 취득한 자격증이며, 이미 700여 명을 배출했다. 만약에 회생경영사와 회생 절차를 진행할 경우는 컨설팅 계약 대신 인건비를 지급하는 용역계약을 체결하여 신청회사 소속 직원 신분으로 회생 업무를 맡기고 법원에 접수할 때 로펌을 선임하면 더욱 합법적이고 효율적인 회생 절차를 진행할 수 있을 것이다.

그러나 만일에 기업회생컨설팅 계약을 통해서 진행할 경우는 의뢰인과 회생경영사는 회생경영컨설팅 계약을, 의뢰인과 로펌은 회생 신청 및 법률서비스 계약을 각각 체결하여 진행하면 그만일 것이다. 그런데도 만에 하나 생길 수 있는 변호법위반 시비를 원천 차단하기 위해서는 용역계약 방식이 더 확실하다는 의견이다. 의뢰 기업이 로펌을 직접 선임하여 전 과정을 맡길 경우 당연히 안전하지만 무자격 도산 사무장이 기업회생 실무를 맡을 개연성이 높고, 불합리한 비용을 부담하면서 회생실무 경험이 없는 변호사의 실질적인 서비스를 기대하기 어려울 수 있다는 점을 알고 진행하여야 한다.

기업회생절차 업무 전반은 회생경영과 금융 업무를 이해해야 하는 전문성이 요구되어 대체적으로 도산 전문 변호사 외에는 생소한 분야이기 때문이다. 그러나 근자에 개업하는 젊은 변호사, 또는 상·경계 학부와 로스쿨 출신 변호사들의 경우 현행 통합도산법으로 개정된 후의 변호사들이어서 예외라는 점도 참고하여야 한다.

마지막으로 기업회생절차 개시 결정이 나면 기업회생신청자와 구조조정 전문가CRO 간에 법정관리인 업무 보조 계약을 하도록 법원의 추천을 받게 된다. 현행법상 회사 대표가 법정관리인이 되는 미국식 기존 경영자 관리인 제도를 채택하였기 때문이고 법정관리인으로 선임된 무경험자인 대표이사를 보좌하기 위해서다. 그러나 이들도 법정관리인 양성과정만 이수했을 뿐 실무 경험이 없어 실익이 없기는 마찬가지이다. 하지만 채권금융회사의 감독 기능을 수행한다는 명분하에 주거래 은행의 추천을 받았을 것이기 때문에 사실상 법원에서 이를 거절하기는 어려울 것이다.

그래도 회생 신청 기업이 회생경영사와 용역계약을 통하여 진행하는 경우는 법원에 기업회생절차 개시 신청 시, 또는 담당 판사의 신청회사 대표 면담 때 이미 회생컨설팅과 법정관리 실무능력이 있는 유능한 회생경영사CTP를 채용했으므로 별도의 구조조정 전문가 CRO가 불필요하다는 것을 건의하면 받아줄 가능성이 높다. 따라서 직접 건의가 불편하면 선임 변호사에게 부탁해 보는 것도 좋은 방법으로 생각된다. 왜냐하면 법원 추천 구조조정 전문가와 계약을 하면 인건비 부담이 추가로 발생함은 물론이고 법정관리 실무를 잘 모르기 때문에 오히려 혼선만 초래될 수 있기 때문이다. 또한 모든 회생 절차가 원만하게 진행되어 최종적으로 인가를 받았다 하더라도 회생 절차가 끝난 것이 아니라 시작이라는 인식을 가져야 한다.

만일에 10년 분할 상환조건의 회생계획을 인가받은 후 준비 연도 다음 해인 제1회 분할상환액을 차질 없이 납부하면 법원 승인을 받아 회생 절차가 조기종료될 수 있다. 이와 같은 조기 종결은 법원의 관리 없이도 회생경영이 가능할 것으로 인정받았다는 의미다. 다만 채권자 협의회 의견을 존중하여 채권자 측 추천감사를 선임, 법정관리가 종결되는데 따른 채권자 측의 감독 공백을 메우는 조치를 취할 수는 있다. 그렇다손 치더라도 법정관리를 벗어나 경영권을 행사할 수 있는 정상적인 기업경영체제로 조기 복귀하는 것은 명백하다.

이때 제일 중요한 것이 회생회사 임직원들의 자세다. 채권자들의 희생과 양보로 만들어진 회생계획상의 분할 상환에 대한 책임이 막중하다는 말이다. 무슨 일이 있어도 꼭 이행해 내야 할 최소한의 경영목표임을 명심해야 한다. 따라서 신청회사는 회생컨설팅을 담당한 회생경영사와 함께 회생계획안의 철저한 이행전략과 회생 절차의 중요성, 그리고 전 임직원들이 단합하여 꼭 이루어내야 할 경영목표임을 공감할 수 있게 교육 훈련해야 한다. 그래서 이와 같은 내용을 잘 인식하고 지도할 수 있는 능력을 가진 '기업회생경영사'의 역할과 활용이 강조되는 것이다.

03
부실기업인의 통렬한 반성과
회생경영 전략

○ 부실경영에 대한 통렬한 반성이 회생경영 시작이다

자가 공장을 소유하고 있는 제조업의 경우 기업회생절차를 인가받게 되면 통상적으로 총 채무의 30% 내지는 50%를 탕감받는다. 그래도 이 절차는 청산가치 보장의 원칙 때문에 합리성이 확보된다. 따라서 법리상으로는 청산가치 이상만 상환할 수 있으면 기본요건을 갖춘 것이다. 게다가 실질적으로도 공장을 보유한 신청회사의 총자산을 당장 현금화할 수 있는 청산가치로 환가해 보면 평균 50% 선상에 머물기 때문이다. 더구나 기업회생절차는 10년이란 긴 세월에 걸쳐 미래가치인 계속기업가치를 탕감된 부채 상환에 투입하는 절차여서 보수적인 사업계획을 전제할 수밖에 없다. 더욱이 꼭 이행해 내야 할 경영목표이고 불이행하면 파산될 수밖에 없는 것이다. 그러므로 채권자들의 상당한 희생 위에 회생기회를 갖는 것이어서 적어도 부실 경영에 대한 통렬한 반성하에 탕감 조정된 채무는 기필코 갚아내야겠다는 책임감을 가지고 회생경영에 임해야 한다.

현행 기업회생절차는 과거 도산3법 시절의 법정관리보다 채무기업에 훨씬 유리한 미국의 전치주의를 채택하여 법정관리인으로 채무기업의 대표가 선임된다. 따라서 과거엔 채권은행에서 법정관리인을 맡았기 때문에 사실상 회사정리절차에 불과하여 회생경영 전략을 구사할 여지가 없었다. 그러나 현행법에 의한 법정관리는 회사 대표가 경영권을 가지므로 새로운 사업성을 창조하여 회사 정상화가 가능하게 된 것이다.

그러니까 회생절차를 통하여 채권자와의 원만한 채무조정을 거쳐 유동성을 해결한 후에도 신제품개발, 생산조직과 공정혁신, 신시장 개척 등 새로운 이익을 창출할 수 있는 사업성과 경쟁력을 갖추어 인가된 탕감 채무는 꼭 상환해 낼 수 있는 구조조정과 회생경영전략을 강도 높게 구사하여야 한다. 이런 의미에서 파산법원도 회생계획의 분할 상환을 제대로 이행하면 조기졸업을 승인해 주어 기업의 자율경영을 보장하고 있는 것이다.

이러한 시대 흐름에 맞추어 회생기업 오너들도 권위적이고 독단적인 기업가 정신을 과감히 탈피하여 이해 당사자들과 더불어 이익을 공유하는 시대에 부응해야 한다. 특히 기업의 평판은 소비자가 만들고 키워준다는 인식의 변화가 중요하다. 나 혼자 잘해서 성공했었다는 자만심과 아집을 버리고 함께 더불어 살아가는 현대의 기업가 정신을 수용할 때 회생경영목표는 달성될 수 있는 것이다.

지상을 통하여 효성그룹이 '경영목표를 달성한 효성경영의 반성'이라는 글을 본 적이 있다.

① 안일한 자세로 혁신기술을 확보하지 못한 점

② 품질과 기술 부족으로 고객 신뢰를 얻지 못한 점

③ 새로운 시장과 고객을 찾는데 소홀히 한 점

④ 책임회피를 위한 '어찌 하오리까' 란 악습 팽배

등을 반성하고 해결한 뒤에야 경영목표를 달성했다는 내용이다.

자수성가한 중소기업 오너 겸 대표이사를 상담해 보면 자기식대로 성공했던 과거 경영방식에 매몰되어 다른 임직원들의 의견에 마음을 열지 않고 독선에 집착하는 경우가 흔하다. 이런 기업들이 기업회생 절차 인가 후에도 과거 악습에서 벗어나지 못하면 결코 정상기업으로 복귀하여 재도약의 기회를 갖기 어렵다. 그런 오너 밑에서는 임직원들이 회사 경영방침과 전략을 바꾼다 해도 새로운 회사가 될 수 없는 것이다. 새롭고 혁신적인 변화를 오너 스스로가 받아들여야 하는 이유가 여기에 있다. 경영혁신에 관한 보편적인 내용을 총동원하여 기업회생 인가 기회를 갖고도 과거에 안주하면 회생이 어렵다는 사실은 인가 후 이행 가능성이 낮은 데서도 알 수 있는 것이다.

○ **기업문화 혁신해야 구조조정 및 회생경영 성공한다.**

기업회생을 상담하러 온 오너들은 대부분은 가업을 승계받았거나 엔지니어 출신으로 자수성가한 경우가 많았는데 우연이 아닌 것 같았다. 대체적으로 상명하복의 수직적 기업문화에 길들여져 있어서 경영혁신이 필요한 회생경영능력을 발휘할 수 있을까 하는 걱정이 앞서는 경우가 많았다.

오너가 사옥 현관문을 나설 때 기다렸다는 듯이 문 열어주고 퇴근하는 직원들이 많고, 회의 중 부정적인 의견을 낸 직원에게 이름 부르며 "잔말 말고 그냥 시키는 대로 해"라고 반말로 지시하는 등 제왕적이고 수직적 리더십을 가지고는 회생기업을 다시 정상화시키기는 어렵다는 사실을 알아야 한다.

나는 금융인 출신이어서 중소기업들과는 비교될 만한 경험은 없지만 지금도 상상만 해도 웃음이 터지는 기억이 있다. 어느 날 엄격한 은행장이 부임한 후 부장이 결재받으러 들어갔다가 질책을 받고 나왔다. 그런데 그 부장이 그만 당황해서 출구를 못 찾고 캐비닛 문을 열고 나가려다 헤딩을 했다는 에피소드다. 이 같은 구시대적 문화로는 회생기업의 정상화는 어려운 것이다. 구성원들 간의 원활한 소통과 스스로 자기책임을 다할 수 있도록 하는 수평적 리더십이 필요한 시대인 것이다.

내가 그룹 계열사 저축은행 사장 취임 후 다른 그룹에서 오래 근무했던 선배 한 분과 갖은 점심 식사 자리에서 선배가 한 가지 팁을 주겠단다. 어떠한 경우도 그룹 회장 말에 노라는 대답은 절대 안 된다는 귀띔이었다. 지시에 따르지 않을 바에야 차라리 사퇴하는 편이 낫다는 의견이었다. 그 팁은 적중했다. 그룹 회장도 아닌 모기업 사장의 부당한 업무지시에 불응했다가 결산보고 자리에서 사퇴 의사 한마디에 그날로 사장 방 빼주고 퇴임했었으니까 하는 말이다. 결국 얼마 못 가서 그 모기업은 퇴출되었으니 사필귀정 아닌가?

미래지향적이고 수평적인 기업문화만이 임직원들을 춤추게 할 수 있다. 다양성이 꽃피는 분위기를 만들어줘야 한다. 일찍 나오고 늦게 퇴근하면서 충성하는 직원들이 우대받던 시대는 끝난 지 오래다. 직책을 파괴하며 유연근무제를 허락하고 복장을 자율화해도 구성원 모두가 자기 일을 스스로 책임지고 해낼 수 있는 문화가 필요한 시대이다. 이를 명확히 알고 회생기업 오너들이 수직적 리더십에 대해 일대 전환하기를 바란다.

○ 부실하청기업 회생경영 지원해야 진짜 동반성장이다

동반성장위원회 태동 당시부터 수많은 논란 속에서도 그런대로 동반성장의 개념이 정립되었고 그 필요성에 공감을 어느 정도 얻고 있다. 다만 현 정부의 중소벤처기업부 승격 후에도 계속 유지될지는 모르겠으나 동반성장지수까지 만들어 평가 결과를 발표하고 있었다. 낮은 평가를 받은 기업들을 독려하기 위한 수단이었을 것이다. 그러나 지금도 대기업들의 일감 몰아주기, 납품 단가 후려치기, 기술 탈취 등 고질적인 횡포들이 근절되었다는 소식은 들려오지 않는다.

그동안 끊임없이 납품단가 인하를 요구받은 하청업체들은 마른 수건도 쥐어짜는 심정으로 경영해야만 생존할 수 있다는 볼멘소리를 그치지 않아왔다. 이런 현상들은 결국 중소기업들의 설비 및 기술 투자를 위축시키고, 출혈경쟁을 이겨내지 못하면 부실기업으로 전략될 수밖에 없는 것이다. 반면에 30대 기업들의 사내 유보금은 날로 증가하여 700조 원에 달한다는 보도도.

현 정부의 소득주도 성장논리도 이러한 현상의 해결을 위한 정책으로 알고 있다. 대기업 이익이 증가한다고 근로자들의 임금이 비례해 상승하는 것이 아님은 물론, 하청기업 성장도 수반되는 것이 아니라서 더욱 하청기업 경영이 악화된다는 반증일 수 있다. 이러한 현상은 동반성장위원회의 보완 대책이 필요한 이유로 충분하다. 우선 동반성장 평가지수 항목에 하청기업 경영지원 실적을 추가 보완하여야 한다. 특히 부실 하청기업들의 회생컨설팅 지원과 회생경영에 필요한 경영안정자금 지원이 긴요한데도 현재의 금융시스템으로는 자금지원이 요원한 실정이다. 따라서 모기업이 이러한 현실을 고려하여 하청업체 회생경영을 적극 지원하여야 한다.

우리 협회는 동반성장위원회, 현대 모비스, SK 텔레콤, 현대중공업 등에게 제안서를 보냈었다. 유동성 위기에 처한 부실 하청기업들의 구조조정 및 기업회생컨설팅을 협회 부설 한국기업회생연구소가 맡고, 법원에 기업회생절차 신청이 필요한 경우는 이에 소요되는 일체 비용을 모기업이 부담해 줄 것을 제안한 것이다. 부실 하청기업 전락의 상당한 원인 제공자인 그룹이나 모기업이 그 치료비를 부담하란 취지였다. 그러면 모기업에 대한 충성도가 향상될 것이고, 최고 품질 부품의 안정적 공급, 기술 개발 투자와 품질 개선 노력, 고용조건의 획기적 개선 등 동반성장의 효과가 클 것이란 논리였다.

특히 현대 모비스는 이 부회장과 함께 직접 방문하여 제안 설명까지 했었으나, 부실 하청기업이 원천적으로 발생할 수 없는 관리 시스템을 갖고 있어서 회생신청이 필요한 대상이 없다는 답변만 듣고

금융인의 반란

나왔었다.

담론에서는 부실기업들의 구조조정과 한계기업들의 회생경영, 그리고 퇴출기업들의 재기지원이 활발해야 사회적 매몰비용 감소, 일자리 상실 차단 및 유지, 창업 활성화 등에 크게 기여할 수 있다는 많은 전문가 및 교수들의 주장과 지적이 넘쳐난다. 하지만 막상 실전에 들어가 보면 기득권 유지에 급급할 뿐 제도 혁신에는 대단히 인색한 것이 현실임을 새삼 느끼게 해주었다.

○ 중소기업 연대보증 요구하지도 서지도 말자

법인 대부분이 주식회사를 기초로 하고 있으며 요즘은 최소자본금마저도 폐지되어 더욱 손쉽게 주식회사를 선호하고 있다. 그럼에도 주식회사가 가지고 있는 고유한 특성을 인식하지 못하고 별생각 없이 창업하고 있는 것이 현실이다. 주식회사는 기본적으로 소유와 경영의 분리 원칙이고 유한책임을 전제로 하는 물적 회사다. 이 같은 주식회사를 상대로 대출하는 금융회사들도 이 특성을 간과하고 담보가 부족하면 연대보증을 요구하여 보증인의 사실상 무한책임을 강요당해 왔다. 연대보증 입보를 요구받은 대표이사 또는 대주주는 소유와 경영을 분리하고 보유지분에 따라 책임지는 주식회사의 유한책임제도에 맞지 않음에도 대출받기 위해서 울며 겨자 먹기 식으로 감수하는 것이다.

연대보증제도는 보증인에게 검색, 최고 항변권 없이 채무이행을 요구할 수 있는 무시무시한 족쇄인데도 아랑곳하지 않는다. 채무회사와 금융회사 간 채권·채무관계가 소멸되어도 몇 개 기관을 제외하고는 부종성의 원칙이 적용되지 않아서 보증채무가 소멸되지 않는 모순을 가지고 있다. 이 때문에 채무회사가 파산했다 하더라도 연대보증인의 보증 채무는 계속 존속됨으로 무한책임을 지게 되는 것이다. 이 같은 독소조항으로 인하여 스타트—업이나 중소기업의 역동적인 경영활동을 기대할 수 없을뿐더러 보증인은 무한책임에서 벗어날 길이 없어 채무불이행자의 나락으로 전락하기 십상이다.

더 큰 문제는 금융회사 자신도 신용조사는 물론 대출심사와 사후관리까지도 게을리할 수 있는 개연성이 높아져 부실대출의 원인이 될 수 있음도 간과한다는 것이다. 따라서 차주회사나 보증인, 그리고 금융회사 모두를 위해서도 보증 제도를 폐지하는 것이 옳다. 현재의 보증제도는 과거에 비해서는 많이 개선되었다지만 개정된 보증제도일지라도 보증을 요구하지도 서지도 말자. 근본적으로 채권·채무 당사자에게 자금의 효율성을 왜곡시킬 수 있어 모두에게 위험하기 때문이다.

채무회사 입장에서는 정확한 소요자금을 산정하여 상환능력과 리스크 수용능력 범위, 그리고 기대수익이 차입 이자보다 클 때 해당 자금을 차입해야만 자금의 효율성이 제고될 수 있다. 그럼에도 불구하고 이를 무시하고 담보와 입보만으로 신용대출을 허용하는 한 최고액을 대출받으면 잉여자금 발생으로 인한 자금 효율성이 떨어질 수밖에 없어 결국 수익성이 악화되는 독이 될 수 있는 것이다. 만약 이로 인하여 사업 실패로 이어진다면 본인과 가족에게 치명상이

금융인의 반란

된다. 급변하는 기업 환경 속에서 계속기업으로 안정되게 유지할 수 있는 아이템은 존재하지 않기 때문이다. 나만 꼭 성공할 수 있을 것이란 판단은 허구다.

금융회사 입장에서도 신용공여 한도를 보수적으로 운용하여야 한다. 동서양을 막론하고 금융업은 보수적인 돈 장사다. 차주회사의 상환능력인 신용 범위 내에서, 그리고 은행의 수용 가능한 리스크 범위 내에서 자금 공여를 하되 실제 소요자금 내역대로 집행되는지 사용경로까지도 꼭 확인하여야 한다. 대출 후에는 채무자가 알아서 잘하겠지 하고 손 놓아버리면 차주회사는 급한 순서대로 자금 집행 유혹에 빠지기 쉽다. 유용하지 않고 계획대로 투명하게 사용돼야 자금효율성과 상환 가능성이 높아질 것은 명약관화한 얘기 아닌가?

담보는 불의의 사고에 대비할 수 있는 보험 성격으로 요구해야지 담보를 보고 대출하면 차입회사의 소요자금이나 상환능력보다 초과할 가능성이 크고, 이러한 대출금은 경영위기 시 바로 부실대출로 이어질 수밖에 없다. 따라서 차입회사와 금융회사 모두에게 바람직스럽지 않은 결과를 초래한다. 그러므로 보증제도는 요구하지도 서지도 말자.

04
위기기업 및 소상공인들의
회생경영노트

○ **회생을 위해 뛰지 말고 생존을 위해 뛰어라.**

2011년 말 한국경제신문사 와우 TV 스타북스 코너 담당자로부터 뜻밖의 전화가 걸려왔다. 모某 일본인 저자의 책을 우리말로 번역한 신간 소개 대담 프로그램 출연 요청이었다. 일본의 부실기업 구조조정 및 회생전문가로서 일생 동안 부실기업을 정상화시키는 과정에서 기록한 생생한 경험을 한 권의 책으로 엮은 것인데 일본에서 베스트셀러였다. 저자를 직접 초청하기가 곤란하자 대신 중소기업진흥공단에 회생전문가 추천을 부탁하여 나를 소개받았단다.

보내온 책을 정독해 보고 대담 시나리오를 읽어보니 충분히 가능해 보였지만 TV 출연 경험이 없어 부담스러웠다. 동화은행 고객부장 재직 시 뉴스 시간에 방영될 금융상품 인터뷰 때도 생각보다 쉽지 않았던 경험도 기억났다. 그래도 회생전문가로 추천해 준 공단에 예의도 갖추어야 될 것 같고 우리 사업에 대한 홍보에도 좋은 기회라는 생각이 들었다. 광고비 한 푼 안 들이고 무려 한 시간 동안이나 회생제도의 필요성과 사례들을 애기할 수 있을 테니까…

흔쾌히 수락하고 철저하게 대비했다. 녹화 당일 영등포 녹화장에 여유 있게 도착하여 간단한 분장을 마치고 대담할 사회자를 기다렸다. 시작 전에 커피 한 잔이라도 나누면서 서로 간에 어느 정도 대담에 관한 교감이 필요해 보였으나 사회자 지각으로 바로 녹화에 들어갔다. 준비한 만큼은 잘한 것 같지 않았으나, 편집을 잘 해준 덕에 방영 후 시청자 반응은 좋았고 제법 유명세를 치르는 기회가 되기도 하였다. 당시 대담 내용 가운데 현재도 우리나라 부실기업 구조조정과 회생경영에 타산지석이 될 만한 문답만을 간추려 싣는다.

문: 저자는 40년간 사업 현장에서 체험한 노하우와 아이디어를 메모한 200여 권 분량의 기록을 토대로 수많은 키워드를 정리했는데, 메모를 잘하는 것도 성공의 비결 중 하나인 것 같습니다.

답: 메모하는 습관은 아주 중요하다고 생각합니다. 새로운 기획이나 전략을 구사할 때 아주 빠르고 쉽게 정보를 꺼내 쓸 수 있어서 좋고 판단력이나 업무의 속도 면에서도 장점이 많습니다. 심지어 생소한 모임이나 고객을 만나러 갈 때도 미리 메모한 자료들을 들여다보고 가면 화젯거리도 궁하지 않고 여유가 많아지겠지요?

문: 저자는 어떤 계기로 노트를 기록한 건가요?

답: 다국적기업에 근무하면서 마케팅 현장에서 습득한 비즈니스 영어를 노트에 정리하며 메모를 생활화하기 시작했답니다. 일본 사람들의 영어실력도 좋은 편은 아니지 않습니까? 제가 76년도에 이스라엘로 연수를 갔었는데, 21개 참가국 연수생들이 연수 기간 동안 자국의 문화와 사회상을 소개하는 시간이 2시간씩 주어졌었거든요. 그런데 영어실력이 약한 한국과 일본, 그리고 대만 연수생들은 맨 마지막에 강의하도록 배려해 주었습니다. 영어가 익숙해진 다음에 하도록 배려한 거죠. 여하튼 영어 공부를 하기 위해서 갖게 된 습관이 계기가 되어 중간관리자 시절의 조직관리기법이라든지 경영자들의 노하우를 차곡차곡 기록한 것입니다.

문: 어떤 기업회생 비결이 가장 기억에 남으셨나요?

답: "회생을 위해 뛰지 말고 생존을 위해 뛰어라"입니다. 평범하고 짧은 말 같지만 많은 것을 시사한다는 생각이 들었습니다. 아무리 다급한 상황에 처해있는 부실기업이라 하더라도 구성원 모두가 위기의식을 가지고 생존을 위해 합심하여 뛴다면 회생 기회를 얻을 수도 있고 적자를 극복하고 정상화될 수 있을 것입니다. 반면에 우량기업도 현실에 안주한다면

어느 한순간에 사라질 수도 있다는 진리를 명심해야 할 것입니다.

문: 이 책의 저자는 회사를 경영할 때 가장 중요한 요소가 무엇이라고 보고 있습니까?

답: 그 조직의 의욕적인 목표설정과 추진전략을 들었습니다.

문: 어느 회사나 목표는 세우고 있지 않습니까? 무엇이 다를까요?

답: 사회자 말씀대로 어느 조직이든 목표는 세웁니다. 그러나 '그 목표가 꼭 달성 가능한 목표인지', 또 '그 목표를 달성하기 위한 구성원 모두의 참여 의지와 구체적인 달성 전략들이 무엇인지?' 등의 중요함을 지적한 것입니다. 구성원 모두 함께 참여하여 설정한 목표는 달성 가능성이 크다는 것이 경영학 목표관리에서도 나옵니다.

문: 리더의 자질에 대해서 이 책의 저자는 어떻게 말하고 있습니까?

답: 저자가 지적한 리더의 덕목은 회생기업의 경우를 전제로 한 것인데, 그중 제일 강조한 것은 원리원칙을 중시하라는 것

입니다. 일이 꼬이고 어려울수록 'Back To Basics' 즉, 기본
으로 돌아가라는 말이 있지 않습니까? 누구나 다 알 수 있
는 말인데도 실천은 쉽지 않습니다. 솔선수범해서 리더가
실천을 할 때만이 구성원들의 공감을 살 수 있을 것입니다.

문: 계속된 경기 불황으로 국내 기업들 상황도 어렵습니다. 우리
부실기업들도 배워 볼 만한 흑자로 만드는 비결이 있을까
요? 아마도 사회자께서 이쪽으로 유도하기 위해서 앞의 여
러 가지 질문을 하신 것 같습니다.

답: 물론 배울 만한 것들이 많습니다. 우리나라 총 중소기업들
중 매년 90만 내외 중소기업 및 자영업자들이 문을 닫는다
고 합니다. 이를 두고 중소기업들은 다산다사多産多死주의
라는 말도 하고 있습니다. 그러니까 제가 알기로는 연간 약
100만 개의 새로운 창업자가 생겨나고 약 90만 내외가 퇴
출되는 악순환이 반복되고 있습니다. 따라서 저자가 강조
한 수많은 키워드를 각자 자기 회사가 처한 사정에 따라 새
겨들으면 흑자전환하는 데 매우 유익할 것으로 생각됩니다.
왜냐하면 이 책의 키워드들은 수백 개 부실 사업자 경영현
장에서 체득하면서 메모한 경험담이기 때문에 누구나 쉽게
알아들을 수 있고, 실천할 수 있는 경영자들의 지혜서라는 판
단에서 그렇습니다. 그러나 앞에서도 강조했던 "회생을 위해서

뛰지 말고 생존을 위해서 뛰어라"라는 말은 부실기업 모두 가 깊이 새겨들어야 할 것입니다.

문: 국내 기업 중에서 어려운 상황을 성공적으로 극복한 사례가 있을까요?

답: 물론 있지요. 중소기업의 예는 아주 많습니다. 뒤에서 성공 사례를 별도 장에서 소개하겠습니다만, 이미 2008년부터 중소기업진흥공단에서 기업회생 컨설팅 정부지원사업을 전 개하여 약 900여 개 중소기업을 회생시켰습니다. 앞으로 더 욱 확대될 것으로 기대하고 있습니다. 우리 연구소에서 회 생시킨 회사의 경우를 얘기해도 될지 모르겠지만 반도체 부 품 생산 중소기업이 생각납니다. 벌써 오래전 기억이지만 새파랗게 질린 얼굴로 사장과 본부장이 찾아왔었습니다. 유 동성 위기로 인하여 부도 직전이었답니다. 기업회생절차를 컨설팅해 주었는데, 인가 결정을 받았었고 이미 법정관리가 조기 종료되어 정상화되었답니다. 그 당시 연말에는 김진일 회장이 봉사하고 있는 부도기업인 재기 모임 송년회가 있었 습니다. 이 자리에서 20여 명의 쓰라린 고통을 경험한 부도 기업인들이 모여 재기의 의지를 다지면서 재기에 성공한 사 장의 성공담을 전해 듣기도 하였습니다. 저도 함께하면서 재기를 기약하는 파이팅도 외쳤습니다. 차제에 경영이 어려

운 부실 중소기업과 실패 기업인들에게 호소하고자 합니다. 이 시대에는 과중채무 때문에 부도내고 야반도주하거나 가정이 파탄에 이르거나 해외 도피하는 일은 절대로 없어야 합니다. 사업을 하다가 위기에 몰리면 우선 중소기업진흥공단을 찾으십시오. 아주 친절하게 해결책을 모색해 줄 것입니다. 창업에서 청산할 때까지 모든 분야의 지원을 받을 수 있습니다. 자금과 컨설팅 지원은 물론이고 기업회생 컨설팅과 긴급경영안정자금 지원 시스템도 있습니다.

문: 저자는 프로만이 성공을 넘어 생존할 수 있다고 했는데요.

답: 프로가 되기 위한 5가지 필요조건과 3가지 충분조건을 소개하면 많은 분들에게 큰 도움이 될 것 같습니다. 그 내용은 사원들에게 들려주기 위한 메모로 생각됩니다. 경영자들이야 프로 아닌 사람이 별로 없을 테니까 진부하게 들릴지 모르겠지만, 젊은 사원들은 귀담아들을 필요가 있습니다. 필요조건은 이를테면 기본기에 충실하라는 말인데, 전문지식과 기본 소양을 갖추고 강인한 체력과 정신력, 그리고 사명감을 가져야 된다는 것을 강조했습니다. 충분조건으로는 스스로 자기 일을 찾아서 할 줄 아는 태도와 고생스럽더라도 꼭 실패 체험을 돌파하라는 충고였습니다. 그런데 저자는 실제로 부하직원들이 실패 체험을 경험하도록 영업 현장을 함께

뛰면서 성과의 공로는 부하에게 실패는 본인에게 전가하면서 가르쳤답니다. 정말 훌륭한 리더라고 생각합니다.

문: 저자가 생각하는 비즈니스의 최대 철칙은 무엇입니까?

답: 시장점유율 1위를 강조했는데, 어디 세상에 일등이 그리 쉽습니까? 만일에 일등이 어려우면 시장을 바꾸어 신시장을 개척해 본다든지 하는 대안도 염두에 두어야 합니다.

문: 저자는 경쟁에서 살아남는 길은 유일무이한 존재가 되는 것이라는 말도 했다는데요?

답: 아마도 사원들에게 실력파가 되거나 아니면 다른 차별화된 경쟁력을 가지라는 뜻이겠죠. 생태계의 생존전략을 보면 쉽게 납득이 됩니다. 아무도 가지 않은 분야를 개척하는 것이 마케팅 관점에서도 위험은 따르겠지만 유리하다는 것을 일깨워 준 것입니다.

문: 또 책에서는 먹고 먹히는 처절한 시장 경제에서 살아남을 수 있는 4가지 전략을 제시하고 있다고요?

답: 그렇습니다. 부실기업의 회생경영 전략을 말한 것인데, 차별화,

가격 전략, 집중화, 틈새전략 등으로 각 사업자들의 아이템과 시장구조에 따라 어떠한 전략을 구사해야 할지를 신속하게 결정해야 된다고 강조했습니다. 보통은 기업회생경영이 필요한 기업의 경우는 집중화와 차별화전략을 권하고 싶습니다. 자기 사업체가 가지고 있는 강점, 소위 경쟁우위에 있는 경영 요소를 극대화하는 것이 매우 중요합니다.

문: 꽤 많은 경영자들이 경비 절감을 부르짖는 경우가 많은데요.

답: 저자는 경비 절감만으로는 이익을 얻을 수 없다고 주장하고 있습니다. 그러니까 경비 절감의 효율성을 강조한 것입니다. 최소한의 투자를 통해서 최대의 효과가 기대되면 자금을 투입해야겠지만 단순히 비용 금액만 줄이려 들면 경영이 위축되고 구성원들이 태만해지기 쉬운 것이니까 그러한 위험을 지적한 것입니다.

문: 저자는 기업구조조정 전문가로도 활약한 것으로 알고 있는데요. 경비 절감과 구조조정에 대해서는 어떤 생각을 갖고 있습니까?

답: 그는 두 가지를 강조했습니다. 먼저 경비 절감 요령을 제시했는데 경비를 세목별로 통제하는 것보다 총량규제가 더 유

금융인의 반란

리하다는 것이고, 또 하나는 인건비 절약 차원에서 조직 구조조정을 통한 인력을 감축한다 하더라도 계속 조직을 유지할 수 있는 전략과 필요 시 재채용할 수 있는 인간관계를 유지하고 있어야 하는 점을 강조했습니다.

문: 책에서는 브랜드파워에 대한 중요성도 언급했는데, 브랜드 성공전략을 어떻게 제시하고 있는지요?

답: 기업이나 사람 모두 브랜드파워의 무서움을 알아야 됩니다. 고객 제일주의를 인식하고 자사의 제품에 대한 상세한 이해와 제품의 특성, 그리고 우수성을 홍보하여 오랜 기간 정성을 쏟아야 합니다. 가끔 신문에서 짝퉁 뉴스를 접하게 되는데, 소비자들이 얼마나 브랜드 가치를 중요하게 여기는지를 여실히 보여주는 본보기입니다. 사람도 마찬가지입니다. 처음에 이미지를 잘못 심어놓으면 늘 저 사람은 그런 사람으로, 속된 말로 찍혀서 평생 고생하는 경우도 흔히 볼 수 있습니다. 따라서 자사 제품이나 사람 모두 처음 출시할 때 각별히 유의해야 성공할 수 있습니다.

문: 판매하는 방법에도 남과 다른 저자만의 비법이 있을까요?

답: 너무 많은 비법을 공개해서 제가 할 일이 없어지지 않을까

걱정됩니다. "매출은 밥이다!"라는 말로 대변했습니다. 먹지 않으면 죽지 않을 장사가 어디 있겠습니까? 그런데도 우수한 인재는 인사, 기획, 재무, 비서실 등에 배치했어요. 고객 관리가 어려운 영업부서에서 별 볼 일이 없는 사람을 발령 내놓고 실적이 나쁘다고 한탄하고 있다면 말이 안 되지 않습니까? 특히 과거 금융업에서도 그런 경우가 많았습니다. 본부 스텝들은 유능한 인재로 보충하고 일선 영업점에는 평범한 인력을 배치하는, 그래서 지금은 그런 은행들의 간판을 하나도 볼 수 없다고 주장한다면 과장일까요? 과거 우리가 군 생활할 때만 해도 군부대의 최전방은 저학력자들을 보냈고 고학력과 좋은 집안 자재들은 후방으로 보낸 적도 있었지 않았습니까? 결론은 가장 유능한 인력을 판매 실적을 제고할 수 있는 최일선에 배치하라는 얘기입니다. 백번 옳은 말이고 아무리 강조해도 부족함이 없을 것 같습니다.

문: 조직에서 어떤 사람들이 성공할 수 있을까요?

답: 오래전에 어느 은행장이 월례 조회 석상에서 강조했던 고사성어가 생각납니다. 당나라 선승 임제 선사의 법어였다는 '수처작주 입처개진隨處作主 立處皆眞' 즉, '어떤 자리든 주인공으로 살아간다면 그 자리가 참될 것이다'라는 뜻인데 직원들에게 자기 회사의 주인의식을 가지고 사장처럼 일하고 생각

해야 한다는 점을 강조한 말입니다. 이 내용은 이 책의 결론에 해당되는 말이지만 오래전 저의 노트 맨 앞장에도 적어 놓고 자주 생각해 보는 글귀입니다.

문: 이 대표가 보시기에 이 책은 어떤 분들이 읽으면 좋을까요?

답: 저자의 40년 회사생활 동안 실제 느끼고 실천했던 경영의 지혜서이므로 경영전략을 체계적으로 구사할 수 없는 수백만 부실 중소기업과 자영업자, 그리고 소상공인들의 필독서로 추천하고 싶습니다.

문: 이 대표는 자신도 회사도 모두 살아남을 수 있는 방법은 무엇이라고 생각합니까?

답: 우리가 맞이할 미래는 신인류시대로 규정하는 학자들이 늘고 있다고 들었습니다. 농경사회가 3,000년, 산업사회가 200년, 정보화 사회가 50년, 그다음의 제4차 산업사회는 신인류시대랍니다. 생명공학과 나노기술에 ICT 융합의 발달로 인위적 진화가 가능하여 이승에서 인간의 영생을 시간 문제로 보는 시각도 있답니다. 케임브리지 대학에서 인간의 유전자와 90%가 유사하다는 쥐를 대상으로 연구, 2년 만에 쥐의 수명을 5년으로 연장하는 데 성공했다는 보도가 나온

지도 상당한 시간이 흘렀습니다. 이와 같이 우리가 큰 변곡점에 와 있는 것은 분명합니다. 남성에서 여성으로, 서양에서 동양으로, 머리에서 가슴으로, 물질에서 정신으로, 경쟁에서 조화로, 고성장에서 저성장으로, 디지털에서 디지로그로. 이와 같이 지식에서 지혜의 시대로 패러다임이 급격히 변하고 있다는 뜻으로 이해하고 있습니다. 이렇게 맞이할 미래시대는 지식의 시대를 넘어 지혜의 시대로 이행되고 있습니다. 현기증이 날 지경입니다. 저도 경영학 석사 학위에 그쳤지만 학교를 12번 다녔고 매년 이력서가 바뀌었습니다. 끊임없이 배우고 혁신하는 것만이 회사와 내가 함께 사는 길이라 생각됩니다. 즉, 일일신 우일신 日日新 又日新을 강조하고자 합니다.

05
부실기업 및 소상공인들의
기업회생 성공사례

   다음은 부실 중소기업과 자영업자, 그리고 채무불이행자들의 성
공 사례인데, 실제 진행된 신청 채무자들의 모든 정보와 자료를 공
개할 수는 없습니다. 따라서 회생절차가 필요한 중소기업과 자영업
자들이나 실패 기업인, 그리고 과중채무자들과 일반 독자들이 참고
할 수 있을 정도의 회생절차 중 일부 개요만을 요약하여 소개하였습
니다.

   ○ **글로벌 금융위기를 벗어난 금속회사의 기업회생 사례**

   ① **채무자회사의 개요**

   신청인 겸 채무자는 금속 회사를 설립하여 '제조업'을 영위해
오고 있는 개인사업자로 연말 총자산은 2,978백만 원이고 반면
에 총부채는 3,144백만 원으로 총채무가 총자산을 166백만 원
초과한 상태다.

② 파탄에 직면하여 기업회생 절차를 신청하게 된 원인

채무자는 30여 년간 비철업계에 종사하며 쌓아온 많은 경험과 노하우를 바탕으로 2001년 4월 금속 회사를 설립 경영하여 오던 중 2008년 수출을 목적으로 압연선재를 개발하여 우수한 품질 및 기술력을 인정받았으나 공장실사 과정에서 작업환경 및 시설 등의 영세성으로 계약은 성사되지 못하였다. 이에 따라 채무자는 해외시장의 성공적인 개척을 목표로 2009년 공장 매입 및 시설투자를 결행하였고 이에 따른 금융비용이 크게 증가하게 되었다. 그러나 이러한 노력에도 불구하고 또다시 2010년 유럽발 금융사태로 인한 발전시설의 급격한 수요위축으로 매출이 급격하게 하락하게 되면서 재정적 어려움을 겪게 되었다.

③ 채무자 회사의 재정이 악화된 이유

채무자는 자금부족의 악순환 속에서 은행 차입금의 이자를 가까스로 납부하였지만 앞서 기술한 바와 같이, 결국 예금압류 등으로 인한 현금유동성이 악화되어 임직원 급여는 물론 금융비용도 감당하지 못하고 있다. 이에 따라 원금 상환 압박에 처하게 되었으며 채권자들이 채권 회수를 위해 경쟁적으로 회사 자산에 대한 압류 등 법적조치에 착수함으로써 최악의 자금부족에 시달리고 있어 재정적 파탄에 직면해 있다.

④ 따라서 회생절차 인가가 날 경우 다음과 같은 회생경영으로 회사의 정상화가 가능하다.

▶ 지속적인 매출증가 가능성이 상당하다.

채무자는 각종 부품 등을 제조 생산하여 납품하고 있으며 경쟁력이 업계 상위에 있기 때문에 꾸준한 수요가 있으나, 유럽발 금융사태와 예상치 못한 대외적인 변수로 매출 및 소득이 급감하게 되었다. 이러한 악재의 상황에서도 금속회사의 제품은 품질과 기술력을 인정받아 다른 회사공급사와의 소재의 개발이 완료단계에 이르러 2014년 상반기부터 수출이 시작되어 매출이 추가로 발생하여 지속적인 매출 증가로 이어질 전망이다.

▶ 현재보다 현저히 많은 부채를 미래에 상환할 수 있다

왜냐하면 채무자회사 총자산을 현재 처분하여 상환할 수 있는 금액의 합계인 청산가치는 약 2,594백만 원인 반면에 향후 10년 동안 경영혁신을 통하여 상환해 낼 수 있는 미래 가치의 합인 계속기업 가치를 현재가치로 환산한 금액의 합계가 약 3,108백만 원이기 때문에 계속기업가치가 청산가치보다 514백만 원 더 많이 산출되기 때문이다. 따라서 회생절차가 승인될 경우는 부채상환 가능금액이 클 것이므로 기업회생절차 승인이 필요하다.

그럼에도 불구하고 만일에 회생절차가 인가되지 않을 경우 채무회사 자산의 청산가치 약 2,594백만 원 대비 채권금액이 3,665백만 원으로 채권회수율은 약 78%로 회수율이 낮아 채권

자들의 손해가 클 뿐만 아니라 채무자회사 및 그 가족의 경우도 신용불량자로 전락하게 된다. 그러나 회생절차를 진행하여 채무자가 부단히 노력하여 얻게 되는 수익으로 채권의 일부라도 상환할 수 있는 기회와 여건이 주어진다면 계속기업가치가 약 3,108백만 원으로 회수율이 약 84%로써 채무자회사는 물론이거니와 채권자들에게도 큰 만족을 얻을 수 있어서 채권 채무 당사자 모두에게 긍정적인 결과가 나타날 것이다.

⑤ 회생절차 인가조건과 부채 탕감내용

이상에서 본 바와 같이 채무자 회사에게는 사업의 계속에 현저한 지장을 초래하지 아니하고는 변제기에 있는 채무를 변제할 수 없거나 파산의 원인인 자산대비 부채초과나 지급정지 사실이 생길 염려가 상당하므로 총채무 3,665백만 원 중 미래가치인 3,108백만 원을 10년간 상환하고 557백만 원을 탕감받는 조건은 채권자 이익의 만족이 인정되어 기업회생 개시절차가 승인되었고 아울러 10년간의 부채상환계획인 회생 계획안도 채권자들의 법정동의율을 얻음으로써 법원의 본인가까지 받게 되어 기업회생 신청기업이 회생경영절차를 통하여 기업정상화의 기회를 갖게 된 사례다.

○ **국제경쟁력 상실에 따른 유동성 위기를 극복한 성공사례**

① 채무자 회사의 개요

신청인 겸 채무자 주식회사는 1991년 국제 상사로 출발하여 무역업에 종사하다가 자사제품이 있어야겠다는 일념으로 상사에서 벌어들인 20억 원을 고스란히 투자하여 5년여간 각고의 노력 끝에 각 가정에서 간편하고 신속하게 두유종류를 직접 제조할 수 있는 세계 최초의 '두유종류 제조기'를 발명했다. 1995년 주식회사를 창립하여 본격적으로 두유기를 제조·판매하기 시작하여 현재 국내는 물론 일본, 대만, 등 아시아와 미국, 호주, 프랑스 등 구미지역에 수출을 하고 있는 총자산 약 7,560백만 원인 중견기업이다.

▶ 채무자 회사의 재정 현황

채무자 회사의 2011년 12월 말 기준 총자산은 약 7,560백만 원이며, 부채는 약 5,516백만 원이다.

② 채무자회사의 회생절차 개시신청에 이르게 된 원인

▶ 원화절상에 따른 수출이 감소

2010년 말 미화 1달러당 1,300원대 이상을 유지하던 환율이 2011년 초 이래 지금까지 1,100원대로 떨어져 현 수준을 유지하고 있는 상황이므로 수출 위주의 매출 구조를 가지고 있는 업체들은 지속적인 수출 채산성 및 영업수지 악화를 벗어날 수 없는 상황이 되었다.

▶ 경기 불황에 따른 매출액도 감소

지난해까지 최대 매출처 중 하나였던 수출이 일본수입업체의 무리한 요구와 클레임으로 기 수출대전의 회수는 물론 신규오더도 중지됨에 따라 수출에 따른 매출액이 감소하였다.

▶ 중국제 카피제품의 국내외 시장 난립으로 매출감소

1995년 이래 가정용 두유종류 제조기의 개발과 생산에 전념해 온 채무자의 회사로서는 중국회사들의 채무자회사 제품카피는 물론 해외시장의 진출로 인하여 그동안 개척해 온 해외시장의 점유율이 점차 하락하는 것이 큰 타격이었다. 이에 국내에서의 카피제품에 대한 법적대응은 물론 해외에서도 법적대응을 통해 적극적으로 카피제품의 공격을 방어하고자 노력하였으나, 소송비용과 인력 동원으로 많은 비용을 지출해야 하는 한계 때문에 날이 갈수록 소극적인 방어를 하게 되었다. 그리고 이로 인한 중국제품의 해외시장 잠식은 매출하락의 한 원인이 되었다.

▶ 국내 4대 홈쇼핑판매의 납품가격 인하 요구로 매출 하락

채무자회사의 매출은 크게 나눠보면, 수출부문 매출과 내수부문 매출로 나눌 수 있는데, 특히 내수부문 매출의 대부분은 홈쇼핑 매출이다. 수출부문의 매출은 과거와 큰 기복 없이 무난하게 추진, 달성해 왔으나, 국내 홈쇼핑 매출이 급격하게 하락하여 현금유동성 위기에 처하게 되었다. 국내 홈쇼핑 판매부진

의 이유는 몇 가지로 요약되나, 주요 원인은 홈쇼핑사의 마진 구조의 개선이 없이 채무자회사 제품의 납품가격 인하 요구만 계속 되고 있어서 도저히 이에 응할 수 없었던 때문으로 분석된다.

▶ 효율적인 생산관리와 능률적인 경영관리 부족

채무자 회사의 사장을 비롯한 30여 임직원들은 고정관념을 버리고 인내와 끊임없는 열정적인 노력과 연구로 품질 향상에 만전을 기하고 있으며, 범세계적인 소비자 만족을 최우선으로 하는 등 인류의 식생활 개선과 건강증진을 위한 각고의 노력을 경주하고 있다. 그러나 효율적인 생산관리와 능률적인 경영관리를 통한 경비 절약 등 경영상의 상당한 미숙함도 있었다. 채무자 회사의 사장 역시 이로 인해 회생신청에 이른 것을 깊이 반성하고 있다.

③ 회생절차 인가 시 회생경영을 통하여 정상화 가능

▶신제품 조기 출시로 시장 수요 창출이 가능하다.

채무자회사는 국내외적으로 여러 가지 제조 기술 특허와 10가지의 품질 규격 인증을 득하였으며, 이러한 기술력을 바탕으로 꾸준한 품질개선과 신제품을 개발하고 있고, 최근에는 가격경쟁력과 우수한 품질을 가질 수 있는 신제품개발이 거의 완성단계에 와 있다. 동 제품이 조기 출시되고 기존 제품보다 품질이 개선될 경우, 동종업계는 물론 대체수요로 두유 및 두유 종류 시장을 잠식하고 있는 타 회사의 제품들과 충분히 경쟁할 수 있을 것이다.

▶ 주요부품거래 이원화를 통한 부품조달 안정화
국내 시장에서 제조원가 절감을 통한 가격경쟁력을 확보하기 위하여 중국에서 OEM방식으로 일부 부품을 생산 수입하고, 핵심기술을 요하는 부품은 국내 생산하는 등 주요 부품 거래처의 이원화를 구축한다. 아울러 모터, 내통, 사출물, 히터 등의 자재 공급의 안정화를 추구함으로써 품질을 고급화하면서 가격 경쟁력을 갖추어나갈 계획이다.

▶ 유통망 확대를 통한 수출 및 내수판매 강화
채무자회사가 생산하는 제품은 오랫동안 전수되어 내려온 전통적인 두유 및 주스 제조방법에서 착안한 것으로서, 관련 재료를 투입하고, 버튼을 한 번 누르면 편리하게 뜨거운 재래식 두유와 주스가 만들어지게 된다. 부가적인 기능으로는 과일과 야채 그리고 물 등을 넣어서 각종 이유식과 건강식 및 죽 종류와 스프를 만들 수 있을뿐더러, 심지어는 차를 끓이는 기능까지 첨가되어 수정과나 인삼차 등 모든 종류의 차를 제조하도록 제품완성도를 극대화했다. 따라서 제품의 품질을 앞세워 수출입 유통망을 다시 재건 강화하고, 매출 증대를 시도한다면 상당한 성과를 이룰 수 있다고 판단된다.

▶ 뼈를 깎는 자구노력 및 경영혁신으로 위기 돌파

영업 위주의 조직개편과 인력의 재배치, 그리고 합리적인 공정과 생산관리를 통하여 생산성을 획기적으로 높이고 경영관리를 강화하는 한편, 판매관리비와 인건비 지출도 개선하는 등 원가관리 시스템의 구축을 통해 경비의 효율성을 추구할 것이다.

▶ 소유 부동산 매각을 통한 조기 채무상환

위에서 제시한 다양한 회사의 회생경영전략을 구사하여 경영목표를 기필코 달성하여야 하겠지만, 만일에 이러한 목표가 달성되지 못할 경우에는 회사의 공장부지 일부를 분할 매각하거나, 아니면 공장 전체를 임차조건으로 매각하여 동 매각대금으로 채무를 조기상환하는 등의 대책을 철저히 강구하겠다.

④ 채무자회사 갱생가치인 미래가치가 더 크다

채무자 회사가 파산법 절차에 따른 청산을 통하여 해체·소멸되는 경우 채무자 회사의 개별 재산을 분리하여 처분할 때의 가치(이하 '청산가치')와 채무자 회사의 재산을 해체·청산하지 아니하고, 회사자산을 기초로 하여 기업 활동을 계속할 때의 가치(이하 '계속기업가치')를 비교하면 미래가치가 크다.

⑤ 회생절차가 기각될 경우 다음과 같은 파급효과 우려

▶ 생산시설의 무효화 및 재고자산이 불용화된다.

채무자회사는 양주에 자기자금과 금융기관 차입금을 총동원하여, 감정가격 약 53억 원의 공장을 3,000여 평의 공장부지에 총 1,051평의 건물로 지어 첨단설비를 갖추고 제품생산을 하는 중이며, 완제품 재고 중 내수판매용 제품 제조기 90대(장부가 1억 6천만 원), 죽 제조기 모델과 제조기 완제품 1,018대(장부가 6천만 원) 등 제품 합계가 2억 2천만 원에 이르고 있는 실정이다. 따라서 회생절차가 기각된다면 이와 같은 채무자회사의 생산시설과 재고자산이 완전 불용화될 것이다.

▶ 장기간 축적된 개발 경험과 최상위 기술의 사장

만일 채무자회사가 갱생되지 못하고 파산하게 되는 경우 채무자회사가 국내외에서 소유하고 있는 100개의 특허권과 10개의 품질인증 등 지적재산권이 불용화될 것이며, 그동안 대한민국의 유망한 중소기업으로서 세계시장에 특허출원하고 돈독한 거래기반을 형성하여 왔던 많은 거래처와의 신용상실 및 국가적인 위신 추락 등이 예상된다. 또 이는 채무자회사의 유·무형적 재산 손실일 뿐만 아니라 국가의 수출경쟁력 역시 크게 손상시키게 될 것이다.

▶협력업체 및 관계회사 등 연쇄 도산 우려

경기의 침체 및 악화는 결국 완제품을 생산 판매하는 회사들만의 문제가 아니라 연쇄적으로 완제품을 조립하는 협력업체 및 관련회사에까지 영향을 주게 된다. 만일 채무자 회사가 갱생하지 못하고 파산하게 되는 경우 채무자 회사의 거래업체들까지 심각한 타격을 입을 수 있으며, 이로 인해 연쇄도산의 가능성도 배제할 수 없는 상황이다.

▶근로자들과 그 가족의 생계가 막막하다

채무자회사가 갱생하지 못하고 파산한다면 현재 채무자회사를 정상궤도에 올려놓기 위해 불철주야 협조와 노력을 아끼지 않고 있는 대표이사를 비롯한 임직원들은 일자리를 잃게 되며, 그 가족의 생계에 막대한 지장을 초래하게 된다. 그리고 이는 결국 국가적으로도 실업난을 가중시키고, 이로 인한 여러 가지 사회적 문제를 일으키게 될 것이다. 가뜩이나 예측하기 어려운 세계적인 불황기에 접어들어 국내 경기도 3%대 저성장률이 예상되며, 정부재정의 조기 집행과 각종 서민지원 및 대량실업대책을 위하여 국력을 총동원하고 있는 작금의 상황에서, 채무자회사의 회생은 실업의 확대를 막기 위해서도 절실한 것이다.

⑥ 회생절차 인가에 따른 채무상환 연장과 탕감내용

이상에서 본 바와 같이 채무자 회사는 사업의 계속에 현저한 지장을 초래하지 아니하고는, 변제기에 있는 채무를 변제할 수 없거나 파산의 원인인 자산대비 부채초과나 지급정지 사실이 생길 염려가 상당하다. 그리고 채무자 회사의 미래가치는

4,591백만 원으로 청산가치 4,347백만 원보다 144백만 원이 많아서 미래가치 전액을 채무상환에 투입될 경우 채권자 만족이 충분히 기대됨으로 신청 취지와 같은 기업회생절차 개시결정도 받았고, 10년간 미래가치 4,591백만 원을 상환하는 회생계획안의 경우도 채권자들의 법정동의율을 득하게 되어 본인가를 받아 정상적인 기업회생경영기회를 갖게 된 사례다.

06
채무불이행자의
개인회생 및 파산면책
성공사례

○ 채무불이행자들은 소비자금융의 모럴해저드로 양산되었다

채무조정 및 회생경영사 교육목적의 연구소를 창업하고 개인회생 및 파산 상담업부터 시작하였다. 그러나 아무도 가보지 않은 선진재기제도 구축이라는 신천지를 개척하기란 너무 힘들고 고달팠다. 서울 법대 도산법연구과정에서 선진제도의 단순한 정보를 접했을 뿐이고, 회생 및 파산실무는 법원 외의 어디서도 사례를 접할 수 없어서 연구소 스스로 무에서 유를 창조해야만 했다. 고객 유치부터 상담, 그리고 수십 가지 서류 작성과 사후관리 등 무엇 하나 쉬운 일이 없었다. 개인회생 및 파산신청서 한 장 구경하고 간단한 설명을 듣는데에도 비용이 필요했다. 광고 전단, 지하철 광고, 채무상담 보고서, 갖가지 관련 서류작성, 증빙서류 및 각종 민원서류 구비 등 30여 가지가 필요했으나 모든 것을 연구소가 직접 개척해야 했다. 처음부터 돈벌이가 목적이었다면 법무사 또는 로펌에 취업하면 그만이었을 것인데 법인 설립 정관에 나와 있는 것처럼 선진제도 구축이 목적이었기 때문에 컨설팅 사업은 함께했던 프리랜서들에 의존했고, 나는 제도 도입 및 정책제안에만 매달리면서 틈나는 대로 금융소비자 클럽이란 카페에 올라오는 상담문의에 댓글 다는 데 정신 팔려 있었으니 사업이 제대로 굴러갈 리가 없었던 것이다. 더구나 우리나라 최초로 회생 및 파산신청서 자동작성프로그램 개발, 신용상담사 민간 자격증 직업능력개발원 등록까지 추진하는 바람에 막대한 사재 부담에다 그야말로 고난의 연속이었다. 설상가상으로 금융인 출신이 은행돈 떼먹는 일을 조장하고 그런 일을 컨설팅한답시고 연구소를 차렸다는 냉소, 지상에 자주 오르내리는 채무자들의 모럴해저드 등 곱지 않은 시선들도 견뎌내야 했다.

이와 같이 힘들고 지칠 때마다 찾은 글이 우연한 기회에 접하게 된 문유석 광주고검 부장판사의 글 「파산이 뭐길래」였다. 이 글을 읽고 나면 사회공헌적이고 가치 있는 일을 한다는 자부심과 보람으로 힘든 현실을 돌파할 수 있는 열정이 재충전되었다. 사업 실패 시 가정파탄으로 이어지면서 가족들이 겪어야 하는 고통을 알게 됨은 물론 실패 기업인들이 사업은 망해도 제 식구 먹고 살 것은 빼돌린다는 오해에 대한 허구, 채무 탕감은 채무불이행자들의 도덕적 해이를 불러온다는 편견까지도 불식시켜 주었다. 객관적이고 중립적인 법적 조정자였던 파산부 판사가 재판 현장에서 느낀 생생한 소감이라 할 수 있다. 채무불이행자들은 과중채무에 대하여 너무 부끄러워하거나 죄의식을 가지고 기죽으며 숨어 살 이유가 없다. 오히려 실패도 소중한 자산이라는 자부심을 가지고 심기일전해야 한다. 떳떳하게 법적 및 사적 채무조정제도를 잘 비교 검토하여 본인에게 적합한 제도를 활용하고, 하루라도 일찍 채무의 늪에서 탈출하는 것이 본인과 가족, 그리고 사회를 위해서도 최선인 것이다.

○ **최후의 사회 안전망인 개인회생 및 파산면책 제도의 오해**

2004년 말 개인채무자회생법이 나오면서 채무불이행자들의 법적 구제 제도인 개인회생 및 파산면책제도가 시작되었다. 신청자의 소득 중 소득세와 4대 보험료를 공제한 순소득에서 부양가족 최저생계비의 1.5배를 공제한 후 가용소득이 나오면 동 금액으로 3년 동안 매월 36회 상환 후 잔존 채무는 모두 탕감해 주는 제도가 개인회생 절차다. 가용소득을 채무자의 상환능력으로 간주한 것이다. 전제조건은 연대보증인이 없고 신청 채무자의 유체동산을 제외한 모든 동·부동산의 청산가치 이상은 채무 상환에 충당되어야 한다는 것이다. 따라서 대체적으로 보증인도 함께 신청하는 경우가 많다. 단, 개인회생 신청 후에 변동되는 소득은 채무 상환에 반영되지 않는 것이 원칙이다. 개인파산 면책제도는 파산절차와 별개인 면책절차를 함께 일컫는 용어로 신청채무자의 편의를 위하여 동시 신청을 받아 진행하고 있다. 어쨌든 파산면책 절차는 원칙적으로 신청 채무자가 소유한 동·부동산이 없을 뿐만 아니라 근로소득상 가용소득이 나오지 않으면 상환능력이 없는 것으로 간주하여 총채무를 전액 탕감하고 사회에 복귀시켜 주는 제도다. 다만, 벌금, 과태료, 4대 보험료, 세금 등은 비면책 채권으로 탕감되지 않는다. 그리고 일부 면책 결정을 받은 후 비면책 채권만 상환의무를 지는 것이다.

채무불이행자들을 상담해 보면 아직도 많은 오해가 상존하고 있다. 선량하나 불운한 채무불이행자들을 빚의 수렁에서 구제하여 사회에 복귀시키기 위한 법이 부여한 최후의 사회보장제도임에도 법적 조정을 받으면 불이익이 수반되는 것으로 오해하고 있다. 따라서 다음 몇 가지 자주 문의해 오던 대표적인 오해 사항에 대하여 기술하니 각별히 유의할 필요가 있다.

첫째, 법적 구제를 받으면 다시는 은행거래를 못 한다. 해외에 나갈 수 없다. 본적지에 등재된다. 자녀에게 불이익이 간다는 등은 모두 가짜 뉴스다. 일체의 불이익 없이 경제적 사회적으로 복귀시키는 일종의 최후의 사회보장제도인 것이다. 단, 은행연합회 전산기록에 파산 정보가 5년간 유지되어 카드 발급 등 신용거래만 곤란할 뿐 모든 통장 거래가 가능하다. 오히려 만 5년이 경과하면 카드를 발급해 준다는 안내장이 날아올 수도 있다. 법적 구제제도를 안심하고 이용할 당위성이고 채무자들에게 매우 유리한 제도인 것이다.

둘째, 법적채무조정제도는 강제조정 제도이므로 채권자 동의 여부와 사실상 무관하게 법원 판결로 결정된다. 다만 면책 결정전에 채권자들의 이의제도를 두고 있기는 하나

설령 이의가 있다 하더라도 재산은닉 또는 비면책 채권에 해당되지 않는 한 증빙을 첨부하여 소명하면 면책을 받을 수 있다.

셋째, 개인회생 및 파산면책 신청 시에 모든 채무를 다 신고해야 하므로 개인 간 친소관계와 상관없이 할 수밖에 없다. 그러므로 아주 괴로운 일이지만 사전 양해를 받는 것이 좋다. 최소한 배신감을 갖지 않도록 말이다.

넷째, 법적 구제 제도의 채무 탕감액은 법적상환의무를 면해주는 의미일 뿐 채권·채무 자체를 소멸시켜 상환하지 말라는 적극적인 의미가 아니란 사실도 명심할 필요가 있다. 따라서 이자 수수 목적이 아닌 개인 간의 금전대차는 재기한 후 자진 상환해 주는 것이 도리다. 그러나 금융업을 목적으로 하는 채권자들의 채무까지는 재기 후에도 부담 가질 필요는 없다. 금융업은 원칙적으로 일정 부분 회수 불능을 전제로 이자율을 산정했기 때문에 전체 채무자 입장에서 보면 정상 이자를 납부하는 다른 채무자들이 공동 부담하는 셈이기 때문이다. 따라서 본인의 가계 소득 중에서 부양가족 최저생계비의 1.5배를 공제한 후 남는 가용소득이 나오면 개인회생 신청을, 가용소득이 산출되지 않으면 전액 탕감되는 파산면책을 신청해서 채무불이행자라는 굴레에서 벗어나야 한다. 법적 구제 제도인 개인회생 및 파산면책제도에 문제가 없는 것은 아니다. 동 제도 도입 초창기는 적극적으로 관련법을 적용한 나머지 회생과 파산 비율이 3:7 정도로 파산 이용률이 월등히 높았다. 그 이유는 워낙 많은 성실하고 정직한 장기 채무불이행자들이 정체되어 있었기 때문에 이를 의심할 이유도 시간도 없었던 데에 따른 것이었겠지만 문유석 판사 같은 훌륭한 담당 판사들이 취약계층에 대하여 적극적으로 구제하겠다는 사명감에 기인된 부분도 크다. 예컨대 계속적이고 반복적인 소득 실현 가능성 판정의 무게를 과거에는 법대로 직업의 안정성과 실제 소득 발생 가능 기간 등에 두었었다. 그러나 어느 시점부터는 신청자의 소득 외에도 성별, 연령별, 건강의 정도 등을 고려하여 가능하면 상환의무를 부담하는 경향으로 바뀌어 현재는 회생과 파산비율이 7:3으로 역전되었음도 참고할 필요가 있다.

○ 채권금융회사 추심 기관 신용회복위원회를 바로 알아야

신용회복위원회의 법적 지위는 채권 금융사들이 설립한 사단법인으로 사적 채무조정 기관이다. 지난 14년여간 수백만 채무불이행자들의 과중채무를 재조정해 준 순기능은 높이 평가할 만한 업적이다. 그러나 그 내용을 들여다보면 이중추심이자 폭리요 불공정한 거래다.

우선 채무조정 수준이 법적조정 평균 70% 탕감보다 40% 정도 높을 뿐만 아니라 무담보 부실채무 시장매매율 평균 4% 정도보다는 무려 16배가 높다. 법적구제제도는 채무자의 상환능력 범위 내에서 조정해 주고 상환능력 초과액은 전액 탕감해 주는 데 반해 신용회복위원회는 채무자의 상환능력보다는 채권 금융사와 협의하여 만들어진 채무조정 기준에 의해 탕감해 줌으로써 결국 채권 금융회사 중심의 추심 기구 역할일 수밖에 없다.

제도 도입 초기는 이자만 탕감해 주던 기준에서 출발하여 차츰 원금 탕감까지 허용하는 추세였다가 최근에는 원금 탕감 규모가 계속 확대되었고 시효 완성 장기 소액채권은 소각까지 이르게 된 것이다. 심지어 현 정부는 시효 완성 장기 소액채무불이행자들의 부실채무를 일괄 탕감 조치하였는데 획기적이고 과감한 조치로 대환영을 받을 일이다.

반면에 실패기업인형 약 100만 명을 제외한 조치는 불공평한 처사다. 지난 10여 년간 신용회복위원회는 채무조정 조건을 계속 개선해 왔다지만, 이는 엄격한 의미에서 이중 추심이고 시장 매매율과 비교한다면 폭리이자 불공정거래인 것이다. 신용회복위원회는 부실채무 원인 제공자이자 부실채무 거래 당사자인 채권 금융사들의 주도로 만들어졌으니 오죽하겠나 싶다. 채권 금융사 이익을 위하여 겉으로는 채무자를 구제하려 채무조정을 해주는 것처럼 홍보하고 상담하지만 이는 명분이자 위선인 것이다. 그러나 채무불이행자들은 위와 같은 신용회복위원회의 실체를 알았다 하더라도 법적 조정이 부적합한 경우에 한하여 신용회복위원회를 이용해 채무조정을 하여야 한다. 워크아웃 조정 후에 조정 수준이 높아 상환을 못하고 연체하게 되는 경우 그때 법적 조정을 신청하는 것도 좋은 대안일 수 있기 때문이다.

여하튼 신용회복위원회의 수명은 다한 것으로 판단된다. 서민금융진흥원법에 따라 신용회복위원회 역할을 진흥원에 넘겨 조직을 슬림화하고 추심기관이 아닌 중립적인 채무조정 중재기관으로 거듭나야 한다. 구조조정되는 신용회복위원회 직원들은 그간 쌓은 경험을 바탕으로 신용상담사보다 한 단계 높은 부실기업 구조조정 컨설팅 능력까지 겸비한 기업회생경영사 자격을 획득하여 부실기업들의 구조조정과 실패기업인 그리고 생계형 채무불이행자들의 중립적인 채무조정·중재 전문가로 환골탈태해야 한다는 말이다.

○ 개인파산관재인 선임비 30만 원 채권금융사가 부담하라

개인파산을 신청하는 경우 일정 규모 이상 채무금액일 때는 변호사를 파산관재인으로 선임하고 채무자의 은닉재산 추적조사에 필요한 비용 30만 원을 신청 채무자에게 부담시킨다. 그렇지 않아도 생계유지도 급급한 열악한 지위에 있는 채무불이행자들에게는 파산관재인 선임비가 결코 적은 돈이 아니다. 더구나 은닉재산이 발견되어 강제집행에 소요되는 비용이라면 채무자가 부담하는 것이 합당하겠지만 은닉한 적이 없는 정직하고 선량한 채무자들에게는 황당한 일인 것이다. 조사가 꼭 필요하다면 채권 금융사에게 파산관재인의 조

금융인의 반란

사비용을 부담시켜야 한다. 채권자 이익을 위해 조사하는 것이고 수익자 부담 원칙에도 부합하기 때문이다. 은닉재산이 없는 채무자 입장에서는 재산조사 목적으로 이것저것 무려 지난 10년간의 가족 민원서류 발급에 시달리는 고통도 클 뿐만 아니라 훼손당하는 자존심과 견디기 힘든 모멸감은 이만저만이 아닌 것이다. 결과적으로도 발표된 통계는 없지만 내 판단에는 재산조사를 통해서 발견된 총은닉재산액보다 파산신청자들이 부담한 관재인 선임 총비용이 더 클 것으로 추정된다. 배보다 배꼽이 더 클 수 있다는 말이다. 왜냐하면 은닉재산이 발견되었다는 사례를 한 번도 들어본 적이 없거니와 채무자들의 모든 동·부동산이 강제집행당하여 채무 상환에 투입되고도 다 갚지 못하니 불가피하게 채무불이행자로 전락된 것이지 미리부터 법적 조정 신청에 대비하여 재산을 은닉한다는 것은 성립될 수 없기 때문이다. 더욱이 채무불이행자들은 기본적으로 채무를 상환하고 싶어 하지 탕감받기를 원하지 않는다. 예외적인 경우는 있을 수 있겠지만 대체적으로 그렇다는 얘기다.

내가 개인회생 신청자와 상담하면서 실랑이를 벌인 적이 한두 번이 아니다. 법대로 계속적이고 반복적인 수입이 있고 그 수입이 부양가족 최저생계비 1.5배 이상일 때만 그 가용소득으로 개인회생이 가능하고 가용소득이 없을 때는 파산면책을 신청해야 된다는 상담을 해주어도 부득불 갚게 해달라고 고집하는 채무자가 많았다. 파산면책은 자존심 상해서 안 된다는 것이다. 이런 채무불이행자들이 제 식구 호의호식하겠다고 재산 숨겨놓고 파산 신청한다는 가정은 채무자들에 대한 인격모독이요 잘못된 것이고 오히려 탈·불법으로 잘 먹고 잘 사는 부정직한 일부 기득권층의 사고에 기인된 제도라는 생각이 든다.

○ **무리한 탈·불법 추심은 이렇게 대처하자**

금융위원회는 2016년 말경 채권추심 제도를 대폭 손질하여 개선하였다. 전 금융사를 비롯해 460개 등록된 대부 업체들도 해당된다. 비등록 대부 업체들은 지방자치단체의 가이드라인을 지켜야 한다. 개선 내용을 보면 우선 채권자들이 전화, 이메일, 문자메시지, 방문 추심 등의 방법으로 채무불이행자에게 접촉하는 것을 하루 2회로 제한했다. 특히 소멸시효 완성 채권은 대출 취급 금융사가 직접 추심하는 것은 물론 채권추심회사에 추심을 위임할 수도 없다. 소멸시효가 완성되어도 법원에 지급명령을 신청하면 채무 상환의무가 되살아나던 지금까지의 맹점을 막기 위한 획기적인 조치였다. 또한 채무불이행자가 변호사를 대리인으로 선임한 뒤 이를 채권자에게 서면 통지하면 채권자는 채무 불이행자에게 연락하는 것은 물론 가족 등 채무자 주변 사람에게 채무 내용을 알려서도 안 된다. 채권자들이 채권추심에 나설 때는 영업 3일 전에 채권추심 처리 절차 등을 담은 유의사항을 반드시 채무불이행자에게 통지할 의무까지 주어졌다. 이런데도 추심회사들이 대출 사실을 다른 가족에게 알리겠다거나 심지어 대신 갚으라는 협박을 일삼던 과거의 행태를 중지할지는 미지수다.

금융인의 반란

과거 미등록 대부업자들은 급전이 필요한 이들에게 1백만 원 이내 소액을 빌려주고 이때 받아놓은 가족 연락처를 활용해 협박하곤 했다. 이는 분명히 불법이었고 신고할 경우 3년 이하 징역이나 3천만 원 이하 벌금에 처해짐으로 빚을 대신 갚으라는 협박을 당할 때는 즉시 신고해야 한다. 이러한 불법추심에 대비하여 휴대폰 녹취, 목격자 진술, 관련 사진 등 증거자료를 확보해 놓는 것이 중요하다. 이러한 위험에 노출되지 않기 위해서는 금융 감독원 서민금융 1332, 또는 이지론 홈페이지에서 서민대출 안내를 받는 것이 제일 안전한 방법임도 알아놓는 것이 좋다.

○ 소득연계형 학자금 및 군인 대출 법 제정 필요하다

지금은 1천만 채무자에 가계부채 1,500조 원 시대다. 19세 대학 진학 등록금부터 졸업할 때까지 약 1억 원이 소요된다는 것이 정설이다. 4년 동안 학비, 주거비, 스펙비용, 취업 준비까지 포함해서다. 이것도 아르바이트 열심히 해서 보태고 학원 한번 제대로 못 가면서 근검절약해서다. 사정이 이러니 대학 졸업 청년 평균 2천만 원의 빚을 짊어지고 사회에 나온다고 한다. 3포 세대라지만 30대 초반에 결혼이라도 해보려면 결혼비용과 주택자금이 또다시 평균 1억 원이 소요된다. 20대 후반에 어렵게 취업에 성공해도 빚더미에 앉을 수밖에 없는 이유다. 결국은 신용 7등급 이하 저신용자로 떨어지고 금융권 이용 기회가 박탈되며 어쩔 수 없이 대금업 고금리 대출 고객이 되고 만다. 과거에 학자금은 가족이 소 팔아 대고 누이동생이 먼저 취직해서 돈 벌어 부담해 주었다. 1980년 이전 대학 진학률 10% 수준이었을 때의 풍경이다. 그 후 대학 정원 자율화 이후 70% 진학률로 폭등했고, 이로 인하여 대학 졸업 후 취업률은 고작 50% 수준으로 뚝 떨어진 것이다. 따라서 대졸 실업자들이 넘쳐나고 25세 때 가장 연체율이 높으며 이를 갚기 위하여 이곳저곳에서 상환자금 대출받아 돌려 막기 하다 보면 다중채무자가 되고, 이를 감당 못하면 결국 채무불이행자로 전락하게 된다. 좋은 일자리를 많이 만들어 취업률을 획기적으로 높여주는 일이 해결책인데, 그렇게 되려면 경기가 회복되어 기업 경영이 호전되고 창업이 활성화될 수 있어야 한다. 하지만 이는 정부의 가장 큰 과제일 뿐 마음대로 되지 않는 것이 현실이다. 더구나 계속된 구조조정으로 조기 퇴직 외 베이비부머 세대까지 생계형 창업 대열에 뛰어들어 중소기업 및 자영업자들이 매년 100만여 명 창업에 5년 생존율이 20%에 불과하여 연간 90만 내외가 퇴출되는 중소기업 다산다사多産多死주의 현상이 개선되지 않는 한 좋은 일자리는 기대하기 어렵다. 이러한 현상을 감안하여 젊은 청년들의 과중채무 문제를 다소라도 덜어주기 위해서는 미국과 같이 학자금 및 군인 대출법을 제정할 필요가 있다. 그래서 관련 대출이 취업 때까지 상환의무를 지우지 않는, 이른바 소득연계형 대출 제도라도 도입하면 도움이 되지 않을까 생각한다.

○ 채무불이행자들의 신용불량자 탈출 성공 사례

본인의 과중채무를 상환하기 위해서 자신의 모든 재산을 부채 상환에 투입하고도 미처 다 갚지 못하고 채권자들의 집요한 갖가지 탈·불법 추심을 이겨내지 못하다가 급기야 법원에 구제 신청하는 회생 및 파산신청자들의 눈물 젖은 사연이 12년째 계속되고 있다. 20여 년 전 IMF 환란을 극복하기 위하여 정부의 소비자 금융 확대를 통한 경기 진작 정책으로 환란은 조기 극복되었지만, 채무불이행자 380만 명을 양산하였고, 뒤이어 터진 카드 사태와 글로벌 금융위기, 더불어 계속된 기업구조조정으로 인한 비정규직 550만까지 발생하면서 서민가계는 걷잡을 수 없이 곤경에 처하게 되었다. 그리고 이러한 문제를 해결하기 위하여 채무자 회생 및 파산에 관한 법률 제정이 발의되고 동 법 통과가 난항을 겪자 채권 금융회사 중심의 신용회복위원회를 만들어 채무조정을 시작했다. 바로 2006년 4월 통합도산법이 통과 발효되면서 법원과 채권기관이 본격적으로 법적 및 사적 채무조정을 실시하게 된 것이다.

이렇게 시작된 개인의 회생 또는 파산신청자들의 눈물겨운 이야기를 통해서 당사자들에 대한 새로운 시각과 이해당사자들의 동 제도에 대한 새로운 인식의 계기가 될 수 있기를 바라는 마음에서 채무불이행자라는 지옥 탈출에 성공한 눈물 젖은 사연들을 소개하고자 한다.

▶ 자영업 부실로 개인회생 허가를 받고 재기에 성공,
채무의 증대 및 개인회생절차 개시 신청에 이르게 된 사정

자영업 부실로 개인회생 허가를 받고 재기에 성공, 채무의 증대 및 개인회생절차 개시 신청에 이르게 된 사정이다.

① 개인회생 신청인은 1975년 강원도에서 태어났습니다. 신청인은 1999년 혼인하여 아들과 딸을 낳았습니다. 신청인은 2007년부터 2013년까지 본인이 유일하게 할 수 있는 청소용역사업을 직접 운영하였으나 운영 미숙으로 인하여 폐업한 뒤 현재 제조회사에서 근무하며 월평균 140만 원의 급여를 받고 있습니다.

② 신청인은 혼인 후 가장의 책임감으로 열심히 일을 하였습니다. 신청인은 2013년 일용직으로 근무하던 청소회사의 부도로 인해 한순간에 일자리를 잃게 되었습니다. 신청인은 다른 직장을 구해보기 위해 여기저기 알아보았으나, 신청인의 경력과 학벌로는 좋은 회사에 들어갈 수 없었습니다.

신청인은 이러한 상황으로 인하여 많은 고민 끝에 평소 자신 있던 청소용역 일을 해보기로 하였습니다. 신청인은 인력 없이 혼자서만 운영을 하는 것으로 하고, 형의 도움으로 형 회사의 한 귀퉁이에 무상으로 자리를 얻어 용역사업을 하게 되었습니다. 신청인은 이 일을 하면서 많은 수입은 바라지 않고 일반회사에서 받는 월급 정도의 수입을 얻길 바랐습니다. 신청인은 사업 운영 초기에 자금이 마땅치 않아 홍보와 물품 대금으로 사용하기 위해 조금씩 카드를 사용하고 대출을 받게 되었습니다. 신청인은 처음부터 많은 수입을 바라는 것이 아니었기에 노력하다 보면 조금씩 빚도 갚고 수입이 늘어날 것이라고 생각하였습니다. 그러나 사업을 운영하는 데에 중요한 인맥도 없고, 소극적인 성격 탓에 주위에 아는 지인들이 많이 없어서 운영 초기부터 난관에 부딪히게 되었습니다. 그래도 신청인은 몇몇 거래처의 일을 해주면서 회사 관계자들과 친분을 쌓기 위해 식사 대접도 하며 주위의 다른 회사에도 소개를 부탁했습니다.

신청인의 이와 같은 노력으로 거래처가 점점 늘어나는 듯 보였으나, 신청인은 유리 청소는 자주 하지 않기에 일이 많지 않아 수입이 적었습니다. 또한 신청인의 처 역시 계약직으로 수입이 적었기에 자녀들의 학비를 부담하며 생활비를 사용하기에 부족함이 많았습니다. 이러한 상황으로 부족한 생활비를 카드 사용과 대출금으로 충당하여 사용할 수밖에 없었습니다. 신청인의 처 역시 신청인의 수입이 부진하기에 부족한 생활비를 카드 사용과 대출로 메워서 사용하면서 빚이 생기게 되었고, 매달 이자를 갚기 위해 또다시 높은 이자의 대출을 받게 되면서 빚은 꼬리를 물어 점점 더 늘어났습니다.

신청인과 처는 어쩔 수 없이 늘어나는 빚을 감당하기 힘들어 지방 법원에 개인회생을 신청하게 되었습니다. 그 결과 신청인의 처는 개인회생 인가 결정을 받았으나, 신청인은 당시 사업의 어려움으로 인하여 개인회생 신청을 한 것에 대해 상환하기 어려운 것으로 판단되어 보정명령이 나왔으며, 망설인 끝에 보정을 하지 못하여 기각 결정을 받게 되었습니다.

신청인은 많은 고민 끝에 사업을 폐업한 후 조그만 직장을 구하여 다시 개인회생 제도를 통해 갱생의 기회를 갖고자 합니다. 신청인은 처음의 잘못된 신청으로 인하여 많이 뉘우치고 있으며, 다시 기회를 주신다면 귀원의 명령에 따라 성실히 수행할 것을 약속드리겠습니다.

③ 신청인은 위와 같은 어려움으로 인해 엄청난 큰 금액인 1.5억 원의 빚을 지게 되었으며, 현재 신청인의 수입으로는 도저히 채무를 상환할 수 없는 상황에 처하게 되었습니다. 부디 신청인의 이와 같은 고통을 보시어 신청인이 빚의 고통에서 벗어나 새로운 희망을 가지고 생활할 수 있도록 경제적 갱생의 기회를 주시길 간절히 바랍니다.

결론적으로 그 후 신청인은 용역사업을 접고 유관 회사에 재취업하였으며 이곳에서 받는 매월 근로소득에서 부양가족 최저 생계비의 1.5배를 공제받은 후의 금액인 월 35만 원을 5년간 총액 21백만 원 분할 상환조건으로 개인회생 인가를 다시 받았습니다. 그리고 인가된 금액을 성실히 상환·이행하는 경우 나머지 채무 잔액 총 115백만 원은 전액 탕감되어 신용회복이 될 수 있다는 희망을 갖고 성실히 이행해 가고 있는 사례입니다.

특히 신청인은 사업실패로 1차 개인회생을 신청한 후 이를 이행하지 못하였기 때문에 파산면책을 통하여 미상환 채무 전액을 탕감받을 수 있었음에도 불구하고 다시 재취업하여 이곳에서 얻어지는 수입으로 부채를 상환하고자 하였습니다. 채무 전액을 탕감받을 수 있는 파산면책 대신에 자기 근로 소득에서 4대 보험료와 근로소득세 공제 후 받게 되는 순소득에서 부양가족 최저생계비의 1.5배 공제 후에 남는 가용소득으로 5년 상환 후 잔존채무만을 탕감받을 수 있는 개인회생을 신청한 모범적이고 양심적이며 책임감 있는 신청인의 성공사례입니다.

▶ IMF 환란으로 부도 후 파산면책 허가를 받은 사례

IMF 환란으로 부도 후 파산면책 허가를 받은 사례

신청인은 1968년 서울에서 2남 1녀 중 차녀로 태어났습니다. 어린 시절 부모님께서는 야채가게를 하시면서 3남매를 키우셨습니다. 넉넉하지는 않은 살림이었지만 부족함 없이 자랄 수 있게 부모님께서 뒷바라지를 잘해주셨습니다.

신청인은 대학교를 졸업하고 모터 제조업체에서 근무를 하면서 배우자를 만나 결혼하여 슬하에 2명의 자녀를 낳아 살고 있습니다. 신혼시절부터 기술력이 있었던 배우자는 작은 회사를 설립한 후, 회사일이라면 밤낮을 가리지 않았고, 잦은 출장과 늦은 귀가를 하며 본인의 건강도 신경 쓰지 않고 오로지 가족들만을 생각하며 열심히 살았습니다.

그러나 IMF 사태로 배우자가 운영하던 회사는 경영이 어려워져 폐업을 할 수밖에 없었습니다. 다행히 배우자의 기술력을 잘 봐주신 거래처 분들의 도움으로 다시 재기를 할 수 있게 되었지만, 자금이 없는 상태에서 회사를 운영할 수 없어 금융권 대출을 받게 되었습니다. 대출을 받을 때마다 신청인은 연대보증을 서주었습니다.

배우자는 어렵게 회사를 이끌어오면서도 소상공인은 기술과 땀뿐이라며 밤낮으로 기술 개발 등을 위해 잦은 출장을 다녔습니다. 그런데 배우자의 잦은 중국을 다니는 사이에 믿고 회사를 맡겼던 직원들 중 핵심 임원들이 따로 사업체를 설립해 독립하여 이직을 했습니다. 게다가 거래하던 업체까지 각자 설립한 회사로 이관시키면서 채무자 회사의 매출은 급격히 감소하게 되었습니다.

더욱 어려워진 회사는 운영자금과 대출이자 등을 변제할 수 없게 되었고 살던 전셋집과 회사 사무실 등을 처분하여 운영자금을 만들어 사용했지만, 이것 또한 얼마 되지 않아 회사는 더욱 힘들어져만 갔습니다. 회사는 점점 기울어져 가고, 남아있는 직원들 급여를 맞춰주기 위해서 배우자가 동분서주하는 모습을 곁에서 지켜보고 있던 신청인 또한 정신적으로 많이 힘들었습니다. 이러한 사정을 알게 된 신청인의 친정집에서도 회사의 운영에 보탬이 되어 안정화될 수 있게끔 자금을 빌려주셨지만, 진행 중이었던 큰 PROJECT마저 실패하여 2010년 결국 부도가 나게 되었습니다.

그동안 회사 자금 사정으로 생활비를 가져다주지 않아 신청인의 카드로 사용을 해왔지만 이젠 그마저도 할 수 없는 실정입니다. 현재는 배우자가 돌아다니며 일을 해 조금씩 벌어다 주고 있지만, 이 상태로 더 지속되다가는 가정에 파탄을 가져올 수 있겠다는 생각에 잠 못 이루며 걱정하던 차에 개인 파산면책을 알게 되어 신청하게 되었습니다. 부디 신청인의 사정을 헤아려 선처해 주시길 간곡히 부탁드립니다.

결과적으로 이 경우도 신청대로 법원의 파산면책 허가로 인하여 연대보증 채무와 주 채무 929백만 원 전액 탕감받고 재기에 성공한 사례입니다.

Part 5
고장난 금융이
바로서야
기업과 민생이 산다

01
금융적폐 청산과
진정한 IMF 환란 극복

○ **중산층 붕괴시켜 빈곤층으로 내몰고도 진솔한 사죄 한마디 없어**

IMF 환란 직전 10여 년은 우리나라 자본주의 황금기로 부르는 사람들도 있을 만큼 중산층 비중이 국민 70%대를 넘나들던 시기였다. 그러나 경제구조개혁 지연과 경제개발협력기구OECD의 무리한 가입, 그리고 경제 및 통화정책 당국의 대응 미흡 등이 중첩적으로 야기되면서 한국은행 외환 잔고가 미화 39억 달러라는 최악의 수준으로 고갈되어 갔을 때 이러한 심각한 상황을 누구도 대통령에게 직접 보고하는 이가 없어 비선을 통하여 대통령에게 보고하게 했다는 것이 정설이다. 이러한 상황에서 IMF 환란은 피할 수 없었고 이로 인한 100년 만의 금융 산업 붕괴는 엄청난 금융피해자를 낳았다. 그리고 이는 결국 중산층 몰락의 신호탄이었다. 그럼에도 불구하고 관계 당국과 금융회사들은 통렬한 반성과 참회는 고사하고 무분별한 소비자금융 확대 정책을 벌였고 이를 통해 IMF는 조기 극복되었다 하더라도 카드사태 등이 초래되어 채무불이행자를 양산하였다. 2008년 글로벌 금융 위기 때도 통화옵션대출KIKO: Knock In Knock Out 사태를 야기, 동 대출을 받은 중소 수출업체들에게 원금의 수십 배에 달하는 환차손을 입혔다. 그러고도 그 피해는 몽땅 금융소비자들에게 전가시켰다. 당사자 간에 맺은 대출약정서에 따른 책임을 부담시킨 것이지만 부도에 몰린 금융피해자들이 소송까지 갔으나 중소 수출업체들이 패소했다. 그렇다고 해서 승소한 금융회사들의 책임은 면책될 수 있겠는가? 평생을 금융에 몸담고 살아온 저자 생각에도 이 거래는 불완전판매Mis-Selling이다. 금융회사의 이익을 위해 무리하게 금융상품의 구매나 투자를 권유하거나 해당 금융상품에 대한 핵심적인 내용, 즉 고객이 부담하게 되는 비용과 위험 요인 같은 필수 사항에 대한 충분한 설명을 하지 않는 경우에 해당될 수 있기 때문이다. 회사의 존망을 좌우할 큰 위험이 내포되어 있는 상품인 줄은 통화옵션 대출을 받은 회사는 물론이고 동 상품을 판매한 금융회사 직원들조차도 솔직히 예상할 수 없었을 것이다. 아마도 거래 당사자 누구도 모르는 가운데 매매한 상품일지 모른다. 더구나 환율, 금리, 주가 변동은 귀신도 모른다는 분야가 아닌가?

전후 사정이 이와 같을진대 키코 사태 때도 대출금 차입 기업에게만 몽땅 책임을 전가시켰다. 감독당국이 나서서 제3의 중재기관을 통하여 조정 및 중재에 의해 환차손 피해를 당사자 간에 분담하도록 했어야 했다. 솔직히 재판부의 판결도 양측의 주장과 증거를 가지고 변호사들과 증인까지 동원했지만 금융에 문외한인 판사의 판단력을 얼마나 신뢰할 수 있겠는가?

내가 키코 피해를 입은 철강회사의 기업회생컨설팅을 맡은 적이 있었다. 그때 위와 같은 시각에서 당사자 간 공동책임을 전제로 환차손 피해 금액에 대한 10년 변제계획안을 제시했었다. 그러다가 다행히 외국계 채권은행에서 수용해 주는 바람에 기업회생절차를 중단하고 당사자 화의로 종결되었다. 아마도 한국계 채권은행이었다면 어림없었을 것이다. 어쨌든 지난 환란 당시 2천여 금융회사 중 약 1/3이 퇴출되었고 이어서 2003년 무리한 신용공여에 따른 카드 사태, 2008년 글로벌 금융위기에 따른 저축은행 부동산금융(PF 대출 및 브리지 론)의 부실과 동양투자금융의 회사채와 기업어음CP의 불완전 판매 등, 잇따른 금융사고에 따라 금융소비자들이 천문학적인 피해를 입었고 많은 사회문제를 낳았다.

이와 같이 외환위기와 여러 금융사고로 인하여 수백만 부실 중소기업과 퇴출기업, 그리고 채무불이행자와 저신용자를 발생시켜 빈부 양극화를 초래했음에도 불구하고 감독당국 누구 하나 제대로 책임을 지거나 금융피해자들에 대한 진솔한 사과 한마디라도 한 적이 없다. 이제라도 감독당국과 채권 금융회사들은 솔직한 고백을 하고, 일련의 금융 사고에 대한 철저한 원인 분석과 대책의 백서를 내놓아야 한다. 그런 바탕 위에서 그동안 무리하고 불공정하게 구제된 금융피해자들에 대한 새로운 정산과 그동안 누적된 금융의 실질적인 적폐를 깨끗이 청산 재정리하고 다 함께 새 출발해야 한다. 그것이 진정한 IMF 환란의 극복인 동시에 따뜻한 금융의 출발점인 것이다.

　　　　　　　　　　　　　　　　　　　　금융인의 반란

○ **미해결 실패기업인과 기 워크아웃 수혜자 약 324만 금융적폐 청산해야**

▶ 장기 실패기업인 약 100만의 부실채무도 즉각 일괄조정 탕감 사면하자.

정부에서 일괄 채무조정 탕감 조치한 시효 완성 소액 생계형 장기 채무불이행자 159만 명 선정에서 배제된 사업실패형 채무불이행자들이 약 100만 명에 달할 것으로 추정된다. 그동안 이 문제에 대하여 꾸준히 정책제안을 해온 내 자료에 근거해도 약 100만 명이 사업실패형 채무자로 남아있을 것으로 판단된다. 이들의 부실채무도 채권·채무 당사자 간 시장가격으로 일괄 조정·중재 탕감하여야 한다. 무담보 부실채권 시장가격은 지난 환란 이후 채권금융회사와 한국자산관리공사 및 투자자 간에 매매한 경험률 평균 가격과 신뢰할 수 있는 회계법인의 무담보 장기부실채권 평가가격을 참고하여 결정하면 된다.

지난 환란 이후 금융회사가 한국자산관리공사 등에 매각한 매매 가격은 단순 평균하면 3.5% 정도에 불과하다. 왜 채권자 간에는 이와 같은 무담보 부실채권을 공공연히 시장률에 의하여 매매 거래하면서, 직접 당사자인 채무불이행자들에게는 일괄매매 또는 집단채무조정·중재의 기회를 주지 않고 헐값에 매입한 최종 채권자들로부터 개별적으로 원리금 전액 추심에 쫓기게 하는가? 이는 금융당국이 금융소비자 보호를 위한 갖가지 서비스와 상품을 홍보하고 있지만 실질은 금융회사와 금융소비자 간 수직적 관계라는 인식에 바탕한 우월적 지위에 있음을 반증하는 것이며, 금융소비자를 얕잡아

본 데에서 기인한다. 더구나 현 정부에서 구제해 준 생계형 장기 소액채무자 159만 명과의 형평성과도 맞지 않고 역차별인 것이다. 오히려 시장에서 패배한 사업실패형 채무불이행자들의 거액 부실채무 해결이 더 급하고 절박할 수 있다. 이들의 부실채무도 시장율로 집단채무조정·중재거래를 통하여 일괄 탕감해 주고 재기 기회를 부여해야만 한다. 그래야만 창업 활성화라는 부수적 효과도 함께 거둘 수 있을 것이다.

○ **신용회복위원회 워크아웃 기 수혜자 약 140만의 불공정추심 환불해야**

신용회복위원회 발족 이후 지금까지 약 140만 명으로 추정되는 채무불이행자들의 부실채무를 재조정·구제하였다. 오랜 기간 적체되었던 채무불이행자 해소에 크게 기여한 것은 높이 평가받을 일이기는 하지만 독점적인 지위를 이용 공적구제율과 시장 매매율을 초과하여 불공정하게 추심한 것도 사실이므로 아래와 같은 이유로 이를 시정하여 성실채무자들의 불이익을 해소하여야 한다.

① 신용회복위원회가 무슨 권한으로 사적 채무조정의 독점적 지위를 누리고 있나? 선의의 경쟁이 있어야만 채무조정 조건이 개선될 수 있을 터인데, 독점적 지위를 가지고 있어서 채권 금융회사의 일방적 채무조정 기준인 원금평균 탕감율 30%에 맞추는 채권자 중심의 워크아웃이 이루어져 온 것이다. 이로 인하여 공적조정 평균 탕감율 70%보다 무려 40% 높게

불공정 추심을 해온 것이다. 이와 같이 채무자의 상환능력을 충분히 고려하지 않고 채권금융회사 일방이 워크아웃 조건을 결정했기 때문에 조정 후의 채무도 제대로 상환하지 못하고 연체율이 높았던 것이다.

② 신용회복위원회의 워크아웃이 법적구제 제도보다 불리하다. 법적제도는 채무자의 상환능력을 기준으로 변제할 수 있는 가용소득이 나오면 그 가용소득으로 3년간(과거는 5년) 상환 후 잔액은 탕감해 준다. 그리고 가용소득이 없으면 모든 채무 전액을 탕감해 주는, 법이 부여한 최후의 사회안전망 기능을 하고 있다. 이에 반해 워크아웃은 채무자의 상환 능력을 엄격히 고려하지 않고 채권금융회사 일방이 제시해 주는 기준에 따라 제한된 범위 내에서 워크아웃 조건이 결정된다. 또 상환기간도 8년이란 장기간을 요구하고 있으며, 모든 채권 전액을 탕감해 주는 파산면책제도는 존재하지도 않는다. 더구나 신용회복위원회에 가입된 채권자들의 채무에 한해서 워크아웃을 해준다.

③ 무담보 부실채권의 상각 또는 시효완성채권 여부와 크게 상관없이 모든 부실채권을 대상으로 채무조정·추심해 왔다. 따라서 금융회사의 상각채권 또는 시효완성채권의 추심은 엄연히 부당이득이므로 전액 환불하여야 하고, 그 외 채권

은 공적조정율, 또는 부실채권 시장 매매율 초과 추심 금액을 환불하여야 한다. 왜냐하면 회계학 측면에서도 금융회사의 상각채권은 모든 금융소비자와 엄연히 정산이 끝난 것 아닌가? 채권금융회사의 대출금리는 일정 비율의 부실 발생을 전제하여 산정된 것이고 따라서 전체 채무자가 공동 부담한 수익금에서 적립한 충당금으로 장기 부실채권을 상각하였을 것이기 때문이다. 더욱이 책임소재를 보더라도 주 채무자와 보증인의 담보권 행사 및 다른 보유재산까지 강제집행을 통하여 회수한 후에도 남아있는 잔존채권이라면 과도한 신용을 공여한 것이고, 이는 채권금융회사 책임이 더 크다. 그런데도 채무자 및 연대보증인에게 무한 책임을 지워왔다. 법원에 지급명령신청 또는 갖가지 추심 기법을 동원하여 시효중단 조치까지 도모하면서 지금까지 갑질을 해온 것이다. 이는 엄연히 유한책임제인 주식회사 제도까지도 무시한 폭거이자 부당이득이다. 즉각 자진 시정 조치해야 할 이유로 충분하다.

○ **국민행복기금수혜자 84만 명의 불공정 추심액도 환불해야**

국민행복기금은 저자가 2012년 대선 당시 새누리당 가계부채특별위원회 부위원장을 맡으면서 '장기신용불량자 320만 긴급 특별 탕감 해소 대책'을 제안했던 바, 이들의 무담보 부실채권 약 45조 원을 채권·채무 당사자 간에 무담보 부실채권의 시장 매매율에 의거해 일괄 채무조정해 상계시키자는 내용이었다. 그런데 기존 제도보다 채무탕감 수준만 확대한 국민행복기금정책으로 변질되어 시행한 것이다. 최초 제안자를 배제한 채 기존 제도에 익숙한 금융당국자들에 의해 추진되었으니 빚 탕감 수준을 강화시키는 것조차도 힘들었을 것이다. 아무튼 국민행복기금으로 구제받은 수혜자들은 지난 환란 이후 발생한 채무불이행자들 중에서 가장 오래된 1억 원 미만 채무자들일 것이다. 뿐만 아니라, 시효 완성 또는 상각채권 대상 채무자들도 많이 포함되었을 것으로 추정된다. 따라서 이미 국민행복기금에 의해 구제받은 약 84만 중에서 시효중단 조치와 상각채권 대상 채무자들의 기 추심금액은 앞서 지적한 바와 같이 부당이득성 불공정 거래이므로 전액 환불 또는 공적조정율 또는 시장률 초과 추심금액을 재정산 환불 조치하여야 할 것이다.

금융회사는 진입장벽이 매우 높은 정부 허가 산업이며 자본과 조직 그리고 경영 노하우를 가지고 있는 공적인 금융전문기관이다. 따라서 채권금융회사는 부동의 갑질 위치에 있어서 갑이 신용공여 결정을 하지 않으면 수요자는 대출받을 기회를 가질 수 없다. 가계나 주택 구입 또는 사업에 필요한 소요자금 중 자기자본으로 다 충당이 될 수 없을 때 타인자본이 필요한데 이때 타인자본의 기대이익이 차입 이자보다 클 경우라 하더라도 금융회사가 대출을 공여해야만 성립될 수 있다.

이와 같이 대출을 받았다 하더라고 기대이익이 실현되지 않으면 독이 되는 위험 자본이 될 수도 있는 것이다. 이런 의미에서도 채무자 입장에서는 차입금액이 적을수록 안정성이 높은 것이 당연하다. 이를테면 전문용어로 부채 레버리지 즉, 차입금의 지렛대 효과가 높다는 보장이 없기 때문이다. 따라서 금융회사가 수요자 입장에서 면밀하게 부채 레버리지를 판단해 보고 기대 이익이 커서 상환 가능성에 대해 확신이 설 때 상환 능력 범위 내에서 대출을 실행하는 것이 옳다. 이렇게 된다면 채무자들은 실패 비용을 걱정할 필요가 없어질 것이며 만일에 상환능력을 초과해서 대출을 받은 후에 부실이 발생하여 담보권 행사를 했다 하더라도 미수채권이 발생한다면 그 책임은 전적으로 금융회사 몫인 것이다.

하물며 외환위기와 금융사고에 기인한 시효 완성 채권과 상각채권 그리고 공적조정율과 시장률을 초과하여 추심한 채권이 기 워크아웃 수혜자 140만 명과 국민행복기금으로 구제한 84만 명이라면 이는 불공정한 회수여서 재정산 및 환불 시정해야 마땅한 것이다. 이와 같이 부당이득 또는 공적조정율과 시장률을 초과한 추심 금액을 환불하는 것만이 현 정부에서 일괄 탕감 조치된 장기 소액 채무자 159만 명과의 형평성에도 부합하다 할 것이다.

02
'선진재기제도' 수용과
채무불이행자 적체 차단

○ 시장자율 채무조정·중재제도 구축해야 채무불이행자 적체 해소된다

부실채권 추심은 신용 거래가 보편화된 금융시장에서 효과적으로 회수하여 금융거래의 원활한 순환을 돕는 순기능임을 부인하지 않는다. 부실채권이 정상적으로 추심되지 않고 계속 연체하게 되면 금융회사의 수익률은 떨어지고 이는 결국 이자율 상승으로 이어질 수 있어서 일반 소비자들의 차입 비용까지 증가시킬 수 있기 때문이다. 그러나 문제는 채권자 측 추심 직원들의 탈법을 넘나드는 무리한 추심으로 선량한 채무자들의 권리와 인격이 손상될 수 있음은 물론 갖가지 형태의 가혹한 독촉에 시달릴 수 있는 위험도 있어왔다. 법의 엄격한 기준에 따라 합법적으로 설립된 신용정보회사와 미등록 대부업자 같은 탈·불법 추심업자들이 혼재하면서 많은 부작용을 일으켜 왔음을 부인할 수 없다. 한때 오죽하면 추심하는 직원들이 저승사자라고까지 불렸겠는가. 직원들의 추심 실적에 기반할 수밖에 없는 열악한 보상 체계와 불안한 근무 형태가 무리한 추심을 부채질했던 것이다.

채무불이행자들의 자산상태와 수입 등 상환능력을 파악하여 이들에게 적합한 상환조건이 반영된 채무조정·중재안을 제시할 수 있어야 할 텐데도 추심 직원들은 사적 및 법적 채무조정과 중재제도에 관한 전문성이 결여되어 있기 때문에 조정 및 중재 노력조차 시도하지 않고 탕감 규정만 염두에 두고 있어 합리성과 신뢰성이 떨어지는 것이다. 그럼에도 불구하고 이러한 형태의 추심 제도는 20년 가까이 지속적으로 유지되어 왔다. 그렇기 때문에 현 정부 이전까지만 해도 수백만 명의 채무불이행자들이 적체되어 있었던 것이고 이 같은 적체 현상은 한마디로 채권자 중심의 낡은 추심 제도에 기인된 것이다.

따라서 선진국 형태의 채무자 중심 시장 자율 채무조정 및 중재제도로 혁신해야 한다. 새로운 정부 출범 때마다 시행되는 선심성 채무조정보다는 안정적인 시장 자율 선진 재기 제도가 더 필요한 이유다. 아직도 현 정부의 빚 탕감 정책 사각지대에 있는 실패 기업인형 채무불이행자 100만 명의 부실채무가 수십조 원에 달할 것으로 추정되고 이는 주로 실패 기업인들의 주 채무와 보증채무가 포함되어 있어서 채무불이행 금액이 큰 것이다. 그럼에도 각 금융회사들은 상각 소액채권 또는 시효 완성 소액채권에 한해서만 소각 대열에 동참하고 있다. 새 정부 코드에 맞추려는 관치금융에 길들여진 우리나라 금융의 한심한 현주소 모습이다.

2016년 6월 금융감독원이 박찬대 의원에게 제출한 자료에 따르면 빚을 돌려 막고 있는 다중채무자는 368만 명에 400조 원에 달한다고 한다. 따라서 금리 상승 시에는 상환능력이 취약해져 파산자 속출 가능성이 큰 것이다. 이 같은 부실 위험에 노출되어 있는 가계부채의 질을 개선하기 위해서도 선제적 채무조정 및 중재제도가 필수다. 가계와 금융회사가 동반 부실의 늪으로 굴러떨어지기 전에 채무 조정의 팔을 걷어붙여야 한다는 말이다.

현재 단기 연체자들을 대상으로 하는 채권금융사 중심의 프리 워크아웃 같은 기존 제도로는 어림없다. 선진재기제도 즉, 수요자 중심의 채무조정·중재를 위해서 회생전문가 양성과 소비자단체 육성 그리고 이들이 일할 수 있는 법적근거를 시장에 구축하여 당사자 간에 회생전문가 중재에 의한 자율 해결을 유도해야 한다.

이에 필요한 회생전문가로 활용할 수 있는 잠재적 인적자원은 약 1만 명으로 차고 넘친다. 변호사 및 법무사, 경영지도사, 은행 및 예보 간부 출신 등을 대상으로 양성한 회생경영사, 신용상담사, 채무관리사, 법정관리인 과정 이수자, 예금보험공사 출신 간부 및 파산관재인과 보조인 등을 합치면 1만 명을 상회한다. 이들을 대상으로 서민금융진흥원과 신용회복위원회 또는 저자가 설립 허가받은 사단법인 한국기업회생경영협회 등을 동원, 보수교육과정을 개설하여 채무조정 및 중재 실무 교육 후 민간자격 소정 시험을 거쳐 회생경영사를 양성하여 시장에 내보내 채무조정 및 중재 일을 맡기면 된다. 그러면 부지불식간에 채무불이행자들이 흔적도 없이 사라질 것이고 이는 채권금융회사와 채무불이행자 모두에게 이득이고 새로운 일자리 창출과 더불어 민생경제 안정에도 크게 기여할 것이다.

○ 금융회사의 모럴해저드가 부실 금융소비자 낳는다

그간 채무불이행자들의 채무조정 또는 빚 탕감 정책이 나올 때마다 약방에 감초처럼 꼭 따라 나오는 말이 모럴해저드 우려다. 금융은 신용을 기본으로 작동하기 때문에 도덕적 해이를 강조하지 않으면 누군가는 채무를 상환하지 않고 배 째라는 식의 도덕적 해이가 조장될 수 있는 개연성이 있다는 것이다. 그런데 도덕적 해이 문제는 채무자에게는 엄격하지만 반면에 대출을 실행한 채권금융회사에게는 너그럽다. IMF 환란으로 금융 산업이 붕괴되고 서민금융 시스템이 무너지면서 발생한 부실채권이거나 또는 각종 금융사고에 기인한 부실채권일지라도 유독 채무자에게만 도덕적 해이라는 너울을 씌운다. 엄연히 부실채권 발생원인 제공자는 채권 금융회사인데도 그렇다. 더구나 금융회사들은 원천적으로 이자수입을 기대하고 자금을 운용할 힘이 있지만 채무자들은 채무자의도대로 빌려 쓸 수 있는 수단도 기회도 있을 수가 없는데도 말이다. 만약 누가 채무자 마음대로 차입할 수 있다고 주장한다면 이는 억지이며 어불성설 아닌가? 금융회사의 심사과정을 거치지 않고 개인 간의 금전대차처럼 정이나 인연에 끌려 갚겠지 설마 떼먹겠느냐는 식의 엄격한 심사 없이 대출할 때만 성립될 수 있기 때문이다.

금융회사는 예금자로부터 자금을 예치받아 채무자에게 자금을 공급해 주는 단순한 중개자가 아닌 것이다. 대출 신청이 들어오면 먼저 신용조사가 기본이고 이 과정을 일단 통과해야 사업성 분석을 통해서 소요자금이 얼마인지 회전기간과 상환능력은 어느 정도인지를 심사전문가들의 평가를 거쳐 각 분야 전문가들로 구성된 대출 심의위원회를 통과한 후에야 전결권자의 승인을 거쳐 대출이 실행되는 것이 일반적인 절차다. 그런데 이러한 복잡한 과정을 형식만 취하고 담보와 보증인을 내세워 대출하거나 신용등급만 보고 무차별적으로 일정한 금액을 고금리 대출을 취급하는 행태 또는 정치적 결정이나 외압 그리고 은행장의 독단에 의하여 취급되는 대출이 소액일지라도 이는 대표적인 도덕적 해이이고 금융업이 가지는 공익성과 사회적 책임을 저버리는 행위인 것이다.

또한 상환능력이 없는 것을 뻔히 알면서도 채무자의 궁박한 처지를 악용해서 고금리를 적용하거나 보증인을 입보하게 한 후 대출을 실행하는 경우는 약탈적 대출Predatory Loan에 해당될 수 있는 일종의 범죄행위다. 신용대출의 경우는 더더욱 채무자의 상환 능력을 엄격히 심사해서 그 범위 내에서 대출하는 것은 너무나 당연한 것이다. 신용이 곧 상환 능력이기 때문이다. 다만 신용이 취약한 상환능력 없는 소외계층은 복지정책으로 해결해야 할 문제다. 더 싸게 더 많은 금액을 대출해 주겠다는 갖가지 서민지원 금융은 빚쟁이만 양산할 위험이 높기 때문에 무작정 지원해 놓고 채무조정 얘기만 나오면 도덕적 해이로 몰아가는 식의 여론몰이는 이제 그만 끝내자. 제발 더 이상 성실하고 정직한 채무자들의 자존심을 건드리지 말아야 한다. 만일에 부정직한 채무자가 있다면 피치 못할 사정이 있었을 것이고 예외적일 뿐이다.

○ **사상최대 가계부채 연착륙 방안 있다.**

소규모 개인사업자를 포함한 가계부채가 현재 1,500조 원을 넘어섰고 이는 10년 만에 2배 증가한 규모란다. 매년 60만 호 주택 공급과 창업 지원 자금 등이 계속되면서 나오는 현상이다. 이에 따라 가처분 소득 대비 금융부채 비율이 2016년 말 164%에 이르러 경제개발협력기구OECD 회원국 평균 132%를 크게 웃돌고 있다는 것이다. 따라서 이미 위험 수준을 넘고 있다는 우려가 많고 소득에 비해 지나치게 가파르게 늘고 있는 가계 빚은 금리 상승 추세 시 우리 경제와 금융회사의 가장 큰 위험한 뇌관으로 자주 지적되고 있다. 좋은 일자리와 소득 향상 등 부채 상환 능력을 높이는 일은 하루아침에 이루기 어렵지만 그래도 종합 처방은 내놓아야 한다.

우선 자금 공급 측면에서 통계부터 정확히 파악돼야 대책을 세울 수 있다. 현재 총 부채상환비율DTI: Debt To Income과 주택담보인정비율LTV: Loan To Value ratio 규제를 통해 자금 수요 측면에서 가계부채를 억제하고 있다. 하지만 실적이 급한 금융회사 지점장들이 우회 대출을 하기 위하여 사업자등록을 유도하여 사업자로 위장시켜 사업운영 자금으로 대출할 수 있게 하는 뒷문은 얼마든지 열려 있지 아니한가? 감독당국에서 이에 대한 실태를 조사하여 대책을 세워야 실효가 있을 것이다. 지금까지의 사소한 적발 건수 위주의 감사를 지양하고 금융회사의 경영 상태를 심도 있게 분석·평가할 수 있는

금융인의 반란

감사를 시도해야 근본적인 대책이 강구될 수 있다. 미국처럼 금융자율권은 보장하되 관련법과 규정을 어기면 문 닫을 각오를 하도록 엄격하여야 한다. 가계대출을 억제하기 위한 정책이 발표되면 우회 대출을 통해서 위반할 수 있다는 생각을 할 수 없도록 말이다.

이렇게 해야 금융회사들도 감독 당국의 지시를 곧이곧대로 지킬 것이고 한국은행의 저금리 중소기업지원자금을 다른 곳에 고금리 운용하는 어처구니없는 일들도 불식시킬 수 있을 것이다. 또한 금융회사의 건전성 감독을 위해서 금융회사의 자산 및 부채 종합관리 ALM: Asset and Liability Management 상태를 점검해야 한다. 과연 장기간의 주택담보대출 재원을 어떤 조달 자금으로 충당하고 있는지 살펴봐야 리스크 관리를 알 수 있기 때문이다. 장기자금 운용의 경우는 장기예금 또는 채권 같은 장기 안정 자금을 재원으로 충당하여 예금과 대출이 연동되어야 금융의 안정성이 보장된다.

최근 대형 금융회사들이 사상 최대 이익을 실현하고 있는데, 저금리 시대에 어울리지 않는 실적이다. 부실대출 감소에 따른 충당금 부담이 개선되었다고는 하나 한계가 있을 것이기 때문이다. 필시 단기 낮은 이자의 예금 재원으로 장기 고금리 가계 주택담보대출을 운용했을 개연성이 높다. 대출 기간을 길게 하고 예금 기간은 짧게 가져가서 총 자금의 운용 순 마진NIM: Net Interest Margin을 높였을 것이다. 이와 같은 꼼수 영업 형태는 리스크를 그만큼 부담해야 하는 위험이 있기 마련이다. 철저한 자산부채 종합관리를 통해서 자산증가 위주의 양적 성장을 지양하고 자산·부채 구조 개선을 통한 질적

성장을 추구하면 자연적으로 가계대출 재원 감소로 이어져 가계부채 감소 효과를 얻을 수 있다. 아울러 주택담보 대출 정밀 감사를 강화하여 관련 자금의 조달과 운용을 함께 체크해 보면 금방 변칙 운용 실태를 파악할 수가 있을 것이다.

더불어 주택담보 대출 한도를 총부채 상환비율과 주택담보 인정비율에만 의존할 일이 아니다. 미래 아파트 가격 변동 요인까지도 반영하는 것을 고려해 보아야 한다. 도심 아파트의 상승 가능성에 반해 외곽지역 아파트의 경우 수년 내 닥칠 인구감소 시대에 접어들면 아파트 가격 하락 가능성도 배제할 수 없는데, 이때의 아파트 가격 변동 폭은 금융회사 건전성의 위협요인이기 때문이다. 이와 같이 아파트 가격이 하락할 경우 아파트 소유주인 채무자까지 피해를 입을 수도 있음은 물론이다. 금융소비자 보호를 위해서도 채무자의 부채 수용 능력에 대한 정밀 심사를 통하여 합리적인 대출 정책을 세워야 한다.

지난 외환위기 이후 20년 동안 연평균 55조 원 수준의 가계부채 증가는 금융회사와 감독당국의 종합적인 가계부채 관리 정책 실패에 기인한다고 볼 수 있다. 현 정부의 시효완성채권 159만 명의 약 20조 원 정도에 대한 탕감 소각 결정 정책도 미리 선제적 대응을 했다면 가계부채 감소 요인 중 하나였을 것이다. 그러지 못했으니 지금도 똑같은 성격의 실패 기업인형 부실채무가 버젓이 수십조 원이나 존재하고 있는 것 아닌가? 이미 내가 직접 지난 10여 년간 청와대, 금융위원회, 금융회사, 국회, 심지어 금융노조까지 선진제도를 벤치마킹한 장기 채무불이행자 해소 방안을 특별제안 했었고 심지어 옥중에서도 2016년 10월경 청와대와 금융위원회, 법무부와 당시 여당에 똑같은 내용의 정책제안을 보냈다. 그리고 금융위원회로부터는 서민금융과 1534(2016.11.30)의 의례적인 회신도 받았었다. 지금이라도 지난 환란 이후 쌓인 채무불이행자들과 관련한 부실채권의 적폐를 깨끗이 청산한다면 가계부채 연착륙에도 크게 기여할 수 있을 것이라 확신한다.

03
중산층 몰락의 촉진과
개인 신용평가제도

○ 비금융정보의 정성적 분석 보완하고 신용등급 단순화 중요

개인 신용평가제도가 도입되던 2005년 4월 이전까지는 금융회사에서 개인 신용을 조회하면 신용불량자 등록 여부만을 알 수 있어서 아예 저신용자라는 호칭 자체가 없었다. 그렇기 때문에 개인대출을 취급할 때는 개인 신용평점제도CSS: Credit Scoring System를 각 은행별로 개발하여 금리 적용에 활용했다. 그런데 신용불량자 등록 제도는 인권 훼손 소지가 있다는 이유로 폐지하고 대신 신용평가회사 KCB를 설립하여 개인 신용평가 제도를 채택·시행한 것이다. 만 18세 이상 국민 약 4,500만 명을 대상으로 1등급부터 10등급까지 평가·구분한 것이다. 이를 다시 1등급부터 3등급까지는 고신용자, 4등급부터 6등급까지는 중신용자, 7등급부터 10등급까지는 저신용자로 대분류하여 부른다.

2013년 말 기준 720만 저신용자는 그동안 사적 및 법적 채무조정 등으로 많은 채무불이행자들이 구제되고 저금리가 장기화되면서 이자 부담도 줄었음은 물론 연체율까지 개선되면서 감소 추세를 보이고는 있다. 그러나 아직도 약 420만 정도의 저신용자는 상존하면서 고금리를 부담하는 불이익을 감수하고 있다. 이들은 기본적으로 금융권 대출이용이 사실상 봉쇄되고 사금융 고금리 대출 시장의 표적이 되어 가계지출 부담을 가중시켜 왔다. 계속된 금융사고로 인하여 발생한 수백 만의 채무불이행자와 비정규직, 그리고 저신용자들이 혼재하면서 중산층 가구로 분류되던 근로소득자들이 속절없이 서민층으로 추락해 버린 것이다.

이같이 개인 신용등급은 국민 생활과 밀접한 관련이 있음에도 어떤 기준으로 누가 어떻게 평가·분류했는지조차 모른 채 완전히 피동적으로 저신용자라는 무거운 굴레를 쓰고 있는 것이다. 나도 솔직히 평생 금융업에 종사했으면서도 등급 분류 기준에 대해 잘 알지 못하거니와 본인이 몇 등급인지조차 모른다. 단언하건대 개인들의 대출 규모와 거래 상황, 또는 신용거래 정보와 거래 기간 등의 금융 정보를 분석해 연체 발생 가능성에 따라 신용등급을 부여했을 것이다. 그렇다면 금융거래 데이터가 빈약한 계층의 신용은 낮을 수밖에 없다는 말이 된다. 얼마든지 개인의 비재무정보인 성별, 직업, 소득, 연령, 학력, 성격, 건강, 주거 형태, 가족 상황, 소비성향, 공공요금 납부정보 등에 따른 개인 정보가 재무정보 평가 수준을 능가할 수 있는데도 그렇다. 그동안 축적된 비재무정보가 얼마나 많은가? 그러한 비재무적 빅 데이터를 감안한 정성적 분석을 통하여 현행 평가 제도를 보완하고 등급을 단순화해야 한다.

아울러 평가 기준도 공개하고 개인 등급을 본인들에게 통지하여 본인의 평가 정보가 맞는지 확인 절차가 필요하다. 더불어 평가 정보에 대한 이의가 있는 경우 실시간 소명 기회를 주고, 시정한 후에 최종 등급을 적용하는 절차를 밟는 것이 온당하다. 신용이 바로 돈인 세상 아닌가? 신용이 낮으면 그만큼 금리를 추가 부담하면서 대출 기회마저 상실되어 서민 가계가 위축될 수밖에 없다. 한국은행 발표 자료에 따르면 신용등급별 가계신용대출 평균 금리는 최고 등급은 3.8% 수준, 최하 등급은 26.7%로 현행 법정 최고금리 24%를 상회하는 등 폭넓게 분포돼 있다. 그리고 신용등급이 한 단계 하락 시마다 평균 2.5%씩 변동되었다고 한다. 최저와 최고 금리차가 7배나 되는 금리 적용이 과연 타당한가? 내 생각에는 금융회사들의 폭리요 횡포다. 조속히 국민들의 개인 신용평가 제도를 혁신하여 이러한 무리한 불평등 거래가 시정되어야 한다.

2017년 6월, 당국에서 개인 신용등급제도에 대한 개선 방안으로 점수제 도입을 검토하고 있는 것이 보도되었다. 그러나 점수제에 그치지 말고 차제에 개인 신용등급 제도 자체를 단순화하여야 한다. 1천 점 단위의 신용점수제로 전환한다 해도 과거 신용등급별 구성비 혁신 없이는 큰 의미가 없다. 따라서 등급을 '좋다, 보통이다, 좋지 않다' 등의 표현으로 단순화하여 저신용자라는 딱지를 지워주자. 그렇지 않고 점수제만 유지하게 되면 과거처럼 고신용자, 중신용자, 저신용자의 대분류 변동 없이 저신용자의 굴레를 벗어날 수도 없고, 저신용자들이 살인적인 고금리 부담을 피할 수도 없다.

그동안 금융회사는 개인 신용평가등급 외에도 각 은행 나름의 보조 수단으로 개인 신용점수제를 개발하여 활용한 지 오래다. 더구나 최근에는 인공지능AI과 빅 데이터를 활용한 심리분석 신용평가 시스템까지 개발·사용이 보편화되어 가는 추세이다. 그런데도 굳이 10단계 등급을 일률적으로 적용하게 하여 저신용자로 분류, 갖가지 불이익과 고금리를 부담시켜 서민들을 기죽이면서 사기를 저하시킬 필요가 있는가?

지금 우리는 분노 사회로 진전되어 중병을 앓고 있다. 분노 사회의 가장 큰 뿌리는 불평등, 불공정에 기인한 빈부 양극화에 있다는 것이 전문가들의 분석 결과다. 홧김에 불 지르고, 욱해서 칼부림 살인하고, 보복운전에다 갑자기 끼어든 경차를 만만하게 보는 시선, 힘없는 노인 및 여성에 대한 갖가지 화풀이 등 정도를 넘은 지 오래 아닌가? 이 모든 현상이 물질만능 사회의 병폐로 인한 스트레스와 소외감이 빚은 결과다. 그 중심에 부실중소기업 및 자영업자와 소상공인, 채무불이행자, 실패 기업인, 저신용자, 비정규직이 자리하고 있는 것이다. 그런 의미에서 비금융 정보를 반영하여 개인 신용평가를 단순화하고 저신용자란 멍에를 없애야 한다.

○ 개인 신용등급제도의 오해와 진실 그리고 신용관리 노하우

금융소비자들 대부분 자신의 신용등급을 모를뿐더러 앞서 지적한 대로 신용등급 평가 기준도 확실한 내용은 모른다. 개인 신용평가 회사에서 사전에 신용등급평가 기준과 평가 내용에 대한 본인의 확인 기회를 소홀히 한 데서 오는 결과다. 그 기준을 정확히 모르기 때문에 신용 조회만으로, 휴대전화료 및 각종 공과금 연체, 대출정보 조회 등에 대한 막연한 불안에 시달리는 경우가 많은 것이다. 따라서 먼저 자신의 신용등급부터 확인해 볼 필요가 있다.

올 크레딧이나 나이스 지키미에 접속하면 누구나 무료로 자기신용등급을 확인할 수 있다. 지금은 신용 정보를 조회해도 등급이 떨어지지 않는다. 1년에 3회 즉, 4개월에 일 회씩 무료조회도 가능하다. 그러나 3회 초과 시는 신용정보 회사를 통해서 유료로도 확인해 볼 수 있다. 조회 결과 본인의 생각보다 신용등급이 낮다면 이의 신청도 가능하다. 개인 신용평가회사 고객 센터를 통해서 신용등급 평가 근거를 확인해 보고 잘못된 정보가 있으면 타당성 심사를 청구할 수도 있는 것이다.

그러므로 신용등급평가 근거를 바로 알아야 한다. 그래야 자기신용등급 관리가 가능한 것이다. 이렇게 해야 자기신용등급 하락을 예방하거나 또는 등급을 올릴 수도 있다. 인터넷 대출 권유로 돈을 빌렸다면 신용등급이 나쁠 수 있고 10만 원 또는 5거래일 이상 연체와 잦은 현금서비스 사용은 치명적이다. 따라서 대출 연체가 여러 건 겹치면 장기 연체금액부터 먼저 결제하는 것이 유리하다. 금액보다 기간이 더 중요하게 다루어지기 때문이다.

반대로 개인 신용평가상 유리한 우량정보는 대체적으로 대출금의 정상적인 상환 실적과 안정적인 카드 사용 실적이다. 금융회사의 연체정보와 통신, 백화점, 도소매 등 비금융회사 연체도 없어야 좋다.

연체대출금을 상환했거나 정상적인 공공요금 납부실적 등도 신용평가에 유리하다.

반면에 꼭 유의해야 할 불량정보 요소는 대출금 연체, 신규대출 및 대출건수 증가, 제2금융권 대출, 잦은 현금서비스, 세금 및 과태료 연체, 비금융회사의 연체 정보 등에 각별히 유의하여야 한다. 다만 불량 정보가 해소되었을 경우는 신용 회복을 청구할 수 있음도 참고하자. 특히 새로 출범한 인터넷 전문은행들은 금융회사들의 기존 평가 방식 외의 독자평가 모델을 보완하고 있기 때문에 신용카드 사용내역까지 활용할 계획이라 한다. 따라서 유흥비 등 낭비적 소비활동보다는 서점이나 문화생활에 지출한 경우가 유리하게 평가될 수 있는 점까지 세심한 유의가 필요하다.

04
위기 중소기업
약 195만의 선제적 구조조정

○ **부실징후기업 선제적 구조조정 외면하면 금융사의 독이 된다**

지난 외환위기 이전 우리 경제는 민관협력이 순조로웠고 우리나라 대표적인 제조업 수출도 잘 되었으며 품질도 호평을 받았었다. 금융회사들도 적극적으로 자금을 지원하여 이들 제조업의 투자를 도왔다. 나도 당시 동화은행 태평로 지점장과 서소문지점장 시절 외형성장을 추구하던 타행들과 경쟁하기 위하여 삼성, 금오, 동아건설, 진로그룹 등 대기업 회사들에게 대출 세일에 나섰었다. 이러한 적극적인 영업활동으로 당시 대기업 평균 부채비율은 350% 수준이었다.

이때까지도 대마불사大馬不死 관행이 유지되던 때여서 과잉투자로 인한 높은 부채비율에도 대우, 진로, 삼미, 기아그룹 등은 구조조정의 중요성을 인식하지 못하고 있었다. 더구나 경제개발협력기구 OECD 조기 가입으로 자본시장도 자유화된 상태여서 구조적으로 리스크가 높은 시스템에 노출되어 있었음에도 불구하고 금융당국도 이를 인식하지 못한 채 해외자본 유입만 생각하고 유출은 대비하지 못했었다. 이 같은 기업구조조정 및 외환관리 실패가 외환위기로 나타났다. 그 후 재벌그룹과 대기업들은 뼈를 깎는 구조조정을 단행하여 건전한 재무 상태를 유지하기 위해 안간힘을 쏟게 되었고 심지어 무차입 경영까지 이루어 현재는 사상 초유의 사내 유보금을 확보하게 된 것이다.

이와 함께 중소기업들은 부채비율도 높았고 재무 상태도 좋지 않은 상황에서 중소기업 지원 시스템마저 현저히 악화되어 왔다. 당시 정부의 금융자율화 정책에 따라 5대 시중은행들의 중소기업 대출 의무 비율이 철폐되면서 여유 자금은 안전하고 수익성이 높은 가계 주택자금 대출에 쏠렸다. 대신 부채비율이 높은 중소기업들에게는 금융의 문턱이 계속 높아졌고, 재무건전성을 중시한 대기업들의 투자 감소로 인하여 중소기업들의 성장 여지까지 좁혀졌다. 설상가상으로 대기업들의 구조조정에 따른 비정규직의 폭발적인 증가와 명예퇴직 그리고 베이비부머 세대들의 조기 퇴직까지 맞물리면서 생계형 묻지 마 창업이 정부의 창업 장려 정책에 편승했다. 그래서 중소기업 및 자영업자 수가 급속하게 증가하여 현재는 650만 개 수준에 이른 것이다.

이와 같은 양적 성장으로 인해 총 기업체의 30%가 부실징후기업이며, 3년 연속 영업이익으로는 차입 이자도 감당이 어려운 한계 중소기업이 10% 정도를 차지하는 부작용을 낳았다. 그리고 매년 90만 개 내외 기업이 퇴출되고 있는 심각한 상황을 맞고 있는 것이다. 그럼에도 불구하고 현 제도권의 구제 제도는 이러한 심각한 상황을 외면한 채 워크아웃과 기업회생 절차를 합하여 연간 3,000개 수준에 그치고 있다. 총 퇴출기업의 1% 미만이 제도권의 구조조정 기회를 갖게 되고 나머지는 퇴출되어 막대한 사회적 매몰비용 발생과 일자리 상실로 이어지고 있는 것이다.

이러한 현상은 금융을 지원한 채권금융회사의 부담으로 전가될 위협요소로서 이를 외면하면 결국 부실 여신으로 발전할 소지가 커서 금융회사의 건전성을 해칠 수 있다. 따라서 부실중소기업 스스로는 리스크 관리와 구조조정의 한계가 있을 것인데 이러한 현실을 직시하고 채권금융회사들이 앞장서 나서야 한다.

○ 합리적 대출과 선제적 구조조정 지원이 진짜 금융혁신이다

근본적으로 기업은 위험을 부담하는 곳이기 때문에 소요 자금을 대출해 주는 채권 금융회사는 리스크 관리 책임이 수반된다. 더욱이 금융회사는 거래기업의 리스크를 관리할 수 있는 조직과 인력을 보유하고 있으나 중소기업은 스스로 리스크 관리능력이 없는 것이 현실이고, 경영이 어려워져도 낙관적으로 보려는 견해가 강하다. 대기업들의 자체 조직 내 리스크 관리부서가 있는 것과는 다름을 인정해야 한다. 그래서 채권 금융회사가 부실징후 중소기업들의 선제적 구조조정에 나서야 하는 당위성이 있는 것이다.

채무기업이 건강해야 대출 금융회사의 건전성이 담보되고 함께 성장할 수 있는 것 아닌가? 마침 2016년 도산전문 법원이 파산부에서 승격되어 기업구조조정의 한 축을 담당할 수 있는 태세를 갖추었다.

더구나 이미 부실 소기업 및 자영업들의 회생절차를 촉진하기 위해서 2015년 7월 간이회생제도 도입으로 부채 30억 이하 소기업의 기업회생 절차가 간소화되었기 때문에 기업회생 신청이 증가 추세다. 또한 중소벤처기업부로 바뀌기 전에도 창업벤처국 내에 건강관리팀을 별도 조직으로 신설하고 구조조정 전문가를 교육하여 중소기업 건강관리를 시도한 지 오래다. 하물며 중소기업의 시설 및 운영자금을 대출한 거래당사자인 채권금융회사가 이를 외면할 수는 없는 것이다.

독일은행들은 중소기업이 위기에 처하면 함께 회생경영계획을 만들고 그래도 회생하지 못하고 회사가 문을 닫으면 파산절차까지도 맡아 처리해주고 있다고 한다. 과거처럼 대출기업의 담보관리나 퇴출 후 채권 회수를 위한 강제집행 등 부실 후의 담보권 행사로는 중소벤처기업부와 파산법원 승격 체계와는 너무 대비되고 무책임한 태도를 취하는 것이 된다. 손익분기점 선상에 있는 195만 부실징후 중소기업들이 한계기업으로 전락되지 않도록 대출 금융 회사들이 책임감을 가지고 선제적 구조조정에 나서야 한다. 먼저 경영진단 후 그 처방전에 따라 자발적 구조조정을 통한 회생과 워크아웃 지원, 더 위급한 한계기업의 경우는 기업회생 절차를 지도하고 회생이 불가능한 좀비기업들은 법적 파산절차를 통하여 퇴출시켜 해당 기업과 연대보증 채무까지 정리하게 하여 재기할 수 있도록 지원해야 한다. 이렇게 되면 거래기업의 부실을 사전에 차단할 수 있고 더 나아가 부실이 된다 하더라도 부실채권의 조기 회수 및 사후 관리 비용 절감

효과와 함께 실패 기업인들의 재창업 또는 재취업까지 용이해질 수 있다. 나아가 금융회사의 경쟁력 향상을 통한 지속 성장이 가능하다.

은행의 일선 지점장들 역시 단기 성과주의에만 매달리는 구태를 벗어나야 한다. 인터넷은행들의 연이은 출현으로 인한 소매금융의 잠식은 어느 정도 각오하고, 대형 금융회사들은 국내외 시장에서 국제금융과 기업금융 능력을 갖춘 우수한 인재와 세계적인 네트워크 그리고 기업금융 노하우 등 그동안 축적된 빅 데이터를 통합하여 산업금융 시스템의 강화와 고령사회에 대비한 자산관리와 위험관리기능 등 금융의 본질적 역할에 충실해야 한다.

경쟁력을 상실한 좀비기업은 퇴출시켜야 한다는 막연한 논리는 신자유주의자들의 상투적인 언어다. 선진국 자본가들이 사업 기회를 얻기 위해 내세운 명분이었음을 지난 환란을 통해 똑똑히 보고 경험하지 않았는가? 이 논리에 매몰되어 금융회사들이 해당 기업의 경영 진단도 해보지 않고 부화뇌동해서는 안 된다. 직접적인 진단과 구조조정, 또는 사업전환이나 회생경영 기회를 가질 수 있도록 적극 나서는 것이 창업 지원보다 효율적이고 포용적 금융의 태도이다. 전문가 누구나 우리 경제가 위기라고 진단하고 문제가 무엇인지도 잘 아는데도 수명을 다한 낡은 제도를 고집하면 금융혁신이 되겠는가? 중소기업 신용위험평가제도에 의한 구조조정과 워크아웃이 대표적이다. 부실징후기업이 무려 195만 개나 되고 매년 90만 개 내외의 중소기업 및 자영업자들이 퇴출되고 있는 정부 통계에도 불구하고 왜 금융회사들은 요지부동인가? 분명 부실 위기를 벗어나려는 행동

주체는 기업이지만 채권 금융회사의 경영 지도와 자금 지원 없이는 어림없는 것 아닌가? 채권자 중심의 낡은 구조조정과 워크아웃 제도를 채무기업 위주로 혁신하고 선제적으로 회생전문가를 능가하는 컨설팅 능력으로 무장하여 구조조정과 회생경영에 적극 나서는 것이야말로 진정한 금융혁신이다. 이를 수용할 수 있는 관리 조직은 사후 관리부 개념을 벗어나 선제적구조조정부로 바꾸어 적극 나서야 채권 금융회사도 지속적으로 발전할 수 있다.

05

민생은행과
서민·중소기업금융
시스템 재건

○ **민생 및 중소기업자금 해결을 위한 전담은행 설립하자**

우리나라에서 창업해서 성공할 수 있는 비율은 10% 남짓다. 창업과 중소기업 지원 육성책을 적극적으로 시행한 지 20년이 넘었지만 성공한 중소기업은 많지 않고 대기업과의 격차는 더 벌어졌다. 그럴싸한 발표용 지원정책만 난무할 뿐 시장에서 자율적으로 작동할 수 있는 지속적으로 실천 가능한 중소기업 정책은 많지 않기 때문이다. 요란한 창업 지원정책과 중소기업 육성책을 비웃기라도 하듯 다산다사多産多死주의는 좀처럼 개선될 기미도 없고 수백만 부실징후 중소기업과 퇴출기업 그리고 실패 기업인, 청년실업, 채무불이행자, 저신용자, 한계가구 등 민생문제도 여전히 존재하고 있다. 제각각 따로 노는 별개 문제로 보이지만 사실 몸통은 하나다. 바로 성장 사다리가 무너져 복원이 안 되기 때문이다.

'창업⇒중소기업⇒중견기업⇒대기업'으로 성장할 수 있는 성장 시스템이 불량하기 때문이란 말이다. 가장 큰 진원지는 금융이다. 지난 환란과 글로벌 금융위기 시 국민은행의 합병, 신용카드 사태, 저축은행 사고, 상당한 신용협동조합과 마을금고의 파산 등을 거치면서 서민금융 시스템이 무너졌다. 그리고 금융사고가 터질 때마다 민생경제는 숨통이 막혔고 죄 없는 금융소비자는 고통에 신음했다.

서민금융 시스템이 무너진 자리를 사잇돌 대출, 햇살론, 새희망홀씨, 바꿔드림론, 디딤돌 대출, 미소금융 등의 상품이 역대 정권이 바뀔 때마다 땜질·보완하였다. 내가 알기로는 다 합쳐봐야 31조 원 수준이다. 추정컨대 최소 300조 원이 필요한 민생 자금 해결은커녕 언감생심 한마디로 포클레인을 동원해야 할 일을 삽질한 셈이다. 자연히 부족자금은 일본계 대금업 등을 고금리로 배불리면서 채워주었다. 이런 식의 대처로는 결국 빈부 양극화만 심화될 수밖에 없다.

중산층이 복원되기 위해서는 지난 환란과 각종 금융사고에 기인하여 발생한 누적된 금융 적폐를 청산하고 그 위에서 서민금융 시스템을 복원하여 경쟁력과 기술력 있는 준비된 창업을 적극 지원해야 한다. 아울러 부실징후 중소기업 및 소상공인 약 195만 개의 선제적 구조조정을 위해서 독일 은행처럼 중소기업 함께 회생경영계획을 만들어 회생경영 및 재도전 지원 금융을 지원하고, 그래도 회사가 문을 닫으면 폐업절차까지도 맡아서 처리해 주어야 한다. 그래야만 중소기업 및 중견기업이 확대되고 대기업으로 성장할 수 있다. 따라서 이러한 역할을 전문적으로 수행할 수 있는 민생은행을 설립하여 충실한 성장 사다리 역할을 담당하게 하는 것이 진정한 서민 및 중소기업금융 시스템 복원이다.

금융의 본질은 기업금융을 통한 실물경제 순환을 돕는 일이다. 20년 전 벤처 붐 이후 벤처기업들의 스펙트럼이 넓어졌다. 이에 맞춰 벤처기업 지원 금융도 시설자금 대출과 운영자금 일변도를 벗어나 투자 형태로 다양화되어 가고 있다. 독일 금융회사들은 1년 미만 중소기업 운영자금 대출은 13% 수준에 불과하고 5년 이상 장기자금 대출 비중이 70%를 넘는다고 한다. 따라서 독일의 중소기업들은 자금 걱정 덜고 기술 개발에 매진하고 있어서 세계 4위 규모의 독일 경제를 떠받치는 건 이름 없는 중소기업들이라 한다. 따라서 우리도 기술과 아이디어가 있는 신생 벤처기업에 장기자금을 대출해 주거나 투자하여 자생력 있는 중견 벤처에 성장지원 자금을 적기에 충분히 지원해야 한다.

지난 환란 전 5대 시중은행들은 정부에서 요구한 중소기업 대출 의무 비율 45%를 착실하게 지켰으나, 금융자율화 이후 의무 비율은 폐지되고 그 대출 재원은 안전한 가계주택 담보대출로 이동하였다. 더구나 중소기업과 서민금융을 전담했던 동남은행과 대동은행, 그리고 경기은행과 충청은행들이 퇴출되었고, 심지어 이북5도민들의 향수까지 달래주었던 멀쩡했던 동화은행까지 타살당했다. 이와 같이 중소기업금융시장이 경색된 와중에 현재 버젓이 살아남은 대형 금융회사와 자방은행 12곳 중에서 3개 은행만 한국은행의 중소기업 지원을 위한 저금리 자금을 제대로 집행했을 뿐 나머지 9개 은행은 다른 곳에 고금리로 운용하고 중소기업 지원자금 중개 대출 한도를 준수하지 않고 있다는 한심한 보도까지 있었다. 더욱이 중소기업은행을 포함한 대형 금융회사들은 중소기업 대출 중에서 신용대출 비중이 갈수록 떨어진다는 분석이다. 이러한 현상은 이언주 의원이 2016년 8월 말 한국은행에서 받은 자료에 따른 것이라고 발표된 내용들이다. 이런 꼼수 경영을 통해 금융회사들은 사상 최대 이익을 실현했다고 지상에 대서특필하면서 관련 은행의 책임 있는 경영진들이 수억 원에서 수십억 원의 보상을 이런저런 명목으로 챙길 자격이 되는지도 묻고 싶은 심정이다.

2008년 글로벌 금융위기 이후 대형 금융회사의 저신용자 대출도 7년 새 40%가 감소했다는 보도까지 나왔다. 대대적으로 서민금융을 지원하고 있는 것처럼 홍보하면서 속으로는 이런 추한 실상인 것이다. 고금리 대부업체 의존도가 심화될 수밖에 없는 까닭이고 화급히 민생은행 신설이 필요한 또 다른 이유다. 2005년부터 2014년까지 창업한 자영업자가 968만 명으로 연평균 96만 개였고, 퇴출된 폐업자는 799만 명으로 연평균 80만 개였다는 정부 자료도 있다. 한마디로 창업 대열에 나섰던 청년 실업자, 채무불이행자, 저신용자, 비정규직, 조기 명예퇴직자들이 창업에 손댄 대가는 거덜 났고, 고사 직전에 몰리게 되어 자영업 위기가 중산층의 새로운 몰락 경로가 되고 있는데도 책임 있는 자리에 있는 누구도 말하지 않고 나라가 이렇게 조용한지 도무지 이해할 수가 없다.

이런 상황이라면 실속 없는 발표용 창업 및 중소기업 지원 정책은 더 이상 기대하지 말고 정통 금융이 나서야 한다. 건실한 소상공인과 중소 벤처기업들이 서민경제발전의 주체가 될 수 있도록 중소기업 및 자영업자 그리고 소상공인들의 민생은행을 설립하여 본점을 세종시에 세우자.

대형 금융회사의 2016년 9월 말 기업 대출금액이 768조 원이었고 이 중 자영업자 570만 중 141만 명이 500조 원의 빚을 지고 있다는 통계다. 이들 중 사업자등록 이름만 빌린 위장 가계대출을 제외한 실제 사업목적으로 받은 상업자금 대출과 중소벤처 기업자금 대출을 받은 채무기업에 대해서는 계속 경쟁력을 확보할 수 있는 생로병사生老病死 선순환 컨설팅 지원시스템을 함께 갖추어 성장사다리를 따라 동반 경영 컨설팅 지원이 필요하다. 자영업자와 중소기업들의 폐쇄적인 지배 구조와 경영 역량 부재까지도 보완해 줄 수 있는 전문의Firm Doctor 역할을 금융이 앞장서야 한다는 뜻이다. 이것이 진정한 동반 금융이고 포용적 금융이고 따뜻한 금융이다.

최근 대형 금융회사들도 기업 키우기 프로그램을 운영하기 시작했고, 각종 노무, 세무, 가업승계, 경영 컨설팅, 외환업무, 스타트-업 등 창업부터 성장기와 기업공개까지 생애 주기에 따른 맞춤형 컨설팅을 제공하고 있다는 보도도 있었는데 아주 잘한 조치다. 건실한 중소·중견기업 거래처를 확보하여 안정적인 고객을 확보하기 위한 경영전략으로 환영받을 일인데, 문제는 홍보용 또는 생색내기 형이 아닌 지속 가능한 은행 경영의 핵심 전략으로 접근하여야 근본적인 부실징후 중소기업 문제들이 풀려나갈 것으로 믿는다.

○ 민생은행 본점을 세종시에 세우면 일거삼득된다

지난 환란 당시 중소기업 금융 전담은행들과 충북 및 충청은행 등 지방은행들이 퇴출되었다. 그러나 경상도의 부산은행 및 대구은행과 전라도의 광주은행 및 전북은행이 아직도 건재한 반면 유독 충청도 지방은행만 전멸한 채 현재에 이르고 있는 것이다.

세종시는 이미 정부 조직 부처의 70%가 자리 잡았고 정부 출현 연구기관도 54개 중 34개가 대전과 세종시에 둥지를 틀고 있다. 국제과학비즈니스 벨트 조성 사업도 마무리된 상황에서 과학과 행정을 연계시켜 시너지 효과를 낸다면 충청도를 벗어나 하나의 중부 경제권을 형성하는 과학 및 행정수도 미래 비전을 가지는 것이 될 것이다. 그리고 중소기업정책 컨트롤타워인 중소벤처기업부, 특허청, 과기정통부 산하기관인 기초과학연구원, 연구개발 특구 진흥재단 등이 대덕 특구 내에 있기 때문에 협업 여건이 좋아졌다. 이들이 막강한 시너지효과를 낸다면 우리나라 경제의 새로운 성장 동력과 4차 산업혁명을 주도할 수 있는 필요조건을 갖추고 있는 것이다.

그런데 이렇게 발전하고 있는 세종시에 무엇인가 허전하지 않는가? 다름 아닌 반듯한 대형 금융기관이 빠진 것이다. 방글라데시의 세계적인 서민금융기관인 그라민 은행과 같은 민생은행, 또는 일본의 중소기업 전문 라소나 은행 같은 기능을 함께할 수 있는 제2의 중소기업은행인 민생은행을 설립하여 세종시에 본점을 두게 되면 필요충분조건을 확실하게 갖추게 된다. 자영업자들과 소상공인들의 서민금융, 중소벤처기업금융, 중견기업들의 성장금융 등을 담당할 민생은행이 해답이 될 것이다. 더불어 민생은행 본점을 세종시에 유치하면 충청도에 20년간 지방은행 공백이란 소외감을 채워줄 수도 있고 경상도와 전라도 소재 지방은행과의 형평성 문제도 해소할 수 있다. 더욱이 과학 및 행정도시 완성에도 기여할 수 있어서 일거삼득의 효과를 얻을 수 있을 것이다.

Part 6

금융적폐청산 및
회생경영사 제도
도입법 개정 청원

01
금융적폐 324만 명의
청산 및 환불 청원

지난 환란과 각종 금융사고로 인하여 발생한 부실기업과 채무불이행자 문제를 개선하기 위하여 20여 년 동안 정부의 갖가지 민생대책을 시행하여 왔음에도 기대한 만큼의 효과는 나타나지 않았다. 무려 4번의 정권교체가 되면서 내놓은 서민금융정책은 빈부 양극화를 심화시키는 결과만 초래하였을 뿐이다. 이는 부실 원인 제공자인 채권금융회사의 책임을 묻지 않고 오로지 채무불이행자 책임을 전제로 선심 정책인 양 남발한 결과가 낳은 당연한 귀결일 것이다.

그러므로 이제라도 정부가 자초한 외환위기와 금융회사의 각종 사고에 기인한 금융 적폐를 깨끗이 청산하고 시장 자율 선진재기제도 확립과 고장 난 서민 및 중소기업금융시스템 재건을 통하여 빈부 양극화 해소의 답을 찾아야 한다. 돌이켜 보면 채권금융회사들은 지난 환란 당시 무려 168조 원이라는 막대한 공적자금을 지원받아 회생하였으며 현재는 이익이 넘쳐날 만큼 성장했지만, 이는 엄연히 금융소비자들의 희생 위에 이룬 성과임이 분명하다.

그런데도 자랑하듯 홍보만 하고 있을 뿐 아직도 환란의 그늘에서 헤어나지 못하고 있는 소외된 100만 사업실패형 채무불이행자들의 일괄 탕감 문제는 미해결된 채 추심에 시달리고 있다. 또한 이미 성실히 상환했거나 상환 중인 신용회복위원회 워크아웃 누적수혜자 약 140만 명, 그리고 국민행복기금으로 처리한 84만 명의 불공정 추심 등 총 224만 명의 과다 추심 문제는 당연시하고 있다.

이들의 부실 원인은 지난 환란과 각종 금융사고에서 기인할 뿐만 아니라 그동안 채권자 일방이 시장률보다 16배나 월등히 높은 것은 물론이고 공적 조정보다도 평균 40%나 더 높은 워크아웃 가격을 책정해 채무조정한 결과였다. 그러므로 이는 분명히 불공정 거래요 금융적폐인 것이다. 따라서 금융회사의 이익이 넘쳐나는 지금이라도 금융소비자 희생 위에 시현한 이익의 일부를 그간에 쌓인 금융 적폐를 깨끗이 청산하는 데 사용하는 것이 IMF 환란을 극복하는 지름길이다. 그렇게 하는 것만이 지난 환란 20년 그늘을 진정으로 청산하는 것이고, 이것이 곧 따뜻한 금융의 출발점이다.

그러므로 아직도 미해결된 100만 명으로 추정되는 장기 실패 기업인의 부실채무도 기 일괄 탕감 조치한 장기 소액 채무자들같이 형평성에 맞게 역차별을 시정 조치하여야 한다. 따라서 독자 및 금융 피해자 여러분들께서 이러한 금융 적폐를 청산하여 억울한 실패 기업인들과 채무불이행자들의 고통을 덜고 재기할 수 있도록 국민청원에 열렬히 동참해 주셨으면 하는 것이 필자의 간절한 소망이다.

02
회생경영사(CTP) 제도
도입법 개정 청원

저자는 지난 13년 동안 선진재기제도 도입을 위하여 국민제안 1회, 금융위원회 2회, 중소기업청 4회, 법무부 2회 등 수요자 중심의 선진제도인 회생경영사CTP: Certified Turnaround Professional 제도 도입과 수요자 중심의 민간단체 사단법인 한국기업회생경영협회 설립, 그리고 '채무자 회생 및 파산에 관한 법률상 전치주의前置主義: Mandatory Credit Counseling' 도입 필요성을 꾸준히 제안해 왔다. 하지만 오직 예산 한 푼 없는 협회 이름 하나 달랑 인가받은 것과 수많은 우여곡절 끝에 이뤄낸 기업회생경영사 700명 양성에 그쳤으며, 설상가상으로 변호사법 위반이란 황당한 누명을 쓰고 2년간 옥살이를 했다. 그 때문에 10여 년 동안 추진하던 선진재기제도마저 완성 직전에 중단되었다.

그러나 이대로 멈출 수는 없어 최후의 수단으로 독자 및 금융피해자여러분들께 간곡히 도움을 청하고자 한다. 필자가 못다 한 선진재기제도 완성을 위해서는 법적구제 신청 전前 채권·채무 당사자 간

사적채무조정 의무제인 '전치주의前置主義' 도입이 필수적이다. 뿐만 아니라 '중소기업 사업전환 촉진에 관한 특별법'상 기업회생경영사 CTP 제도의 법적 근거조항 신설이 절대적이다. 이 2가지 법이 개정되어야만 아직도 채권자 중심으로 확립된 낡은 구제 제도의 사각지대에서 신음하고 있는 실패 기업인 약 100만 명을 비롯해 계속 발생하게 될 생계형 채무불이행자들의 신속한 구제와 약 195만 부실 징후 중소기업 및 소상공인, 그리고 매년 퇴출되고 있는 약 90만 퇴출기업들의 선제적 구조조정을 수요자 중심으로 제공할 수 있다.

그러나 아무리 합리적이고 필수적인 선진제도라 할지라도 막강한 채권 금융기관 중심의 현 제도와 이 관행을 넘기란 사실상 불가능한 것이 현실이다. 이것이 지난 13년간 뼈저린 경험을 통해 깨달은 바다. 2015년 하반기 부실중소기업과 자영업자들에게 매우 유익한 현행의 '간이 회생 제도 법 개정' 때도 법무부에 협회의견서를 제시하고 국회 법사 위원장, 여·야 법사위 간사들을 한 분 한 분 방문하여 간이회생제도상의 간이조사위원으로 회생경영사들이 참여하는 방안을 담은 협회 의견을 반영하고자 갖은 노력을 다했다. 하지만 허망하게 실패로 끝나면서 차라리 내 손으로 국회에 발의라도 해봤으면 하는 마음에 국회의원이라도 도전해 보고 싶은 충동까지 들었었다. 그러나 국회의원은 고사하고 피해자나 고발자조차 없음에도 변호사법을 위반한 범법자가 되고 말았다.

끝으로 다시 한번 독자들께 간곡한 당부의 글을 남긴다. "뭇 사람의 입은 쇠도 녹인다."라고 했다. 선진재기제도를 향한 나 개인의 노력은 무참하게 바위를 향해 던져진 한 알의 계란과 같았을지도 모른다. 그러나 우리 국민의 청원은 굳게 닫힌 금융의 폐해도 녹일 수 있으리라 믿는다. 성공한 금융인으로의 삶을 뒤로 한 채, 고장 난 금융시스템의 피해자들을 도우려고 뛰어든 삶의 회한을 담아 독자 여러분께 짧은 부탁의 글을 남기며 내 삶의 기록을 마무리하고자 한다.

존경하는 독자 및 금융피해자 여러분!

공사 간에 대단히 바쁘실 줄 사료되오나, 차제에 금융소비자 여러분들께 환란 이후 누적되어 온 불공정하게 처리된 약 324만 명의 금융적폐 청산과 함께 선진재기제도 완성을 위한 채무자 회생 및 파산에 관한 법률상 '전치주의前置主義' 도입, 그리고 중소기업 사업전환 촉진에 관한 특별법상 '기업회생경영사' 제도 도입법 개정을 촉구하기 위한 국민청원을 부탁드리오니 열렬히 꼭 동참하여 주시기를 앙청합니다.

부록
옥중의 단상

01
법원 스스로 무시한
증거주의와 3심 재판제도

○ 국민 상식에 어긋난 영장실질 심사

협회와 부설연구소가 어느 정도 안정을 찾아가던 2015년 여름, ㈜한국기업회생연구소 소장으로 근무했던 후배가 찾아왔었다. 연구소에 근무했던 프리랜서 한 명이 타 로펌에 근무 중 변호사법 위반죄로 안산지청에 구속되고, 그가 우리 연구소에 대하여 잘못 진술하는 바람에 타 로펌 소속 우리 연구소 출신 대부분이 개인회생 및 파산면책 사건과 관련하여 수사 받고 있다면서 그들이 연구소 재직 시 취급했던 상담 사건까지 소급되어서 대표이사였던 나한테까지 불똥이 튈 거라는 정보였다.

그러나 나는 대수롭지 않게 생각하고 일체의 대비를 하지 않았다. 사실 대비할 일이 없다고 판단해서 모든 관련 서류와 통장, 그리고 컴퓨터까지 그대로 두고 있었다. 불법을 저지른 사실도 없었고, 나는 개인회생 및 파산 사건의 서류작성도 할 줄 모르거니와, 로펌과 정식 계약을 통해 상담할 수 있는 재기시스템만 제공했을 뿐, 2013년

3월 이후는 개인사건 상담마저 중단했었기 때문에 떳떳하다고 생각했었다. 다만 한 가지, 프리랜서 조건의 신용상담사들이 연구소의 재기시스템에 대하여 복잡하다는 이유로 비협조적이었기 때문에 이 시스템을 제대로 진술할 수 있을지는 믿어지지 않았다. 프리랜서들이 사실대로 신용상담사 자격으로 상담과 관련 서류를 작성하고, 법원신청은 법무사 사무소, 또는 로펌의 결제를 받아 사무원증을 소지한 직원들이 접수한 것을 그대로 진술한다면 문제 될 내용이 없을 것으로 판단한 것이다.

하지만 얼마 후 연구소와 협회사무실에 여러 명의 수사관들이 들이닥쳐 모든 자료를 압수해 갔다. 10여 년간의 선진재기제도 구축을 위해 막대한 사재를 축내가면서 고군분투해 온 결과가 협회 이름 하나 달랑 남고 빈손으로 검찰 수사까지 당해야 하는 신세라니 너무나 비참했다. 그 후 안산지청의 소환 전화를 받고 출두하던 날, 이른 아침 택시를 타고 청사 앞에 내리는 순간 천둥번개가 치며 요란한 장대비에 가로수 밑에서 조그만 우산 하나 받쳐 들고 꼼짝없이 모든 비를 맞았었다. 몇 발작 길 건너로 뛰면 피할 수도 있었으나 왠지 꼼짝하기 싫었다. 무심결에 장대비에 모든 고통이 씻겼으면 했던 거다.

그러기를 30여 분, 길 건너 건물 화장실에서 대충 닦아내고 약속 시간에 출두해 12시간 정도 참고인 조사를 받았다. 신상 내용과 연구소 관련 업무 외에는 프리랜서들의 업무 내용과 취급 건수 및 금액을 확인하는 정도였다. 고소인이나 피해자가 없었고 내가 직접 취급한 건이 하나도 없었기 때문에 특별히 수사관과 신경전을 펼 것이 없었고, 더구나 방대한 내 압수자료에서는 단 한 건도 위법사실이 없었다. 이미 조사받은 프리랜서들이 우리 연구소에 근무했을 때의 업무내용과 연구소에 입금한 소호사무실 임대료, 그리고 상담시스템 이용료 납부에 대한 시인 여부뿐이었다.

무사히 조사받은 것으로 생각되었지만, 협회와 연구소의 안위를 위해서 변호사를 선임하기로 했었고, 마침 직전에 회생경영사 양성과정을 이수한 부장판사 출신 변호사가 소개해 준, 최근에 개업한 검사장 출신에게 맡겼다.

얼마 후 다시 피의자 신분으로 재출두 연락을 받고 보조 변호사와 동행했다. 이때도 수사관과 별 탈 없이 조사를 받고 있을 때, 담당검사로 부터 갑자기 "부끄러운 줄 아세요!"라는 큰 소리가 들렸다. 참으로 기가 찼다. 아니 단돈 십 원 한 장 벌어먹지 않고 막대한 사재축내 가며 힘없는 신용불량자 구제를 위하여 온갖 고생 다한 사람에게 무슨 해괴망측한 막말인가 싶었다. 돌아보면서,

"나 말입니까?"

"그래요."

"부끄러운 짓 한 적 없습니다. 소외되고 가난한 이들을 구제하는 일이 부끄러운 일입니까?"

내 말을 들은 검사가 자기 앞으로 날 불렀다.

"자백이요? 부인이요?"

또 큰 소리로 묻는다.

'도대체 무슨 질문이 이런가? 내가 무슨 반사회적 범죄 집단이라

도 만들어 모의 작당해서 큰 사건이라도 저질렀단 말인가?'

하도 어이가 없어 무슨 말인지 못 알아듣겠다고 되물었다.

다시 큰소리로 "자백이요? 부인이요?"라고 재차 묻는다.

"변호사법 위반 여부에 대한 질문이라면 위반 사실이 없습니다."

대답이 떨어지자마자,

"어이, 수사관! 가중처벌해야겠구먼….."

이런 해프닝 속에 조사가 끝나고 동행한 변호사와 함께 나왔다. 변호사와 동행했더라도 말 한마디 조언이나 협조 받은 일은 없었다. 최소한 수사 받을 때 주의사항이라도 미리 알려주었어야 했다. 무엇 때문에 동행했는지조차 모를 정도였고, 그저 자기 경험이나 쌓기 위해 온 것 같은 느낌마저 들었다. 수임료는 검사장급으로 받고 변론은 일명 새끼 변호사가 맡은 것이다.

초조한 하루하루가 계속되던 어느 날 담당변호사에게서 전화가 왔다. 내일 10시까지 안산지법에 출두하여 영장실질심사를 받아야 하니 최후 진술서를 준비하라는 것이다. 더 이상 피곤해서 작성할 수가 없으니 최후 진술서를 준비해 달라고 역으로 요청했다. 이미 2번의 추가 진술서에 28가지 증거서류를 첨부하여 수없이 설명해 주었었고, 자기들이 작성해야만 불구속 사유를 제대로 적시하여 변론할 게 아닌가 싶어서였다. 영장실질심사 공판이 열린 날, 새끼 변호사의 변론이 끝난 후 판사가 변호사에게 물었다.

"그래서 변호사법을 위반했다는 건가요?"

중요한 순간이었다. 영장 담당판사의 판단이 서지 않아 물어보는 느낌이었다. 어이없게도 변호사의 대답은 "네! 피고인이 자격기본법과 변호사법간의 충돌 사항을 모르고 위반한 것 같습니다."였다.

'이런 제기랄! 무슨 법을 어떻게 위반했다는 건지 법률수요자가 자격기본법과 변호사법 간의 불부합 사실까지 연구검토해서 일을 해야 한단 말인가?'

도대체 이해가 되질 않았다. 변호사가 업무 파악도 제대로 못하고 위법을 시인한 셈이다. 대표변호사와 상담할 때부터 나의 잘못이 확인되지 않자 무죄 주장을 하면 오히려 더 불리하니 프리랜서들이 한 일을 대표이사로서 제대로 감독하지 못했다는 정도로 진술하자고 얘기했던 사람들이 이제는 위법을 시인한 꼴이 되었으니, 이것은 영락없는 구속이었다.

안산시 단원경찰서 유치장에서 역겨운 냄새 속에 여러 명과 함께 결과를 초조하게 기다리고 있었지만, 끝내 좋은 소식은 들려오지 않았다. 나의 압수자료를 샅샅이 다 조사해 봐도 증거는 고사하고 실제 위법한 행위 자체가 존재하지도 않았으며, 오직 2013년 3월 이전에 연구소에 근무했던 프리랜서들이 취급한 개인회생 및 파산사건에 대한 상담시스템을 제공하고 이용료를 받았다는 대표이사 책임뿐이었다. 때문에 죄가 된다 하더라도 증거 인멸 우려가 없었고, 스스로 떳떳했기에 도주할 이유는 더더욱 없었으며, 2013년 3월부터는 개인회생 및 파산면책 상담자체를 자진중단 했으므로 재범우려 또한 있을 수 없었음에도 구속결정이 떨어진 것이다. 더구나 고소인이나 피해자도 없을뿐더러 도덕적 해이 하나 없이 오로지 선진재기제도 구축에 무려 13년간 올인 한 자료가 압수한 컴퓨터 속에 산더미처럼 쌓여 있는 것을 자기들 눈으로 똑똑히 확인했을 것임에도 구속이라니, 국민상식과는 동떨어진 결정이라 생각되었다.

○ 외면한 증거주의와 무책임한 변론이 빚어낸 제1심 재판

검사의 공소장에 "피고인이 운영한 연구소는 법무사, 또는 법무법인 사이에 명의를 빌려주면 월 250만 원의 명의대여료를 지급하기로 계약을 맺고 개인회생 등 법률사무를 취급한 사무장들을 모집하여 계약을 맺은 법무사, 또는 변호사 명의로 신청서 등 법률서면을 작성하여 법원에 제출하였고, 그 대가로 수임료 중 일부를 수수료로 취득하기로 마음먹었다. 이에 따라 피고인은 회생연구소 소속 사무장 6명과 공모, 2008년 11월경부터 2013년 3월경까지 4년 5개월 동안 704명으로부터 1,235건의 파산 등 법률사무를 취급하고 5억 9천만 원을 교부받는 등 변호사가 아님에도 수임료를 받고 법률사무를 취급하였다."라고 기록되어있다. 이와 같은 공소사실은 한마디로 처벌을 목적으로 꾸며진 어처구니없는 사실 왜곡이자 오해다.

① 한마디로 명의대여 계약을 한 것이 아니라, 연구소와 법무사사무소, 또는 로펌 간에 법조인들이 만들어 준 정당한 법원신청 및 법률서비스 대행계약서에 의하여 자구 하나 수정 못하고 정식 계약한 것이다. 이 계약서에 따르면 채무조정상담은 자격기본법에 따라 양성된 '신용

상담사'가, 법원 신청 및 법률서비스는 법무사 또는 로펌이 담당하기로 한 선진 '재기시스템'을 만들어 한 일인 것이다. 그런데도 상호 역할 분담을 한 정식 계약서를 명의대여로, 자격기본법에 따른 신용상담사를 사무장으로 임의 간주한 것이다. 상식적으로도 명의대여를 계약할 로펌이 존재할 수나 있겠는가?

② 법률서면을 작성했다는 공소 내용도 동의할 수가 없다. 엄연히 자격기본법에 따른 신용상담사 민간자격증은 국책기관인 직업능력개발원에 등록할 때 직무범위를 개인회생 및 파산면책과 관련한 채무조정 상담과 관련 서류 작성으로 기술된 대로 따랐을 뿐이고, 법원 신청 및 법률 서비스는 계약조건에 따라 법무사 또는 로펌에서 제공했다.

③ 대가인 수수료 수입에 있어서도 프리랜서 상담사들이 연구소에 매월 납부한 금액의 1/2은 소호사무실 임차료로서 개인회생 및 파산사건 수임료와는 무관하였다. 입주 건물 한 층 전체를 아내가 대출자금으로 임차하여 인테리어 공사 후 건물주와 임대차계약을 통해 아내 통장으로 직접 입금받았기 때문에 당연히 추징금 2억 원 중 1억은 임대료임에도 불구하고 법률서비스 대가로 연구

소에서 상담사로부터 2억 원 전부를 수수한 것으로 되어있다. 더구나 연구소는 총 2억 원 수입액 중에서 법원신청대행 및 법률서비스 대가로 법무사 및 로펌에 약 1.5억 원을 지급하였으므로 5년간 연구소 수입은 5천만 원에 불과하였는데도 연구소 법인에서 받은 2억 원을 대표이사 개인에게 추징금으로 부과한 것이다.

두 번의 추가 진술서를 통하여 상기의 증거서류를 포함 28가지 소명자료를 제판부에 제출했음에도 단 한 줄도 인정하지 않고, 프리랜서들이였던 공범들의 범죄사실에 기초하여 변호사법 위반죄 요건에 맞춰버린 것이다. 심지어 공범들은 연구소에서 이탈, 다른 로펌에서 상업을 목적으로 위법행위를 했음에도 이들이 과거에 연구소에서 배워 취급한 사건이 있었다는 이유로 나를 주범으로까지 몰아 독방에 가둬버렸다. 분명히 나는 서울법대 도산법 연구과정에서 배운 대로 자격기본법에 의거, 신용상담사를 양성했고, 법조인들과 그들이 만들어 준 역할분담계약서에 상호 서명, 날인하여 선진재기시스템을 만들어 법무부 유권해석까지 받아 실천한 것뿐인데도 범법행위자로 둔갑시킨 것이다.

더욱이 내가 양성한 신용상담사는 탈·불법을 일삼는 무자격 도산사무장을 대체할 수 있는 선진제도를 담당할 인력이고, 신용회복위원회에서도 양성하고 있는 자격증임에도 일종의 법조브로커 취급을 받았다. 게다가 로펌은 나의 회생연구소 주식 10%를 출자, 로펌부

설연구소로 운영하고 있었는데도 이러한 모든 증거를 거들떠보지도 않았다.

공소장대로라면 내가 무엇 때문에 법인 연구소를 창업하여 노후자금을 축내가면서 변호사를 비롯한 법무사, 경영지도사, 은행 및 예보간부 출신 등을 대상으로 7백 명의 회생경영사를 양성, 이들을 회원으로 하는 협회의 정부 승인, 재기시스템에 대한 법무부 유권해석 의뢰, 법무사협회와 회생경영사 공동 교육, 전국13개 파산법원에 회생경영사를 법정관리인 보조 인력으로 추천, 국제회생경영협회 한국지부 가입, 현재의 기업회생 컨설팅료 정부지원제도 건의 채택, 금융연수원 기업회생 실무 강의, 청와대를 비롯한 각종 대책회의와 세미나 참석, 대선 당시 가계부채특별위원회 부위원장, 경영지도사 협회와 회생경영사 공동교육, 한성대학교와 기업회생 석·박사 트랙 MOU 체결 등 선진재기제도 구축을 위해 13년을 숱하게 뛰어 다니며 범죄행위를 모의했겠느냐 말이다. 천인공노할 일 아닌가?

이 모든 증거서류를 28가지나 제출했었고 자초지종과 진실이 이럴 진대, 제1심판결은 공소장에 기초하여 "변호사제도의 근간을 훼손하고 파산제도의 취지를 몰각 시킬 우려가 큰 범죄"라는 상식적으로 알아들을 수 없는 선문답 같은 판결문으로 중형을 선고했다. 하나의 죄인에게 중형을 선고해서 수감생활을 통하여 개과천선을 시키려면 범죄를 저질러서 결과적으로 국가와 사회, 또는 어느 누구에게 어떠한 피해와 해악을 끼쳤는지에 대한 지적이 있어야 되지 않겠는가? 자기들 말대로 큰 범죄를 저질렀다면 그 피해의 실체가 있었어야 하고, 만약 그 결과가 과중한 빚의 고통에서 신음하고 있는 신용불량자들을 구제한 선행이었다면 그럼에도 불구하고 엄벌에 처하게 된 따끔한 지적이 있어야 되지 않겠느냐는 말이다. 차라리 영혼이 마비된 담당검사 말처럼 "가난한 이들을 구제하는 일은 부끄러운 짓이니 하지 말았어야 했다든가"…. 만일에 전과자들 말처럼 자기들의 밥그릇을 건드려 변호사들에게 피해를 주었기 때문이라면 더욱 웃기는 코미디다.

변호사들을 위한 "기업회생 컨설팅료 정부지원제도"를 건의하여 매년 30억 원의 예산을 반영하도록 만든 사람이 바로 나였고, 탈·불법을 일삼는 무자격 도산 사무장 대체 고급인력인 회생경영사를 무려 7백 명이나 양성하여 도산시장에 공급하였으며, 법원에서 선임하는 회사대표 법정관리인을 돕도록 회생경영사를 전국 13개 법원에 추천하는 등 큰 밥상을 차려준 증거가 제출한 28가지 자료에서 차고 넘치는데도 이를 외면한 판결이라면 이거야 말로 월권이자 직무유기 아니겠는가?

그러나 처음 겪어보는지라 아무것도 모르고 변호사 말을 곧이곧대로 믿은 것이 큰 실수였다. 변호사들마다 공소사실을 시인하고 선처를 구하는 것이 무죄 주장보다 집행유예로 나갈 수 있어서 덜 고생한다고 하여 그 말을 철석같이 믿었었고, 형량에 절대적인 기준이 되는 추징금도 판사의 보정 요청까지 있었음에도 소호사무실 임대료로 받은 금액을 공제하면 실제 1억 원 정도 밖에 안 된다는 거증자료 없이 소명서를 제출하는 변론을 묵인함으로써 2년 징역에 2억 원 추징금 형을 받았다는 생각도 들었다. 더구나 연구소 법인이 수입으로 취한 수수료를 왜 대표이사 개인에게 추징하는지도 따져보지 못했었다.

1심 판결 후에야 추징금의 중요성을 알게 되어 소호사무실 임대 관련 모든 근거서류를 항소심에 제출했지만 실효는 없었다. 처음부터 사실 그대로 진실을 밝히고 그에 상응한 처벌을 각오했었어야 했는데, 변호사들의 말에 너무 의존하여 마음에 없는 반성문까지 억지로 써서 제출했던 것이 끝내 후회스러웠다. 죄라면 무경험이 죄였다.

○ 원심 존중하라는 제2의 항소심 무엇 때문에 존재하나.

본인의 잘못이 없다 하더라도 공범들이 대표이사 모르게 한 일이라는 식의 공소 사실을 어느 정도 인정하고 진술서를 잘 써내면 불구속으로 해 주겠다는 첫 변호사를 믿었다가 구속되었고, 좋은 판사 만나 연말에 나가라던 검사의 야지를 곧이곧대로 진심인 줄 알았다가 4년 구형으로 희롱당했으며, 집행유예로 나가기 위해서는 공소 사실을 시인하고 선처를 구하자는 1심 변호사 의견에 따랐다가 2년 중형을 선고 받았다. 이제는 항소심마저 잘못대응하면 영락없이 징역을 살 수밖에 없는 절체절명의 상황에 몰렸다.

공소장부터 1심 판결문까지 문구 하나하나 비교하여 나의 견해를 서면으로 작성하여 항소심 변호사가 정해지면 건네서 철저히 대비하려 했다. 공범이 있다는 이유로 독방에 갇힌 지 2개월 20일 만에 항소심이 열리는 수원교도소로 이감되었다. 낡은 건물 6층에 8명이 수용되는 고령자 방이었고 분위기는 침체되어 있었다. 당시 대법원장이 항소심 법원장들에게 원심을 존중하라는 지시가 떨어진 이후 기각률이 월등히 높아져서 항소심에 기대할 게 없다는 이유 때문이었다. 원심에게 항소심에서 형량 변동이 최소화 되도록 재판을 잘 하라는 지시라면 몰라도, 항소심에게 원심을 존중하라는 지시는 3심을 부정하는 태도라는 비판들이었다. 따라서 뚜렷한 새로운 증거가 나와야 그나마 한 가닥 기대해 볼 수 있다는 것이다. 들려오는 소리마다 희소식은 고사하고 늘 암담한 소식뿐이었다.

변호사법 위반은 괘씸죄라서 고생한다느니, 고소인이나 피해자가 없으면 합의할 대상이 없어서 오히려 더 불리하다는 한심한 현실, 심지어 추징금이 있으면 이를 납부하지 않는 한 가석방조차 기대할 수 없다는 말까지, 이건 완전 외통수에 딱 걸려든 것이다. 그런데 이제는 원심을 존중하라는 지시 때문에 집행유예는 고사하고 감형도 어렵다고 하니 기가 찰 노릇 아닌가?

이러한 불리한 정보를 아내가 알면 걱정할까 봐 한번도 말하지 못하고, 반대로 희망적인 이야기만 들려주었고, 이런 상황을 알 길 없는 아내는 힘을 보태기 위하여 엄동설한에도 새벽길을 마다 않고 미사까지 다니며 변호사, 판·검사들의 공정한 재판을 기대하는 생미사까지 봉헌하고 기도하고 있다는 신앙심과 수고를 알고 나니 심장이 터질 것만 같았다.

'그래도 내 경우는 다를 거야. 고소인도 피해자 없이 힘없고 소외된 약자들을 구제하기 위하여 노력해 온 선의가 인정될 거야.'

항소심 변호사를 잘 선임해서 최선을 다해보자고 다짐했다. 항소심 법원에서 배당된 재판부 통지서가 오고, 1심 변호사로부터 주심 판사와 함께 근무했었다는 변호사를 추천받아 아내와 고심 끝에 선임하여 준비된 나의 변론의견서를 먼저 전했다. 어떤 고난도 감수할 테니 있는 진실 그대로 변론해 달라고 단단히 일렀었다. 마침 1심 변호사가 제출해 준 항소이유서도 사실오인, 법리오해, 양형이 과다함으로 무죄 아니면 형량을 낮춰달라는 내용으로 잘 쓴 것 같았다. '진작 그렇게 변론했으면 결과가 어떻게 나오든지 간에 속이라도 편했을 텐데…'하는 아쉬움이 남았다.

어느 날 갑자기 아내의 노력으로 새로운 증거도 찾았다. 추징금 2억 원 중 프리랜서 상담사들로부터 내자 통장으로 직접 받은 소호사무실 임대료 1억 원에 대한 확실한 증거들이었다. 즉, 아내 명의 아파트를 담보로 대출받은 자금으로 소호사무실 인테리어 공사계약과 건물주와의 임대차 계약까지, 모두 내자 명의로 되어있는 완벽한 증거물들이었다. 그러므로 상담사들이 사용한 소호사무실 임차료는 내자 통장으로 입금되는 것이 너무나 당연했고 연구소와는 별개 사안임이 명백한 증거들이었다. 따라서 1심에서 선고된 추징금 2억 원은 1억 원으로 감액 수정되어야 하고, 이에 맞춰 형량이 조정되어야 할 것이므로 집행유예가 확실하다고 생각되었다.

그런데 처음 접견을 온 항소심 변호사로부터 무죄 주장을 한 1심 변호사의 항소이유서를 취하하고 반성문을 또 써달라는 황당한 요청을 받았다. 이미 1심 때 썼던 반성문도 잘못을 시인한 꼴이어서 후회스럽다는 내용까지 포함된 진실을 밝혀달라는 내 의견서를 서면으로 전달했었건만, 왜 반성문을 또 요구하고 1심 변호사가 써준 무죄 주장한 항소이유서마저 취하하자는 건지 납득이 가지 않아 대번에 못 쓰겠다고 했다. 난 무슨 잘못을 했는지 알지 못할 뿐더러 피해자는 물론이고 사과 한 마디라도 건네야 할 대상이 있어야 쓸 텐데, 잘못은 고사하고 세상에 좋은 일 하려고 온갖 고생을 하다가 이 꼴이 된 것이 원통할 뿐더러 일말의 죄의식도 없는 반성문을 어떻게, 왜 쓰란 말인가 하고 큰 소리로 되물었다. 아예 변호사 당신이 써 주면 사인하겠노라고 해도 소용없었다.

재판은 전략이란다. 집행유예로 나가고 싶으면 반성문을 써야 할 뿐더러, 무죄 취지의 항소이유서도 취하하고, 재판부에 선처를 구해야만 한다. 어쩌면 그렇게도 앞선 2명의 변호사와 똑같은 맥락인가. 범죄사실의 실체적 진실을 밝혀서 억울하지 않게 변론하는 것이 변호사의 본분일 텐데도 왜 사실에 근거한 법률적 공방은 고사하고 재판부 눈치나 살피면서 선처만 바란단 말인가? 진실을 밝히기 위하여 원·피고 간에 치열하게 다투고 중립적인 판사가 공정한 판결을 내리는 것이 재판절차인 줄 알았던 나로서는 도저히 이해할 수도 감당할 수도 없었다. 더구나 반성문을 왜 판사에게 써야하는가? 피해자가 있다면 피해자에게 사과와 보상을 하고 용서를 빌면서 그 증거를 재판부에 내는 것이 온당한 일이겠으나, 나의 경우는 일체의 행위 대상도 없으려니와 나쁜 일은 고사하고 선행을 하고 싶어 한 일이지 않은가 말이다. 오히려 재판부가 추상같은 공정한 재판을 할 경우에만 그 피고인이 옥살이 하면서 뉘우치며 반성하고 다시는 재범하지 않겠다고 다짐하게 될 것이 아니겠는가? 그렇게 하는 것이 재판과 교도행정의 목적이 아닌가?

관행처럼 굳어진 도무지 알 수 없는 반성문 제출로 인해 옥중에서도 서로 낄낄거리고 판·검사 흉보면서 반성문을 대필해 주는 수감자들까지 등장하던 풍경이 이해될 지경이었다. 진퇴양난이었지만 어쩌겠나. 구속 상태인 피의자 입장에서 무슨 재주로 변호사의 의견을 안 따를 수가 있는가. 요청대로 승복하고, 쓰기 싫은 반성문도 작성하여 변호사 검토를 거친 후 접수를 마쳤다.

재판일자 일주일 전 쯤 변호사의 변론서를 받아 보았다. 꼭 공부하지 않은 수험생의 답안지 같은 느낌이었다. 기 제출한 항소이유서는 철회하고, 추징금은 1억 원으로 감액되어야 한다는 이유와, 더 중한 위법행위를 했음에도 집행 유예를 선고 받고 석방된 최초 공범과의 형평성, 그리고 피고인의 여러 정상도 참작하여 집행유예 선고를 요청하는 변론요지였다. 수일 내 변론 보충서까지 내 주겠단다.

재판 하루 전날 변호사로부터 좋은 소식이 있을지도 모르니 오전을 기다려 보고, 오후에 면회 오기로 약속했던 아내 접견이 오히려 평소 면회시간 10시 보다 더 일찍 왔다. '와! 필시 변호사로부터 좋은 소식 가지고 온 것이 틀림없을 거야. 그렇지 않고서는 오후에 오기로 한 약속시간을 어기면서까지 이렇게 아침 일찍 면회 올 이유가 없지 않은가? 맞아! 내일은 집행유예 석방이다. 선고 하루 전날 쯤 열심히 뛰는 변호사들은 결과를 귀띔 받을 수도 있다고 하지 않았나?'

금융인의 반란

그 짧은 면회시간을 기다리는 동안 별의별 생각이 다 떠올랐다. 초조하게 기다리던 접견 시간, 환한 얼굴로 들어와야 할 아내 모습이 밝기는커녕 일그러져 있었다. 순간 '무슨 불길한 소식이기에 저런가.'하는 생각이 들었다. 아내의 말문이 조심스럽게 열렸다. 변호사로부터 반성문을 한 번 더 써서 내란다는 전갈이었다. 아내의 낙담도 커 보였다.

아마도 이럴 때 환장하겠다는 욕설을 하나 보다 싶었다. 기대했던 집행유예는 물 건너 간 것이 분명해 보였지만 아내에게는 내색하지 않고 면회를 마쳤다. 쓸쓸히 돌아서는 축 처진 아내의 애처로운 뒷모습을 애써 지우며 감방으로 돌아와 정말 쓰기 싫었던 반성문을 급히 또 쓴 후 교도관에게 가서 속달을 부탁하며 애원했다.

이런 황당한 변호사는 처음 본다며 익일 10시 재판 시간 전에 배달 가능성이 전무하단다. 설사 배달이 된들 이미 다 써 놓은 판결문이 달라질 것도 아니며, 변호사의 면피용 쇼에 불과하단다. 백번 맞는 말이지만 판사가 받아 준다고 했다니 꼭 도달될 수 있도록 도와달라고 거짓말로 둘러대며 부탁하였다. 그래도 평소에 좋은 이미지를 유지하고 있어서 그나마 들어주는 것 같았다.

결국 항소심도 예상한대로 보기 좋게 기각 당하고 말았다. 넋을 잃고 멍하니 앉아 있던 다음날 꼴도 보기 싫은 그 변호사가 접견을 왔다. 매우 안타깝다며 제안이 들어왔다. 자기가 무죄 추정 변론을 하지 않았기 때문에 상고이유가 되지 않으니 상고를 포기하고 대신 가석방을 도와주겠단다. 갈수록 태산인 변호사 앞에서 억제할 수 없는 분통을 참아가며 돌아섰다. 이런 한심한 변호사도 다 있나 싶었다. 난감한 상태로 감방에 들어와 상고 경험자들의 조언을 구했다. 걱정 말고 항소변호사의 변론 행태를 있는 그대로 기술하여 신청하면 상고가 가능하다는 것이다. 더욱이 상고심까지 마쳐야 출소 후에라도 재심청구가 가능하다는 상식까지 알게 되었다. 그 말대로 상고 신청 며칠 후 여주교도소로 3번째 이감되었다.

○ '장난 나랑 지금 하냐는' 개그가 생각나는 3심재판제도

앞선 세 변호사 변론도 비용만 축냈을 뿐 실익이 없었다. 그뿐만 아니라 원심을 존중하라는 대법원장의 지시로 높아진 항소심 기각까지 경험한데다, 수만 건씩 밀려드는 사건의 법리를 심리하는 곳이 상고심이라서 어지간한 사건은 거들떠보지도 않는다는 말에 기대는 애초부터 접었기 때문에 사선변호사를 포기하고 국선의 도움을 받기로 했다.

내자의 간곡한 청으로 국선변호사가 접견을 왔다. 아내로부터 전달받은 자료를 검토하고 왔다는 데도 상당한 내용을 잘 파악하고 있었고, 자기경험상 피고인 5% 정도가 억울한 경우가 있는데 나도 그런 경우에 해당되는 것 같다는 위로와 함께, 나의 경우는 형법 18조의 '처벌할 수 없는 경우'에 해당될 수도 있음으로 좋은 판례를 찾아서 상고이유서를 준비해 주겠다는 반가운 소식이었다. 아울러 반성문 쓰지 말고 상고이유 보충서를 써서 제출하라는 당부도 잊지 않았다. 모처럼 변호사다운 사람을 만났다. 사용하는 언어와 변론 착안점과

태도까지 전문가다웠다. 다시 접견을 와서 상고이유서와 보충서 내용을 상호 조율 후 제출하자는 거였다. 전혀 기대하지 않았던 상고심이 가장 기다려지는 재판으로 변했다. 심기일전하여 최선을 다해 상고이유 보충서를 준비했고, 재방문한 변호사의 검토를 거쳐 제출을 마쳤다.

보통 상고이유서 제출 후 1개월 내 통지가 오면 기각되는 경우고, 그 이상 걸리면 좋은 소식을 기대할 수 있다는 수용자들의 의견들이었으나, 실제로 한 사람도 좋은 소식을 받았다는 경우는 없었다. 특히 변호사법 위반 같은 경우는 대법관들이 거들떠 보지도 않는다는 것이 지배적인 의견들이었다. 그러면 좋은 수가 있지. 이번에는 담당대법관 앞으로 직접 탄원서를 썼다. 제발 내 사건만은 꼭 심리를 부탁한다는 내용이었다. 원심과 항소심에 주변에서 숱한 탄원서를 보냈지만 무용지물이었던 것을 경험하고도 내가 직접 써서 발송한 것이다. 함께 있던 수용자들이 줄줄이 기각 통지서를 받는 것을 보면서 내 통지서는 그렇지 않으리라 내심 기대하던 중, 한 달이 되기 전에 아내가 접견을 왔다. 매일 오는 접견인데도 낙담한 표정이 역력했다. 매일 잠 못 이루며 처절하게 기도를 바치고, 석방을 고대하면서 그 많은 변론 준비에 힘들었을 내자는 대법원 인터넷 검색을 통해 기각을 확인하고 그만 넋을 잃고 온 것이다.

진짜 너무들 한다는 절규와 함께 흐르는 눈물을 주체하지 못하고 지쳐있는 아내를 철창 사이에 둔 채, 위로의 말 한마디도 어떠한 손길도 내밀 수 없는 참담한 현실 앞에 눈물을 감출 수가 없었다. 어느

새 접견시간은 다 되어가고 함께 인내하자며 달랬다. 이 시련을 극복하기 위해서는 건강이라도 잘 지켜야 하니 너무 낙담하지 말자고….

다음날 죄수복으로 갈아입고 기결수 수용동으로 넘어가야 했다. 지금까지 미결수복을 입고 있을 때에는 희망이 있었지만 이제는 확실한 죄인이 된 것이다. 지옥문을 들어서는 섬뜩한 느낌이 이런 게 아닐까 싶었다. 유난히도 길었던 한 여름 폭염 속, 7명의 고령자를 수용하는 좁은 공간에 한 몸을 더 보탰다. 간단한 통성명을 하고 한쪽 구석에 우두커니 앉아 있자니 공권력에 대한 불신과 적개심만 더해 갔지만 대항할 수 있는 수단도 힘도 없는 무기력에 '아하, 이래서 극단의 길을 선택하며 죽어가는 사람들이 있구나.' 싶었다.

이렇게 허망하게 재판은 끝났다. 지난 9개월 처절하게 현실과 싸우며 극복하려 애써 주었던 아내와 처형을 비롯한 처가와 친가 식구들, 그리고 협회 간부들과 모든 친구들, 미국에서 일하고 있는 외동딸까지 열심히 도와주었건만, 그 많은 일들이 무용지물이 되고 말았으니 오히려 나 때문에 고생만 하신 분들에게 미안하다는 생각이 들었다.

추가진술서와 반성문, 그리고 변론자료 준비 등 매일 아내 접견을 통하여 준비해 준 수많은 소명자료들을 쓰고 또 쓰고 읽고 또 읽으며 모든 증거자료를 동원해 한 글자라도 더 진실을 밝히고자 고생했던 일들이 다 헛수고였다는 생각에 황망하기 그지없었다. 가만히 있으면서 돈 들이지 않고 국선변호사 도움만 받았어도 어차피 결과는 마찬가지였을 텐데 고생이라도 덜했을 걸 하는 생각이 들었다. 변호사법 위반은 괘씸죄라서 잘못 걸렸다는 전과자들의 말이 형량까지 어쩌면 그렇게도 정확히 들어맞는지, 왜 재판 절차가 전과자들의 조롱거리가 되고 있는지도 이해되었다. 처음 경험하는 내 눈에도 변호사, 검사, 판사 등 법률엘리트들은 공고한 법조카르텔을 형성하고 있는 한낱 동업자들 같았다.

법무법인과 연구소 사이에 정식계약을 통하여 선진재기제도를 만들어 진행한 개인회생 및 파산업무가 변호사법에 위반되었다면 그 변호사에게 먼저 책임을 묻고 민간인이 뒤따라가야지, 그들은 불구속하고 왜 변호사법에 무지한 민간인에게는 중형을 내리는지도 알 수 없었다. 변호사가 만들어 준 계약서 상 자구 하나 손볼 수 없는 상황에서 변호사들이 계약을 안 해주면 민간인들이 무슨 재주로 회생 및 파산 상담일을 할 수 있겠는가? 변호사를 사칭이라도 하면 모를까? 로펌이 법률서비스를 제공하기로 하고 만들어 준 정식 계약서를 두고 명의대여 계약서라고 억지를 쓰는 공소장이 그대로 인정되는 재판이니 참으로 이해할 수가 없었다.

그리고 또 무슨 형량이 그렇게 중구난방인가? 고소인이나 피해자가 없어 다툼도 없는 개인회생 및 파산 신청사건을 취급했다는 극히 단순한 위법사실을 두고, 그것도 자기들 밥그릇인 변호사법 위반이라면서 똑같은 사법고시 출신 법조인들인데 변호사는 무죄 아니면 불구속 또는 집행유예, 검사는 4년 구형, 판사는 2년 선고. 엿장수만도 못한 들쭉날쭉한 형량에 선량한 국민들만 고통당하는 것 같았다. 국민들을 상대로 '장난 나랑 지금 하냐?'라는 개그가 연상될 정도였다. 대법원장이라는 작자가 항소심에서 원심 존중하라는 지시나 할 뿐이며, 웬만한 사건은 거들떠보지도 않는다는 상고심이라면 3심 재판 절차가 무슨 의미가 있고, 누가 판결에 승복해 죄를 달게 받으며 개과천선하겠나 싶었다.

자기들에게 권력을 위임한 국민이 인신구속으로 13년간이나 추진하던 선진재기제도가 산산조각 나든 말든, 그 인생과 가족이 망가지든 말든, 평생 쌓았던 신의와 명예가 송두리째 파괴되든 말든, 행복한 가정이 처참하게 파탄 나는 것도 아랑곳하지 않는 태도가 법조인들의 일상인 것 같았다. 단지 그네들 삶의 터전이요, 직장이요, 일상사일 뿐, 정의가 도도히 흐르도록 추상같은 형벌을 통하여 사회질서를 확립하고 국민생활을 안정시키는 것과는 무관한, 그저 여느 직장과 다를 바 없다는 느낌이 들었다.

그러나 상고심 국선변호사 같은 양심적인 변호사가 소수일망정 존재한다는 믿음하에 재심 청구를 해 보고 싶지만, 재심신청을 한다 해도 좋은 결과를 기대할 수도 없는 것과, 그 험난한 재판절차를 또 견뎌야 한다는 사실 때문에 더 심사숙고 해 봐야 할 것 같았다.

02
공권력에 좌절된
13년 공든 탑 '선진재기시스템'

법원으로부터 파산관재인 선임을 받고 부임한 파산재단이 저축은행의 탈·불법 대출로 인하여 10만 명의 채무불이행자와 200여 중소기업을 부도에 몰리게 하고도 그 피해는 몽땅 채무자들이 부담했다. 그 현장 책임자로서 왜 저축은행 사고로 야기된 파산 책임을 성실한 채무자들에게 전가시키느냐는 항의와 절규에 시달렸었다. '누구나 대출'이라는 고금리 대출 상품을 모집원을 두면서까지 실명 확인만 되면 일인당 150만 원씩 형식적인 신용조사만으로 돌려막기에 급급한 10만여 명에게 무려 1,500억 원을 대출한 것이다. 적자에 허덕이던 저축은행 이익을 위한 약탈적 대출Predatory Loan의 일종이었던 셈이다. 또 한편으로는 200여 중소기업들의 신용대출도 회사당 5억 원씩 대출해 주고, 그 반액인 2.5억 원씩을 저축은행이 돌려받아 유용해 놓고 파산해 버렸다. 그럼에도 불구하고 이들도 5억 원 전액 상환 통보를 받았기 때문에 파산재단에 와서 거센 항의를 했던 것이다. 사건의 발단이 이러함에도 이러한 문제를 해결해 줄 어떤 시스템이나 전문가는 찾아볼 수 없었다.

더욱이 하나의 저축은행 사태가 이럴진대 지난 환란 당시 5대 시중은행 간판 모두가 떨어졌었고 수천 개의 저축은행과 신용협동조합, 그리고 새마을금고 등이 파산되어 서민금융시스템이 붕괴되었을 뿐만 아니라 단자회사와 종합금융회사 대부분이 전멸하였다. 또 그 밖에도 동남은행과 대동은행, 충청은행, 경기은행 등이 퇴출되었고, 심지어 130만여 이북5도 실향민들이 출자·설립한 멀쩡했던 동화은행마저 타살당했다. 아마도 이로 인한 금융소비자들의 피해는 짐작할 수 없을 만큼 천문학적이었음은 불문가지였다.

이같이 금융 산업이 붕괴된 환란 속에서 168조 원의 국민 혈세를 공적자금으로 수혈받은 금융회사는 살아남았으면서 피해자들인 수천만 금융소비자들에게는 땡전 한 푼 지원이 없었음은 물론 이들을 구제할 수 있는 어떠한 전문가 또는 시스템이 전무했었다. 이런 와중에 서울법대 도산법 연구과정에서 선진재기제도 즉, 회생전문가와 수요자 중심의 민간단체 육성, 그리고 수요자 중심의 채무조정·중재의 법적 기반인 전치주의前置主義를 도입해서 시장 자율 채무조정·중재제도를 도입해야만 당시 적체된 채무불이행자 약 380만의 문제를 해소할 수 있다는 기막힌 정보를 접한 것이다.

이듬해 후배들과 함께 채무조정 상담과 회생전문가 양성 목적의 컨설팅 법인을 창업하여 후배에게 대표이사를 맡기고 나는 정년퇴직 후 합류할 생각이었다. 그러나 의외로 관련법 통과가 지지부진

함에 따라 할 일을 찾지 못하고 자본금만 날린 채 휴업해 버렸다. 2005년에야 채무자 회생 및 파산에 관한 법률의 통과로 나는 다니던 회사를 과감히 접고 휴업 중이던 회사 사명을 신용상담연구소로 개명했다. 그리고 신용사회구현시민연대라는 시민단체에게 연구소 지분을 무상 할애하면서 함께 채무불이행자들의 채무조정 상담업무를 시작하였다. 나는 중소기업 경영컨설턴트인 경영지도사 공인자격증을 근거로 경영지도사 협회에 개인 및 중소기업의 채무조정 컨설팅 업무 등록을 함으로써 컨설팅의 법적 지위를 갖추었고, 법원 신청은 법무사와 연구소 간에 개인회생 및 파산면책사건 법원 신청 대행 계약을 통하여 해결하였다. 미국식 '채무조정 상담 시스템'을 최초로 구축해 본 것이다.

상당한 프리랜서들이 충원된 후에는 이들에게 자격기본법에 따른 '신용상담사' 교육을 한국능률협회와 공동으로 추진했다. 그리고 이때부터 신용상담사는 채무조정 상담업무를, 법무사는 법원 신청 대행 업무를 분담하는 '선진재기제도'의 틀을 구축하기 시작했다. 그러나 상담사들의 매월 수입 편차가 심하고 연구소 업무 시스템이 복잡하다는 이유로 이직률도 높았으며, 중도에 포기하는 사람이 속출하였다.

이에 따른 불안정한 연구소 수입 구조를 보완하기 위한 신규 사업에 도전하였다. 하나는 개인회생 및 파산면책신청서 자동작성 프로그램 개발과 또 하나는 기업회생컨설팅료 정부지원제도 건의였다. 완성된 자동작성 프로그램은 연구소 홈페이지와 다음 카페 '금융소비자 클럽'에 띄워놓고 사용자가 접속해서 매뉴얼을 따라 하면 법원 신청서가 출력될 수 있는 프로그램을 개발했다. 그러나 채무불이행 자들이 이용하기에는 난이도가 높았던지 인기가 없어 1억 정도의 개발비만 날리고 프로그램 사업은 완전한 실패로 끝났었다.

그러던 중 다행히도 기업회생컨설팅료 지원제도는 당시 중소기업 진흥공단 이승윤 과장의 적극적인 협조 아래 정부지원제도로 채택 되었다. 그리고 일정한 요건을 갖춘 경영지도사, 회계사, 변호사 등 의 법인에게 컨설팅 자격이 주어졌고, 우리 연구소가 최초로 등록하 였음은 물론 중소기업진흥공단의 전국 센터장을 대상으로 기업회생 절차 특강까지 맡게 되는 영광도 누렸었다.

기업회생컨설팅은 공인경영지도사 자격으로 안성맞춤이었고, 수 행 회사는 ㈜한국기업회생연구소가 제격이었다. 기업회생절차의 법 원 접수는 연구소와 법원 신청 및 법률서비스 대행 계약을 맺은 입 주 건물주였던 로펌에서 연구소의 10% 주식을 무상 출자하여 부설 로 운영하면서까지 법원 신청 및 법률 서비스를 제공했다. 이와 같 이 개인회생 및 파산면책 건은 신용상담사가 상담하고 법원신청대 리 대행 계약을 맺은 법무사 사무소에서 접수하는 형식을 취했다. 또 기업회생컨설팅은 공인경영지도사가 회생컨설팅을 하고 법원 신 청 및 법률서비스 제공 계약을 체결한 로펌이 신청 및 소송대리를 맡는 '선진재기시스템'의 형식을 구비한 것이다.

아울러 동 제도를 확실하게 구축하기 위하여 이에 대한 법무부 유 권해석을 의뢰하여 우여곡절은 있었지만 조사해봐야 알 수 있겠다는 서면회신을 받았다. 유선상으로는 개인회생 및 파산면책 사건의 형식은 아주 적절하게 잘 된 시스템이고 기업회생컨설팅의 경우는 의뢰기업과는 회생컨설팅계약과 소송대리계약을 각각 별도로 이원화시키는 것이 더 좋을 것 같다는 친절한 안내까지 이 법무관으로부터 받고 이 일을 계속할 수 있었다.

2011년 12월 29일 청와대에서 개최되었던 매년 86만 퇴출기업 대책회의 참석 후부터는 모든 사업목표를 부실 중소기업들의 구조조정 및 회생경영 컨설팅 업무로 전환하기 시작했다. 이 대책회의를 계기로 기업회생컨설팅에 더욱 자신감이 붙어 사업목표를 중소기업 회생경영 컨설팅으로 전환했다. 그리고 채무불이행자들의 경우는 사업대상보다는 집단채무조정 및 중재 대상으로 일괄 해결하는 것이 더욱 적합하겠다는 판단을 하고 있었다. 더구나 모든 상담사들의 잦은 이탈과 내부사고까지 겹치면서 개인회생 및 파산면책 업무는 2013년 3월부터 자진 중단할 수밖에 없었다.

반면에 두 번이나 금융위원회에 접수조차 거절당했던 협회 설립은 주관부처를 중소기업청으로 바꾸어 재추진하기 위하여 중소기업청 출신을 상근부회장으로 영입하여 본격적으로 시도했다. 그리고 천신만고 끝에 2014년 1월 인가를 받았다. 선진제도 구축을 위한 협회 설립을 전제로 회사를 창업한 지 13년 만에 거둔 결실이었다. 사실 청와대 대책회의 때 참석했던 행정관이 중소기업청 창업벤처국장으로 복귀하여 도와주었고, 마침 중견기업 육성차원에서 재도전성장과가 신설되면서 이해관계가 맞아떨어졌던 것은 뜻하지 않은 행운이었다. 그러나 협회는 설립되었지만 필요한 예산조치는 없었다. 부회장의 수고로 중소기업청과 필요예산에 대한 사전 조율을 거쳐 청외 예산으로라도 130억 원을 예산처에 신청해 주기로 하고 정식 서류를 접수했다. 그러나 결국에는 중소기업청의 외면으로 무산되고 말았다.

이때까지 연구소와 협회추진의 모든 비용은 아내가 대출받아 도와준 자금으로 만든 소호사무실 운영에서 얻어지는 임대수입과 개인 및 기업의 컨설팅료, 그리고 나의 퇴직금 등 노후자금을 털어 충당하여 왔다. 하지만 내부 사고에 따른 손실에 설상가상으로 간간이 들어오던 기업회생컨설팅 수입마저 중단되었다. 결국 건물주였던 로펌과 만든 재기시스템과 소호사무실 전체 임대계약까지도 내부사고 후유증과 임차료 연체 이유로 임대보증금에서 상계됨과 동시에 계약 파기를 당해 쫓겨나고 말았다. 10여 년간 한 장소에서 계속 운영했던 사무실 임대차 계약과 개인 및 기업회생업무가 완전 종료되고 사실상 파산한 것이다.

다행히 어렵지 않게 다른 로펌의 조그만 사무공간을 전차할 수 있어서 홀가분하게 후일을 기약할 수 있었다. 협회가 주관하는 기업회생경영사 교육과정도 차질 없이 계속할 수 있었고, 오히려 비용을 아끼며 전화위복의 기회로 삼고자 협회의 전국 지부와 부설 연구소 지사 재건에 착수하였다. 협회의 전국 16개 지부와 연구소 지사를 조직하고, 지부장 및 지사장 모집도 착착 진행하였다. 더불어 회생경영사 민간자격증의 공인 신청, 그리고 한 부회장 자매의 수고로 많은 진전이 있었던 국제회생경영협회TMA 한국지부 가입 건까지도 재추진하고 있었다. 이 모든 일들이 순조롭게 진행되면 선진재기제도가 법 개정을 제외하고는 완전히 구축되는 것이었다. 그리고 협회 내에 신용회복위원회와 같은 '기업회생위원회'와 채무조정·중재위원회를 만들어 약 195만 부실 징후 중소기업들의 선제적 구조조정과 당시 채무불이행자 320만 명의 집단 채무조정·중재사업을 눈앞에 두고 있었다. 따라서 2016년부터는 10여 년 고생한 보람과 성과를 충분히 거둘 수 있을 것으로 기대하고 희망에 부풀어 있었다.

그런데 나는 법무사 및 로펌과 계약을 통하여 상담사들에게 개인회생 및 파산 상담을 할 수 있는 제도를 제공했다는 이유만으로 안산지청의 기획수사 표적이 되어있었다. 어느 날 갑자기 안산지청의 수사관들이 협회사무실과 우리 집에 들이닥쳐 모든 관련 서류와 컴퓨터, 스마트폰, 각 은행 통장까지 압수했다. 청천벽력 같은 일이었다. 13년간의 길고 고달팠던 선진재기제도 구축을 위한 세월 동안 수백만 부실기업과 채무불이행자 구제를 위해 순수 민간인들이 구축한 시장 자율 선진재기제도 시스템이 완성 직전에 공권력으로 인해 산산이 부서져 버린 것이다.

03
착한 사마리아인 법
만들 때 됐다

    현행법상 위험에 처한 사람을 구제하지 않아도 처벌받지는 않는다. 응급환자를 발견하면 즉시 의료기관에 신고해야 한다는 의료법이 있기는 하지만 처벌 조항은 없는 것으로 알고 있다. 공연히 잘못 신고했다가 덤터기를 쓸지도 모른다고 걱정하는 사람이 많은 세상이다. 경우는 좀 다르지만 나는 우리도 구조 의무와 처벌 규정을 둔 외국 사례를 참고하여 곤경에 처한 사람을 도와준 성경 속의 착한 사마리아인 같은 의인들이 피해 보지 않는 세상을 보고 싶다. 과중채무에 시달리고 있는 채무불이행자들의 구조 의무도 결코 교통 및 의료사고 또는 안전사고 못지않다. 오히려 본인의 고통은 물론이고 가정이 함께 파탄날 수 있고, 이해당사자들에게까지 파급되는 피해는 훨씬 더 클 수 있다. 지난 환란 이후 빈부 양극화 확대와 소외계층이 심화되어 갔어도 이들을 구제하는 데 나서기는커녕 오히려 이들 부실채무의 시효중단 조치에 앞장서 온 것이 누구겠는가?

변호사 2만 명 시대에 일거리 없다고 볼멘소리를 하면서도 정작 채무불이행자들의 구제를 외면해 오다가 장기 소액채무자 159만 명이 일거에 탕감되는 정치적 결단까지 초래하였다. 만일에 많은 변호사들이 채무불이행자 구제에 앞장서 왔다면 곤경에 처했던 수백만 채무불이행자들이 훨씬 일찍 신용회복되어 사회에 복귀했을 것이다. 법은 도덕의 최소한이라 하지 않았나? 유럽 상당수 국가는 위험에 빠진 사람을 보고도 그냥 지나친 것이 입증되면 처벌받는, 이른바 '착한 사마리아인 법'을 두고 있단다. 그중 프랑스가 5년 이하 징역으로 가장 처벌이 높다고 한다. 구조 의무를 다하지 않은 무관심을 법으로 엄하게 처벌하겠다는 취지다. 2016년 박성중 의원은 '구조 불이행 죄'를 도입하는 형법 개정안을 발의하기도 하였다. 화재나 교통사고 또는 의료사고 등의 위험에 처한 사람을 구조하지 않은 경우 처벌할 수 있는 법률이다.

그러나 채무불이행자 같은 빚더미에 짓눌린 실패 기업인들의 패자 부활을 돕는 흑기사 같은 법적 구조 활동도 위의 경우에 버금가는 구조 행위일 것이다. 지금부터라도 법조인들이 법률구조공단의 채무불이행자 구제활동에 그치지 말고 적극적인 구조에 앞장서 착한 사마리아인 법과 같은 취지도 살리고 소외된 이들의 구제에 당당히 나서주기를 주문하고 싶다. 다행히 최근에 서울지방변호사회장이 청년변호사들의 개인회생 및 파산에 관한 관심 제고와 지원을 위하여 파산법원과 협약을 맺었다는 기사를 본 적이 있다. 만시지탄의

감이 없지 않으나 잘한 일이라 생각된다. 특히 차제에 미국 제도를 벤치마킹한 회생경영사들의 적극적인 협조를 받을 수 있는 선진재기시스템도 수용할 수 있도록 변호사들이 직접 나서 환경 조성에 가담해 주기를 희망해 본다.

04
다시 읽어본
도스토옙스키의 죄와 벌

사계절을 보내는 옥살이가 계속되어도 죄의식은 들지 않았다. 백번 양보해서 변호사법을 위반했다 하더라도 죄는 지은 것 같지 않아 죄의 뜻을 국어사전을 들추어보아도 '도의에 벗어난 악행'으로 나온다. 그렇다면 악행은 고사하고 선행을 하고자 오랜 기간 큰 보상도 기대하지 않고 보다 보람 있게 살고 싶어서 고난의 길을 자처해 도전한 것이 어떻게 죄가 된단 말인가? 이와 같이 사전적 의미로도 불충분하던 차에 젊어서 읽었던 소설 『죄와 벌』이 떠올랐다. 그리고 이 책을 다시 읽어보면 죄와 벌의 개념을 확실히 이해할 수 있을 것 같은 생각이 들었다.

도스토옙스키의 소설 『죄와 벌』 속의 가난하지만 똑똑했던 대학생 주인공은 초인超人 사상에 매몰돼 기생충 같은 악덕 고리대금업자인 늙은 노파를 죽여도 된다는 생각 끝에 실행에 옮겼다. 살인 후에도 자신의 행동이 옳다는 신념을 포기하지 않다가 먹고살기 위하여 몸을 팔고 있었던 매춘부 소녀를 만나고서야 자신의 행동과 판단이 틀렸음을 깨닫는다. 그리고 그녀의 권유에 따라 자수하고 구원받는 인간으로 재탄생한다. 법치를 기본으로 하는 민주사회에서 죄를 지은 사람에게는 반드시 처벌이 따라야 한다. 또 재판 과정에서 죄인의 주관적 판단이나 동기를 고려하기보다는 범죄행위에 대한 객관적인 증거와 정황을 통하여 위법 여부와 사회에 어떤 폐해를 입혔는지를 실증적으로 가려보고 죄를 지었다면 마땅히 추상같은 처벌을 받도록 하는 것이 온당할 것이다.

그렇다면 나의 경우는 어떠한가?

서울법대 연구과정에서 배운 선진재기제도를 실천하기 위하여 법인을 창업, 자격기본법에 근거한 회생전문가를 양성하고 법대로 국책기관에 등록, 동 자격을 가진 프리랜서들이 개인회생 및 파산상담과 관련 서류를 작성하고 창업한 연구소 법인과 법원신청대행 계약을 체결한 법무사 및 변호사에게 전달하여 사무원증을 가진 직원들이 법원에 접수하였다. 그런데도 검찰은 거두절미하고 무자격 사무장들처럼 법무사 및 변호사 명의를 대여받아 법률서비스를 제공하고 그 대가를 수취하였다며 모든 증거를 외면하고 변호사법 위반죄로 기소하였다. 더불어 재판부는 변호사 제도의 근간을 훼손하고 도산제도의 취지를 몰각시킨 죄가 결코 가볍지 않다며 2년 징역에 2억 원 추징금을 부과하는 선문답식의 판결을 내렸고 항소심과 상고심도 원심대로 기각하여 필자의 형이 확정된 것이다. 3심 모두 내가 제출한 28가지에 달하는 객관적 증거자료들을 아예 거들떠보지도 않은 것 같고, 3심 모두 범죄 행위에 대한 객관적 증거와 정황에 대한 구체적 언급 없이 추상적인 표현으로만 큰 범죄로 단정한 것이다.

더욱 가관인 것은 피고인이 판결문 내용을 읽어봐도 무엇을 잘못했다는 것인지 도무지 이해할 수 없었을뿐더러, 변호사법을 위반하여 결과적으로 죄에 대한 사전적 의미처럼 무슨 악행을 했다는 것인지에 대한 구체성이 없음에도 중범죄자로 만든 것이다. 참으로 통탄스럽고 기막힌 일이었으나 연약한 소시민은 공권력에 대항할 수 있는 힘과 수단이 없었다. 눈물 젖은 빵을 먹어보지 않은 사람과는 인생을 논하지 말라는 괴테의 말처럼 사랑하는 가족과 함께 앞으로의 더 큰 행복을 느낄 수 있도록 하기 위해 하느님이 주신 고통쯤으로 받아들일 수밖에 없었다. 그동안 온 열정을 다해 지나온 시간들은 수백만 부실기업과 실패기업인, 그리고 채무불이행자와 저신용자들에게 의미 있는 악수였기를 바라면서, 그간의 경험은 책으로 출간하여 그들에게 참고서가 되길 바란다. 그리고 『죄와 벌』의 주인공처럼 뉘우칠 악행은 차치하고서라도 보람 있게 남은 삶을 살고자 했던 마음을 다시 추슬러 세상에 복귀할 수 있기를 소망해 본다.

05
침묵속의 하느님 은혜를
조금씩 느껴가며

졸지에 구속은 되었다 하더라도 최소한 1심에서는 집행유예를 선고받고 출소하리라 기대하고 있었다가 검사의 4년 구형 소리에 그만 패닉 상태에 빠졌다. 준비했던 최후 진술도 간신히 마칠 수 있었다. 청천벽력 같은 구형을 받고 독방에 돌아와, 아무 잘못 없이 왜 이런 고통과 시련을 당해야 하는지 울부짖다 지쳐 급기야 하느님 원망까지 시작되었다. 아내와 함께 평생 신앙인으로 살아왔고, 옥중에서도 아내가 넣어준 묵주 9일 기도문을 하루도 거르지 않고 간절히 기도하며 구원을 청하였다. 또 아내 또한 추운 겨울 새벽 기도 다니며 죄 없는 내 남편 집으로 돌려보내 달라 처절히 주님께 매달렸단다. 그런데도 왜 우리에게 이 같은 천벌을 내리시는지 울부짖으며 묻고 또 물어도 응답이 없으셨다.

하지만 다시 미사 참례가 시작되고 시간이 흐르면서 마음속의 분노도 잦아들고 곰곰이 지난날들을 되돌아보면서 지뢰밭 같았던 위험천만한 일생 중에 이만큼 살아온 것도 내 능력보다는 하느님의 은혜인 줄을 조금씩 느껴가면서 하느님 침묵의 이유를 어렴풋이나마 알 것 같았다. 아내가 가정을 잘 꾸려주어 생활 걱정 없었고, 평생 12번이나 학교에 다녔으니 배움의 목마름도 해소했으며, 직장에서도 승진 걱정 없이 정년까지 일했으니 더 이상 무얼 바랄 것인가? 지금도 지혜로운 아내가 하루도 거르지 않고 면회 오고 있고, 어렵게 얻은 외동딸도 스스로 성공해서 일 잘하고 있으며, 살 집도 하나 남아 있으니 쉴 곳 걱정 없는 데다 무엇보다 소중한 우리 가족이 건강하니 이 얼마나 큰 은혜인가. 옥중의 좁은 공간 속에서 되돌아본 지난날들의 평범한 일상도 이같이 참 행복으로 느껴지는데 인신구속에서 벗어나 자유의 몸이 되어 사랑하는 가족 품으로 돌아가 산 좋고 물 맑은 자연을 벗 삼아 여생을 보낼 수 있다면 더 이상 바랄 것이 없을 것 같았다. 이런 생각들이 들면서 그동안 원망스러웠던 하느님에 대한 믿음도 다시 회복되기 시작하였다. 선하신 하느님을 의심했던 죄, 저의 처지에 따른 불평과 원망의 말을 쏟아냈던 죄, 하느님보다 주위 사람들의 위로를 더 찾았던 죄 등을 회개하면서 마음이 조금씩 편해지는 것을 느꼈다.

"만물을 창조하시고 전지전능하신 하느님 저의 기도에 응답하시어 더 이상이나마 저희 가족에게 불행한 일이 생기지 않도록 살펴주소서."

기도하며 현실을 원망하는 대신 내일을 위한 기도로 바뀌었다. 베드로와 사도 바오로도 옥중에서 하느님을 더 깊이 경험하였다 하지 않았나. 복음을 위해서 억울하게 옥살이 한 사도들이었지만 하느님께서는 그들을 끝까지 보호하시고 높이시지 않았는가. 겸손함으로 죄인 된 우리를 위하여 아무 조건 없이 돌아가신 예수님 이름으로 하느님께 더 가까이 갈 수 있게 하소서 간절히 기도하였다.

06
고마운 친구들에게

항상 가까이 있어서 못 느끼고 지냈을 뿐 무엇보다 더 소중한 것이 좋은 친구들임을 새삼 느꼈다. 세상을 얻는 비결은 좋은 친구가 많은 것이라던 말처럼 옥살이하는 동안 자주 찾아준 고마운 친구들이 없었다면 고독할 수밖에 없었을 것 같았다. 졸지에 구치소에 수감되고 면회가 시작되면서 죄수 복장으로 철창 너머 친구들을 대하기란 너무 민망했었다.

짧은 접견시간 중에도 "건강 잘 챙겨라", "너무 순수했던 거야", "진실은 곧 밝혀지겠지", "현실을 받아들여", 심지어 어떤 친구는 "친구가 죄지을 줄이나 아느냐"라며 건네준 믿음과 위로의 말들이 큰 힘이 되어 당혹스러운 재판 절차와 지옥 같은 긴 옥살이를 건강하게 이겨낼 수 있어서 더없이 고맙다는 인사를 건네고 싶다.

한편으로는 자랑스러운 친구가 되지 못하고 철창에 갇힌 신세가 된 것이 부담스러워 자성하지 못하고 짧은 접견시간 동안 내 처지를 변명하느라 목소리는 높아지고 말은 점점 더 거칠어졌었다. 설명한다고 실추된 체면과 명예가 회복되는 것도 아니었을 테고, 나의 처지가 변명될 일도 아니었을 텐데도 그랬다. 이 지면을 빌어 고마운 친구들에게 송구스러웠다는 말을 전하고 싶고, 훌륭한 친구들에게 누가 되지나 않았을까 하는 걱정도 앞섰음을 전하고 싶다.

아울러 소중한 시간을 내서서 여러 교도소와 재판 있던 날, 심지어 동부인하셔서 귀한 걸음 해주고 분에 넘치는 책들과 성물, 사진, 갖은 자료와 시, 그리고 위로의 편지들까지 물심양면으로 위로와 격려를 보내 주었던 조흥은행과 동화은행 친구들, 선후배님, 가우회 및 고향 향우鄕友들, 그리고 물심양면으로 도와주시고 큰 걸음 해주신 송 박사와 김 교수 및 김 사장님, 부도기업인 모임의 김 회장께 한없는 감사와 고마움을 전하고 싶다. 특히 각 모임의 회장과 총무님들의 각별하신 수고에 머리 숙여 고마움을 전하고 싶다. 영어囹圄의 생활을 끝내고 새 삶을 다시 찾는 그날부터라도 겸손하게 살면서 친구들의 깊은 우정과 갖가지 정성스러운 은혜를 잊지 않고 마음 깊이 간직하며 보답하는 마음으로 소박하게 살아갈 것을 다짐해 본다.

금융인의 반란

07
양가 가족 및 내자의
성당자매님과 친구 분들께

정부에서 다루어야 할 국가적 과제를 나 같은 개인이 해결해 보겠다고 덤벼든 자체가 어쩌면 무모한 도전이었다고 생각되지만, 어려운 이웃을 구제할 수 있는 낡은 제도를 선진제도로 혁신하겠다는 도전은 보람된 일이라 판단되어 시작한 일이었답니다. 회생전문가 양성과 협회 설립, 그리고 국제기구 가입. 한편으로는 정책개발 정부건의와 각종 세미나 참석 등 선진제도 도입과 연구 활동에 전력을 다해 뛰어온 일이어서 이번 일과 같이 형사사건에 연루될 줄은 꿈에도 상상해 보지 못했습니다. 그런데 막상 현실이 되고 보니 친가와 처가에 불명예와 큰 걱정을 끼치고, 아직 사회 물정을 다 알지 못할 양가 조카들과 손자들에게 실망을 준 데 대하여 무척 당혹스럽고 미안한 마음 금할 수 없습니다.

아무쪼록 양가 어른들의 넓은 이해와 조카 및 생질, 그리고 손자들에게 추호도 부끄러운 일이 없었다는 사실도 귀띔해 주시어 과거와 같이 여일하게 만날 수 있기를 바랍니다. 끝으로 조카와 손자들에게는 "견의불위 무용야見義不爲 無勇也: 옳은 일을 알고도 이를 실천하지 않으면 비겁하고 용기가 없는 것이다."라는 『논어』의 구절로 미안함을 대신하고자 합니다. 아울러 물심양면으로 도와주시고 위로해 주신 양가 형제들에게 고마움을 드리고 싶습니다. 특히 아내 혼자 감당하기 어려운 시기에 수많은 나날을 효성이 지긋한 큰 조카의 도움까지 받아가며 늘 함께해 주시고 도와주셨으며 교도소가 바뀔 때마다 면회 오시어 큰 용기와 힘을 주신 처형님께 더 없는 깊은 감사를 드립니다.

그리고 내자의 심신이 공황상태에서 어쩔 줄 몰라 할 때 한걸음에 달려와 함께해 주시고 유선 상으로도 수시로 위로해 주신 가족 같은 아내의 친구들과 성당 자매님들의 뜨거운 기도와 물심양면으로 위로해 주신 은혜에도 깊은 감사를 드립니다. 마지막으로 사랑하는 아내와 자랑스러운 외동딸에게도 이루 헤아릴 수 없는 큰 아픔과 시련을 준 데 대하여 형언할 수 없는 미안함을 전합니다. 다만 행복했던 단란한 우리 가족의 지난날을 되새겨 보며 암울했던 시간들을 이겨 냈고, 이러한 시련이 보다 더 소박하고 행복한 내일로 돌아올 수 있는 축복의 밑거름이 되기를 소망하며 이 글을 마칩니다.

Epilogue

아내의 걱정스러운 배웅을 뒤로하고 무심히 예술의 전당 지하차도를 지나가는 순간 이역만리 뉴욕에서 일하고 있는 외동딸의 전화가 왔다. 아빠 건강유의 하셔서 잘 대처하세요. 목이 메어 차마 통화를 이어가지 못하고 그래 너무 걱정하지 말거라 또 연락하자며 끊었다. 단 하루도 쉼 없이 달려온 금융인 50년 인생이 공권력에 의해 종착역을 향해가고 있던 시각, 어디서부터 무엇을 어떻게 대처해야 할지 막막하였다. 좋은 일 하며 보람 있게 살려고 노력했던 여생의 소박한 꿈이 산산조각 나고 있다는 절망감에 무심히 차창 밖을 바라만 보며 상념에 잠겼다.

노력하면 할수록 운도 더 따른다는데 이게 웬 날벼락인가 싶었다. 오전에 열린 영장실질심사에서 구속 결정으로 교도소에 수감되었고 중형을 선고한 원심 판결과 항소 및 상고심도 기각되어 꼼짝없이 모든 것을 포기하고 인고의 시간을 감당할 수밖에 없었다.

'실패해도 좌절하면 영원한 패배자로 전락되지만 재도전 하게 되면 자산이 될 수 있다는' 상담할 때마다 강조해 주었던 기억이 떠올랐다. 유난히도 길고 긴 폭염 속 좁디좁은 공간에서 8명이 칼잠 자야 하는 지친 심신에서도 꺼져버린 열정이 조금씩 살아나면서 어렵게 이루어놓은 협회 운명과 회생경영사들의 미래 그리고 무엇보다 회생전문가들의 손길을 애타게 기다리고 있을 부실기업과 실패 기업인들도 눈에 밟히기 시작했었다. 그래 이대로 포기할 수는 없다. 이 고통스러운 현실을 이겨내는 것만이 진정한 승리이고 억울함에 대한 앙갚음이다. '수백만 부실기업과 실패 기업인들의 특별구제 정책 제안서'를 작성하기 시작했다. 누가 해결하든 나의 목적만 달성하면 된다. 청와대, 법무부, 여당 대표, 유력 대권후보들에게 다 보냈다. 그러나 법무부와 금융위원회로부터 의례적인 회신을 받은 것으로 만족할 수밖에 없었다.

이어서 집필을 시작했다. 지난 13년간의 선진제도 구축 활동을 비롯한 37년간의 금융인 삶을 세상에 내놓아 보자. 이는 저자가 무슨 큰일을 했거나 내 세울만한 업적을 이루어서가 아니다. 가난을 극복하고 쉬지 않고 달려온 우리 해방둥이 세대 이야기이고 오늘의 나를 있게 해준 고마운 은행 경영 이야기이며 실패의 나락으로 떨어져 채무불이행자의 한계를 극복하고 재기했거나 뼈를 깎는 구조조정을 통해 부실기업을 정상화시킨 회생경영 이야기인 것이다.

이런 면에서 이 책은 나와 단순한 독자와의 대화가 아니라 이 시대를 책임지고 있는 후배 금융인들과 소외된 모든 이들과의 대화이기를 희망하며 진솔하게 쓴 것이다. 이들 나름대로 자신들의 충실한 삶 속에서도 느껴볼 만한 것들이 많이 있을 테고 나 또한 내 경험과 삶이 이들보다 더 모범적이라고 내세울 자신은 없지만 누구 못지않게 내 삶에 충실했고 그것들을 진솔하게 털어놓았다는 점에서 작은 자부심을 느낄 뿐이다.

이 책을 읽으시는 모든 독자분들께서 지난 환란 이후 겹겹이 쌓인 금융적폐 청산과 고장 난 서민 및 중소기업 금융 시스템의 복원 그리고 중소기업 다산다사多産多死주의 타파를 위한 선진제도 구축 관련 국민청원에 동참해 주셔서 소외된 이들에게 큰 희망을 주시면서 더욱 보람 있고 값진 인생을 누리실 수 있기를 바라는 마음을 가져 본다.

민생금융혁신을 위한 수요자중심의 선진재기제도 구축, 시대적 요구!

권선복(도서출판 행복에너지 대표이사)

1997년, 쓰나미처럼 밀려온 IMF 환란 여파에 금융피해자들이 속수무책으로 휩쓸려가는 것을 무력하게 지켜볼 수밖에 없었습니다. 금모으기 운동과 부작용을 외면한 신용카드 등의 소비자금융 확대정책으로 환란은 극복되었지만, 그로 인해 중산층은 속절없이 무너져 내렸습니다.

우리 경제는 IMF금융 지원조건이던 고금리 정책, 금융시장 전면개방과 외국인투자 확대, 구조조정과 노동시장 유연화, 환율인상, 평균 350%가 넘던 대기업부채비율 250%로 인하라는 혹독한 족쇄에 갇혀 신자유주의를 앞세운 외국의 투자자들에게 무장해제 당했습니다. 안전장치 하나 가질 수 없었던 금융 및 자본시장으로 인해 우량기업들까지 그들의 손에 착착 넘어갔고, 무수한 퇴출기업과 신용불량자 양산으로 이어져 가계는 무참히 붕괴되어 갔으며, 결과적으로 빈부양극

화가 확대된 것입니다. 이 같은 상황 속에서 수많은 금융소비자들의 피해와 이에 따른 그들 인생의 질곡은 21년째 이어져왔고, 지금도 수백만 부실 중소기업과 자영업자, 그리고 비정규직과 과중채무자들의 상처가 아물지 않은 채 IMF는 현재진행형입니다.

이미 선진국 문턱을 넘었고 국민소득 3만 불 시대가 도래되었다지만, 부자만의 잔치가 아닌, 서민들도 저녁이 있는 삶을 누릴 수 있도록 누적된 금융적폐를 말끔히 청산하고, 수백만 금융피해자들의 재기를 위해 금융시스템을 혁신하여야 합니다. 새로운 시스템은 정부나 금융사의 시혜나 일시적 채무탕감이 아니라 시장자율제도이어야 하며, 이 중 하나가 바로 금융수요자 중심의 선진재기제도인 것입니다.

저자는 평생을 금융인으로 몸담아 왔으며, IMF환란 한복판에 서있었던 우리 금융사 산증인입니다. 누구보다도 금융사의 입장을 잘 이해하는 그가 오히려 소비자 편에 서서 낙후된 금융제도가 낳은 금융피해자 구제를 위한 선진재기제도 정착에 무려 13년을 홀로 치열하게 발 벗고 나섰었고, 이 책『금융인의 반란』에는 그가 생각하는 민생금융의 혁신방향이 제시되어 있습니다.

부디 이 책이 수백만 부실 중소기업과 소상공인, 그리고 실패기업인들이 재기하는데 길잡이가 되고, 이에 기초한 빈부양극화 해소로 이어져 모든 금융사의 건전성 강화와 소비자 보호의 새로운 전기가 마련되기를 기원합니다.

내 삶을 바꾸는 기적의 코칭

박지연 지음 | 값 15,000원

『내 삶을 바꾸는 기적의 코칭』은 '내면의 변화'의 길로 인도해 줄 안내서이다. 이 책은 하루에 딱 3분만 들여도 충분히 음미하고 생각할 수 있는 흥미로운 이야기가 가득하다. 내 삶을 변화시키고 내면을 변화시키는 것이 무작정 '어렵다'고 생각하기 쉽지만, 이 책은 오히려 아주 조그마한 생각의 전환만으로도 나를 바꿀 수 있음을 말하고 있다. 딱딱하게 말하는 자기계발서와는 달리, 독자에게 생각할 수 있는 여지와 여유를 준다는 게 차별점이라고 할 수 있다.

아홉산 정원

김미희 지음 | 값 20,000원

이 책 『아홉산 정원』은 금정산 고당봉이 한눈에 보이는 아홉산 기슭의 녹유당에 거처하며 아홉 개의 작은 정원을 벗 삼아 자연 속 삶을 누리고 있는 김미희 저자의 정원 이야기 그 두 번째이다. 이 책을 통해 독자들은 '꽃 한 송이, 벌레 한 마리에도 우주가 있다'는 선현들의 가르침에 접근함과 동시에 동양철학, 진화생물학, 천체물리학, 문화인류학 등을 아우르는 인문학적 사유의 즐거움을 한 번에 누릴 수 있을 것이다.

성공하는 귀농인보다 행복한 귀농인이 되자!

김완수 지음 | 값 15,000원

『성공하는 귀농인보다 행복한 귀농인이 되자』는 귀농·귀촌을 꿈꿔 본 사람들부터 진짜 귀농·귀촌을 준비해서 이제 막 시작 단계에 들어선 분들, 또는 이미 귀농·귀촌을 하는 분들까지 모두 아울러 도움을 줄 수 있는 책이다. 농촌지도직 공무원으로 오랫동안 근무하고 퇴직 후에 농촌진흥청 강소농전문위원으로 활동하고 있어서 현장 경험이 풍부한 저자의 전문성이 이 책에 고스란히 녹아 있다고 하겠다.

뉴스와 콩글리시

김우룡 지음 | 값 20,000원

이 책 『뉴스와 콩글리시』는 TV 뉴스와 신문으로 대표되는 저널리즘 속 콩글리시들의 뜻과 어원에 대해 탐색하고 해당 콩글리시에 대응되는 영어 표현을 찾아내는 한편 해당 영어 표현의 사용례를 다양하게 제시하기도 한다. 이러한 과정 속에서 독자들은 해당 영어 단어가 가진 배경과 역사, 문화 등 다양한 인문학적 지식을 알 수 있게 된다. 또한 많은 분들의 창의적이면서도 올바른 글로벌 영어 습관 기르기에 도움을 줄 수 있을 것이다.

아파도 괜찮아

진정주 지음 | 값 15,000원

이 책 『아파도 괜찮아』는 한의학의 한 갈래이지만 우리에게는 낯선 '고방'의 '음양허실' 이론과 서양의학의 호르몬 이론, 심리학적인 스트레스 관리 등을 통해 기존의 의학 및 한의학으로 쉽게 치료하기 어려운 '일상적인 고통'을 치료하는 방법을 제시한다. 또한 이론을 앞세우기보다는 저자의 처방을 통해 실제로 오랫동안 고통 받았던 증상에서 치유된 사람들의 이야기를 먼저 전달하며 독자의 흥미를 돋운다.

맛있는 삶의 사찰기행

이경서 지음 | 값 20,000원

이 책은 저자가 불교에 대한 지식을 배우길 원하여 108사찰 순례를 계획한 뒤 실행에 옮긴 결과물이다. 전국의 명찰들을 돌면서 각 절에 대한 자세한 소개와 더불어 중간중간 불교의 교리나 교훈 등도 자연스럽게 소개하고 있다. 절마다 얽힌 사연도 재미있을 뿐 아니라 초보자에게 생소한 불교 용어들도 꼼꼼히 설명되어 있어 불교를 아는 사람, 모르는 사람 모두에게 쉽게 읽힌다. 또한 색색의 아름다운 사진들은 이미 그 장소에 가 있는 것만 같은 즐거움을 줄 것이다.

Happy Energy books

좋은 **원고**나 **출판 기획**이 있으신 분은 언제든지 **행복에너지**의 문을 두드려 주시기 바랍니다.
ksbdata@hanmail.net www.happybook.or.kr 단체구입문의 ☎ 010-3267-6277

도서출판 **행복에너지**

하루 5분, 나를 바꾸는 긍정훈련
행복에너지

'긍정훈련' 당신의 삶을
행복으로 인도할
최고의, 최후의 '멘토'

'행복에너지
권선복 대표이사'가 전하는
행복과 긍정의 에너지,
그 삶의 이야기!

인터파크
자기계발 분야 주간
베스트 1위

권선복 지음 | 15,000원

권선복

도서출판 행복에너지 대표
영상고등학교 운영위원장
대통령직속 지역발전위원회
문화복지 전문위원
새마을문고 서울시 강서구 회장
전) 팔팔컴퓨터 전산학원장
전) 강서구의회(도시건설위원장)
아주대학교 공공정책대학원 졸업
충남 논산 출생

책 『하루 5분, 나를 바꾸는 긍정훈련 - 행복에너지』는 '긍정훈련' 과정을 통해 삶을 업그레이드하고 행복을 찾아 나설 것을 독자에게 독려한다.

긍정훈련 과정은 [예행연습] [워밍업] [실전] [강화] [숨고르기] [마무리] 등 총 6단계로 나뉘어 각 단계별 사례를 바탕으로 독자 스스로가 느끼고 배운 것을 직접 실천할 수 있게 하는 데 그 목적을 두고 있다.

그동안 우리가 숱하게 '긍정하는 방법'에 대해 배워왔으면서도 정작 삶에 적용시키지 못했던 것은, 머리로만 이해하고 실천으로는 옮기지 않았기 때문이다. 이제 삶을 행복하고 아름답게 가꿀 긍정과의 여정, 그 시작을 책과 함께해 보자.

『하루 5분, 나를 바꾸는 긍정훈련 - 행복에너지』

**"좋은 책을
만들어드립니다"**
저자의 의도 최대한 반영!
전문 인력의 축적된 노하우를
통한 제작!
다양한 마케팅 및 광고 지원!

최초 기획부터 출간에 이르기까지, 보도
자료 배포부터 판매 유통까지! 확실히
책임져 드리고 있습니다. 좋은 원고나
기획이 있으신 분, 블로그나 카페에 좋은
글이 있는 분들은 언제든지 도서출판
행복에너지의 문을 두드려 주십시오!
좋은 책을 만들어 드리겠습니다.

| 출간도서종류 |
시·수필·소설·자기계발·
일반실용서·인문교양서·평전·칼럼·
여행기·회고록·교본·경제·경영 출판

도서출판 **행복에너지**
www.happybook.or.kr
☎ 010-3267-6277
e-mail. ksbdata@daum.net